应用型本科院校经管专业规划教材系列

编委会

（以姓氏笔画为序）

浙江省高等教育重点建设教材
应用型本科规划教材

（第二版）

微观经济学

MICROECONOMICS

◆ 主　编 郑亚莉
副主编 刘　冰 吕宏芬 王会龙

ZHEJIANG UNIVERSITY PRESS
浙江大学出版社

图书在版编目(CIP)数据

微观经济学 / 郑亚莉主编. —杭州:浙江大学出版社,
2008.3(2009. 二版)(2017.1 重印)
应用型本科规划教材
ISBN 978-7-308-05753-0

Ⅰ.微… Ⅱ.郑… Ⅲ.微观经济学 Ⅳ.F016

中国版本图书馆 CIP 数据核字 (2008) 第 001267 号

微观经济学(第二版)
郑亚莉 主编
刘 冰 吕宏芬 王会龙 副主编

总 策 划 周卫群
责任编辑 周卫群
封面设计 刘依群
出版发行 浙江大学出版社
(杭州天目山路 148 号 邮政编码 310028)
(网址:http://www.zjupress.com)
排 版 杭州中大图文设计有限公司
印 刷 杭州杭新印务有限公司
开 本 787mm×960mm 1/16
印 张 16.25
字 数 292 千
版 印 次 2009 年 9 月第 2 版 2017 年 1 月第 3 次印刷
书 号 ISBN 978-7-308-05753-0
定 价 27.00 元

总　　序

胡祖光

应用型本科教育是在我国经济建设现代化和高等教育大众化推动下产生的一种新类型本科教育。研究型和教学研究型高校主要培养理论型人才,高职类院校培养技能型人才,而大量的教学型本科院校、独立学院培养的是介于前两类院校之间的应用型人才。应用型本科教育作为一种独立的教育类型,具有自己的人才培养目标、培养规格、培养过程、培养方式和评价标准。

随着办学规模的快速扩大和分类指导、分层教学的开展,应用型本科高校的人才培养定位日益清晰,但作为实现培养目标重要工具的教材建设却远远滞后。由于应用型教材种类和数量的匮乏,许多院校不得不沿用传统研究型教学的教材,严重影响了应用型本科院校人才培养目标的实现。浙江大学出版社一直关注应用型本科院校的建设与发展,把开发应用型本科教育教材列为重要工作,组织力量并与相关高校密切合作,与广大一线教师、院系教学领导进行充分有效的研讨、交流,组织优秀的作者队伍编写教材,努力编写出适合应用型人才培养需要的教材。

应用型本科院校大多设置有经管类专业,在学人员数量很大,涉及的课程也很多。浙江大学出版社在调查研究基础上,优先开发了教学急需、改革方案明确、适用范围较广的教材。

胡祖光　浙江工商大学党委书记、校长,浙江省社会科学界联合会主席,教授、博导。

本系列教材具有以下特色：

1. 强调教材要符合应用型本科教育的定位和人才培养目标。考虑到应用型本科教育既要符合高等教育法关于本科教育学业标准的规定,又要充分体现应用性的特点,本教材强调以应用为主线来构建教材的结构和内容,做到基本理论适度,实际应用性突出。同时,把经管类学生应当学习和掌握的应知应会的基本技能贯彻于教材中,把理论与实验实训有机结合起来。

2. 强调教材及时反映新观点、新技术,保证学生接收和掌握前沿实用的知识和技能。把当前生产工程、管理、服务一线的新观点、新技术收到教材中,增强学生的学习能力、就业能力、转岗能力和创业能力。

3. 聚集多校力量,吸纳各校教改成果,提高教材质量。将情况较为类似的学校组织到一起进行教材编写,挑选业务水平高、教学经验丰富的一线骨干教师作为主编。通过集体讨论来决定教材的整体框架、内容选取,把各校的教学改革成果体现到教材中。

相信这套精心策划、认真编写出版的系列教材会得到广大院校的认可,对于应用型本科院校经济管理类专业的教学改革和教材建设将起到积极的推动作用。

2006 年 8 月

前　言

微观经济学可以说是经济学科各门专业课中内容最为成熟，分析手段最为细致，教材体系最为稳定的一门课程。国内外各种微观经济学教科书所采用的体系基本上比较一致，介绍了标准的经济学的分析框架，通过传统的侧重理论方面的教材，学生们能形成较强的理论分析能力。但是，随着经济向多元化的方向发展，现实生活中对应用型经济人才表现出强大的需求。从事管理、经营、贸易等实际经济工作的应用型人才需要通过微观经济学的学习，培养经济学的敏锐直觉，从经济规律中高度快速地领悟经济事件的本质，判断经济发展的方向，从而制定出切实有效的解决经济问题的办法，而不是基于经济模型对一定的问题做出精细化的理论推演。而从当前国内的教材建设来看，适应应用型人才培养目标的教材还十分稀缺，因此，我们组织具有多年实践教学经验的一线教师编写了这本教程。

本书沿用了传统的微观经济学教程的大致框架，同时，汲取和引用了国内外许多专家学者的研究成果，保证了全书的逻辑性和完整性，这对经济学的初学者进行系统的经济学训练大有裨益。除此之外，为了增加本书的可读性和实用性，本书在以下两个方面做出了新的尝试：

第一，增加了大量的案例。我们在教学效果的调查中发现，学生们对微观经济学的学习感到十分畏难的一个重要原因是教材过于枯燥，而且严重的脱离实际。而一个对经济学稍有了解的人都知道，经济学实际上是一门经世致用的科学，实用性很强。为什么学生会有这样的感受呢？这是因为，大部分的初学者在接触经济学的初期还难以自觉的将理论与现实联系起来，这就需要我们在教材中为某些看似高深的理论架起沟通现实的桥梁，只有大胆的运用案例教学，才能真正的激发学生的学习兴趣。

第二，力求平实活泼的语言风格。教材本身的特征要求语言严谨，但这在一定程度上牺牲了教材的可读性。而事实上，许多经济学大师撰写的文章并不需要复杂的模型，语言生动，入木三分，极大地展示了经济学的魅力。我们试图在语言风格上有所突破，在讲课的实践经验的基础上，从学生的一般理解力的角度出发,力求用最简单的语言介绍看似深奥的经济学理论,真正做到深入浅出。

本教材是浙江理工大学、浙江工业大学和绍兴文理学院三所高校中长期从事《微观经济学》教学与研究的教师共同劳动的结果。按照章次,浙江理工大学赵治辉、郑亚莉、刘冰、黄华章、杨益均编写了第4、5、6、7、10、11、12章,浙江工业大学吕宏芬编写了第1、2、3章,绍兴文理学院王会龙编写了第8、9章,郑亚莉和刘冰对本教材进行了统稿和校对。

当然,由于学识有限,我们在教材的编写过程中的错漏之处在所难免,请各位读者不吝赐教。

编　者

2009年8月

目　录

第一章

导　论

> 经济学是一门社会科学，它研究的对象是人类社会系统。
>
> ——迈克尔·P.托达罗

《拉封丹寓言》中有一头著名的布利丹毛驴，它面对两捆干草不知该吃哪一捆好，于是在两捆干草之间不断来回，最后竟然饿死了。布利丹毛驴面临的也就是经济学家所说的选择问题。一般认为，经济学根源于人类的无限欲望、资源的稀缺性以及所产生的行为选择。经济学之所以产生和存在是由于物质客观上的稀缺性及由此所引起的选择的需要。当今世界，经济失衡、贫富对立、失业、通货膨胀、经济停滞、国际经济冲突等，仍然是各国所面临的难题，同时也是经济学力图解决的问题。

第一节　什么是经济学

一、经济学的基本问题

经济学是研究社会经济问题的一门科学。人类社会产生伊始，就面临着一个基本矛盾，这就是人类需要的无限性和满足人类需要的物品即资源的稀缺性之间的矛盾。美国心理学家马斯洛曾把人的欲望分为生理需要、安全需要、归属和爱的需要、自尊需要、自我实现需要五个层次。较低层次的需要总是首先得到满足,而既定需要的满足或一定程度的满足,又总是伴随着新需要的产生。人类需要是无限多样、永无止境的。

【案例 1-1】

稀缺性的现实

一个孩子想要一罐 75 美分的饮料和一包 50 美分的口香糖,但她口袋里只有 1 美元,她遇到了稀缺性;一个学生想在周六晚上参加一个聚会,但又想把这个晚上用来补做近来的作业,他遇到了稀缺性;一个百万富翁想用周末打高尔夫球和出席一个企业战略会议,但两者不能兼顾,他遇到了稀缺性……人们需要许多舒适而宽敞的住房,但社会能用于建房的土地、资金、材料、人力总是有限的。这都说明,任何社会、组织和个人都无时不遇到稀缺性问题。

相对于人类社会的无穷欲望而言,经济物品或者说生产这些物品所需要的资源总是不足的,这种资源的有限性被称为稀缺性。人类社会经济问题的根源就在于资源的稀缺性。一方面,相对于人类的无穷欲望而言,人类已有的资源太少了;另一方面,由于自然或社会的原因,这些有限的资源还往往得不到充分的利用。因此,如何合理地配置和利用有限的资源,就成为人类社会永恒的问题。经济学研究的对象正是由这种资源的有限性所决定的。

关于稀缺性有相对稀缺性和绝对稀缺性两种认识。经济学上所说的稀缺性是指相对稀缺性,也就是说,稀缺性不是指能用于生产的资源的绝对数量有多少,而是指相对于人类欲望的无限性而言,再多的资源也是不足的。但是,这种稀缺性的存在又是绝对的,它存在于人类历史的各个时期和一切社会。只要有人类社会,就会有稀缺性。

社会生产以及提供物品或劳务往往需要耗费大量的资源。"资源"的概念是非常广泛的,广义上包括了自然资源、资本资源、人力资源以及时间和信息资源等。自然资源主要是指自然界的产物,包括土地、矿藏、森林、能源、野生动植物、淡水资源、海洋资源、风力资源等。资本资源包括建筑物、机器设备、道路桥梁等有形资本以及知识产权、商标商誉等无形资产,是国民财富的一个重要组成部分。人力资源则包括劳动、技能、知识以及创新能力等。

稀缺性是经济学的根本。在经济学意义上,这些对于人们的经济行为表现为稀缺性的资源及其物品可被分为:自由品,就是不需要任何代价就能够取得的资源或物品(价格为零);经济品,就是需要付出代价才能获得的资源或物品(价格为正);废品,就是需要付出代价才能将之处理掉的资源或物品(价格为负)。

如果说所有物品都像空气一样,可以自由取用,那就没必要节省资源和研究经济问题了。然而,目前世界上绝大多数资源和物品都不是“自由品”,甚至获得充裕的阳光和新鲜的空气,也需要做出一定的努力或花费一定的代价。这些包括对废品的处理和循环利用问题,显然是可持续性发展研究的重要问题,但也同时表明人类的劳动和经济行为对于世界环境的影响日益变得更为意义深远了。为了满足人们的欲望,人们必须将资源转化为人们需要的物品和劳务,这种转化过程被称为生产过程。而生产过程中投入的各种资源被称为生产要素。经济学中,常常把生产要素归结为土地、资本和劳动三大要素。当我们在讨论土地、资本、劳动等市场要素的有效利用时,实际上就是在讨论资源的有效利用问题。

经济学就是研究如何对稀缺资源进行有效配置,以便最大限度地满足人类需要的科学。由于一个社会只能在资源允许的范围内实现经济增长,因此,稀缺性迫使我们作出选择,是将这有限的资源用来生产大炮呢,还是用来生产面包?所以经济学又被称为“选择的科学”。

归纳起来,选择主要包括以下三个主要问题:生产什么和生产多少?如何生产?为谁生产?

生产什么商品和生产多少?一个社会必须决定,在诸多可能的物品和劳务之中,应当生产面包还是衬衫,生产少量优质衬衫还是生产大量廉价衬衫。我们应当利用有限的资源生产更多的消费品(比如面包),还是应当生产较少的消费品和较多的投资品(如生产面包的机器)?

如何生产物品?一个社会必须决定谁来生产,使用何种资源,以及采用何种生产技术。谁来种田,谁来研制导弹?用石油发电,还是用煤炭发电,或是用太阳能发电?允许较多的空气污染,还是允许较少的空气污染?

为谁生产?谁来消费所生产的物品和劳务?这取决于人们的收入。医生的收入比护士多,因此医生可以得到的物品与劳务就比护士多。

【案例 1-2】

生活中充满选择

你的每一天,生活都充满了选择:什么时候起床?今天你穿什么衣服?你将吃什么早饭?你是开车去学校还是坐公共汽车?你将听什么课?你将完成哪项任务……有时,你面临可以改变你整个生活方向的决策:你将学什么专业?当你做出你自己的决策时,其他人也在做出他们的决策,而且其他人做出的某些决策将影响你以后的决策……所有这些由你和其他人做出的选择和决策都是生活中经济学的例子。

【案例 1-3】

福特公司推出"金牛"车型

1985 年后期,福特公司推出了"金牛"车型——一种全新设计的、流线型的、前轮驱动的新型汽车。这种新型汽车在当时获得了巨大的成功,到 1987 年已使公司的利润翻了近一倍。这种汽车的设计和高效率的生产不仅涉及到工程学方面的某些重大的进展,也涉及到经济学的许多方面。

首先,福特公司必须仔细考虑,公众会对这种新型设计作出什么反应,这种汽车的款式及其性能真能左右消费者吗,市场需求最初有多大,以多快的速度增长,它对福特公司的定价有多少依赖程度。了解消费者的偏好,预测需求及其对价格变动的反应,是"金牛"计划中至关重要的部分。(我们将在第 2 章至第 3 章中讨论消费者偏好和需求。)

然后,福特公司必须考虑这种汽车的成本,它的生产成本有多高;随着每年生产数量的变化,成本又将怎样变化;工会工资谈判,或钢铁的价格以及其他原材料的价格,对其成本又有什么影响;随着管理者和生产者在生产过程中不断积累经验,生产成本会下降多少,以什么速度下降,公司应该计划每年生产多少这种汽车才能使"利润最大化"。(我们将在第 4 章中讨论生产与成本,在第 5 章讨论产量的利润最大化选择。)

福特公司也必须为汽车设计一种定价策略.并考虑竞争对手对这一策略会作出什么反应。例如,公司是否应该对这种汽车的普通型制定低价,而对用户选择供应的部件(如空调设备、转向助力装置等)制定高价?如果把这些选择供应的部件变成"标准的配备",而对整辆汽车制定高价,利润是否可以更高一些?无论公司择定哪种价格,它的竞争对手又会作出什么反应呢?通用汽车公司和克莱斯勒公司会通过降价而与福特公司抢生意吗?而福特公司是否能够以相应降低其公司汽车的价格为胁迫,而阻止这两家公司的降价呢?(我们将在第 6 章、第 7 章、第 8 章中讨论定价,在第 9 章中讨论竞争策略。)

"金牛"计划需要在新的资本设备方面进行大量的投资,福特公司不得不考虑有关一切风险和可能出现的种种结果。风险之一来源于汽油未来价格的不确性(汽油价格的上升会使需求转向更小型的汽车);风险之二来源于福特公司付给其工人的工资具有不确定性。如果世界石油价格再涨一两倍，或者政府对汽油征收一项新税，工会在多大程度上能影响工资水平？在做出投资决策前，福特公司应该如何把这些不确定因素加以通盘的考虑？（我们将在第10章讨论要素的价格和使用量。）

最后，福特公司还得考虑它与政府的关系，以及政府的调控政策对它的影响。例如，"金牛"车型必须符合美国排放标准，生产线的运行必须符合健康和安全方向的规定。这些规定和标准将来有多大的可能发生变化，它们对公司的成本和利润又会有什么影响？（我们将在第12章中讨论政府在减少污染和促进健康与安全方面所起的作用。）

（资料来源：《公司决策：福特公司推出"金牛"车型》，载于平狄克、鲁宾费尔德著《微观经济学》，中国人民大学出版社2006年第四版。）

二、机会成本与生产可能性曲线

从经济资源稀缺性的事实出发，解决人类社会经济生活的三个基本问题，归纳起来，实际上就是要解决好这样两个问题的相互关系：一是各种欲望的轻重缓急程度；二是为了满足某种欲望所需付出的代价。例如，甲种欲望的重要程度大于乙种欲望的重要程度，但是满足甲种欲望的物品所需的投入大于满足乙种欲望的物品所需的投入，即满足甲种欲望所需的花费大于满足乙种欲望所需的花费。在这种情况下，是用有限的经济资源来满足甲种欲望还是来满足乙种欲望？这就必须把上述两个问题联系起来考虑，即必须把既定目标与达到这一目标所需的代价联系起来权衡比较，作出抉择。为此西方经济学家提出了机会成本和生产可能性边界两个概念。

经济资源的稀缺性决定一个社会的经济物品在某一时期内是一个定量，这就意味着，为了生产某种产品就必须放弃其他产品的生产，所放弃的另一些产品生产上最大的收益，就是生产当前产品的机会成本。例如，若某人拥有一块土地，投入一定量的人工和资金可生产谷物1000公斤，价值600美元，他用同量的投入可生产棉花200公斤，价值500美元，或生产蔬菜500公斤，价值400美元，那么，他若决定生产1000公斤谷物，其机会成本就是200公斤棉花，即500美元；若他生产200公斤棉花，机会成本是1000公斤谷物，即600美元。又如，某人拥有1000美元资金，他把这1000美元资金存入银行一年可得利息50美元，他把这1000美元用来开一个小吃店，一年下来可得利润200美元，买债券可得利息60美元，那么，他开小吃店的机会成本是60美元。这60美元之所以称作是这1000美元用于开小吃店的机会成本，是因为用这笔钱开小吃店就失去了存银行或买债券的机会，这两个机会中最大的收益是60美元，因此是其机会成本。在经济计划的制定过程中，在新投资项目的可行性研究中，在新产品开发中，乃至工人选择工作中，都存在机会成本问题。它为正确合理的选择提供了有力的答案，在进行选择时，力求机会成本小一些，是经济活动行为方式的最重要准则之一。

与机会成本密切相关的是生产可能性边界或者称生产可能性曲线。一个经济社会，必然具有一定数量的人口，一定程度的技术水平，一定数量的工厂和工具，一定数量的土地、水力和其他自然资源，总之，具有一定数量的经济资源和生产技术水平。当它在为解决三个基本问题而进行选择时，实际上就是要决定这些相对稀缺的经济资源如何被分配到千千万万种可能生产的不同产品和劳务中。为了简化起见，假定这个社会用既定的经济资源和生产技术只生产两种产品 X 和 Y，多生产 X 就必然减少 Y 的生产，反之亦然。假定全部经济资源用来生产 X，可生产5个数量单位，全部用来生产 Y，可生产15个数量单位。在这两个极端的可能性之间，还存在着各种可能性，即通过经济资源从一种用途不断地转移到另一用途，两种产品的数量会产生此消彼长的格局。假定共有 A、B、C、D、E、F 六种可能性，如表1-1和图1-1所示。在图1-1中，用纵轴表示 Y，用横轴表示 X，根据表中的数据找出坐标点，连接各点便得到一条曲线，这条曲线就叫生产可能性边界或生产可能性曲线。它表明在既定的经济资源和生产技术条件下所能达到的各种产品最大产量的组合。

表1-1　X 与 Y 两种产品的生产情况

可能性	X 产品	Y 产品
A	0	15
B	1	14
C	2	12
D	3	9
E	4	5
F	5	0

可用 X 产品与 Y 产品来表达各自的机会成本。比较一下 C 点和 E 点，多生产2个单位 X 产品必须少生产7个单位 Y 产品，则多生产此2个单位 X 产品的机会成本是少生产7个单位的 Y 产品。

处在生产可能性边界以内的点，如图中 G 点，表示社会未能充分利用资源，即存在闲置资源，也就是存在失业，当社会使用了这部分资源，就可以得到更多

的 X 和 Y 产品。第二次世界大战中的德国和美国就存在这种情况。但经济资源的未能利用并不是造成产量处于生产可能性边界以内的唯一原因;当经济缺乏效率时,也会产生这种后果,如我国 1958 年大跃进以及十年动乱时期的情况。因此要使社会处在生产可能性边界上,必须充分利用现有的经济资源和提高经济效率。

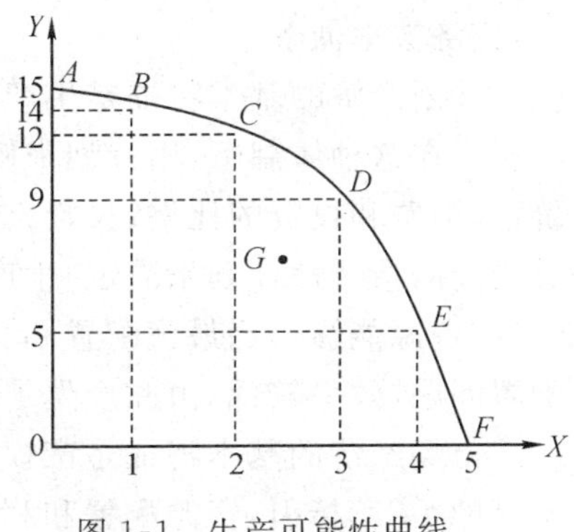

图 1-1 生产可能性曲线

当社会生产处在生产可能性边界上时,表示社会经济处于有效率的充分就业状态,但在这种状态下,社会在选择两种产品的组合时,必须确定最佳的比例,是选择 D 点还是 E 点,抑或是其他点?这便是微观经济学中所要解决的资源配置问题。生产可能性边界图是供社会选择的资源配置清单。

三、资源配置方式

稀缺性是人类各个时期和各个社会都面临的永恒问题,所以,解决生产什么、如何生产、为谁生产等问题,是人类社会所必须解决的基本问题;同时,由于在现实经济社会中,像劳动者失业、生产设备和自然资源闲置等也都是经常存在的状态,所以,除了考察一国经济资源是否合理配置之外,还应研究一国是否充分利用了这些资源。这就是资源的合理配置和有效利用问题。

经济资源配置和利用的方式就是所谓经济体制问题。由于不同社会经济条件下的经济体制不同,解决问题的方式也就不同。经济体制或经济制度主要是由财产权(也称产权)与资源配置权的性质来定义的。产权分为公共产权和私人产权。公共产权是由整个社会所拥有的,任何个人都不可能使资源仅供自己使用或支配;私人产权是指资源由私人拥有、按现有的法律供自己使用支配的权利。私人产权是可以界定的,即产权的界限是明晰的。如果你拥有某种资源的产权,就意味着你享有下述三种权利:使用权、来自这种资源的收入享受权以及自由的转让权。以土地为例,拥有土地产权的人将有权决定如何使用这块地;享受这块土地带来的所有收入,如地租等;还有权将目前拥有的产权转让给别人。

按照西方经济学家的划分,经济体制大体上分为下列四种类型:自给经济、计划经济(命令经济)、市场经济和混合经济。不同的经济体制,实现资源配置和资源利用的方式不同。自给经济的特征是每个家庭生产他们自己消费的大部分物品,扩大一点说,是每个村落生产他们消费的大部分物品,只有极少数消费品是与外界交换来的。在这种体制下,资源的配置和利用由居民的直接消费所决定,经济效率低下。

计划经济的基本特征是生产资料归政府所有,经济的管理,实际上像一个大公司。在这种体制下,用计划来解决资源配置和利用问题。产品的数量、品种、价格、消费和投资的比例、投资方向、就业及工资水平、经济增长速度等等均由中央当局的指令性计划来决定,生产的产品也由国家统一分配。这种体制,从理论上说,资源能够达到最优配置和有效利用。但实践证明,这种体制不能解决资源配置问题,效率较低,由此产生了社会主义国家经济体制改革。

市场经济的基本特征是产权明晰,经济决策高度分散。这种经济为一只"看不见的手"所指引,资源配置和利用由自由竞争的市场中的价格机制来解决。对于这一点,英国古典经济学家亚当·斯密(Adam Smith)早就说过,"我们的晚餐并非来自屠宰商、酿酒师和面包师的恩惠,而是来自他对自身利益的关切"。在市场经济中,人们追求自己的利益,却往往使他能比在真正出于本意的情况下更有效地促进社会的利益。按他的看法,市场上琳琅满目的商品供应,并非由于生产商考虑到消费者需要,而是他们追求利润的结果。交通拥挤时公交公司之所以会多加几辆车,也不是为了解决职工按时上下班的困难,而是为了多赚钱。总之,市场机制是解决资源优化配置,增进社会福利的有效机制。

【阅读材料】

> "每个人都在力图应用他的资本,来使其生产品能得到最大的价值。一般地说,他并不企图增进公共福利,也不知道他所增进的公共福利为多少。他所追求的仅仅是他个人的安乐,仅仅是他个人的利益。在这样做时,有一只看不见的手引导他去促进一种目标,而这种目标决不是他所追求的东西。由于追逐他自己的利益,他经常促进了社会利益,其效果要比他真正想促进社会利益时所得到的效果为大。"
>
> ——亚当·斯密《国富论》

市场经济是一种用价格机制(市场机制)来决定资源配置的经济体制。价格机制是指价格自动调节供给和需求,使之达到市场均衡的机理和功能。在市场经济条件下,企业是独立的经济实体,各种生产要素是可以自由流动的,经济的运行是由价格这只"看不见的手"调节的,即资源的配置是由市场价格决定的。

价格高低反映了市场的供求状况,价格的变动调节着供给和需求,从而使资源配置达到最优状态。当市场上某种商品供给大于需求时,导致产品积压,过剩供给会促使厂商竞销商品,使商品的价格下降,刺激消费,增加对该商品的需求,最终将使该商品的供求趋于平衡；当市场上某种商品需求大于供给时，导致产品脱销，需求得不到满足，会促使消费者竞购商品，使商品的价格上升，刺激生产，增加对该商品的供给，与此同时，价格上升又会抑制消费，减少对该商品的需求，最终也必将使该商品的供给趋于平衡。价格机制就是通过价格对供给和需求的自动调节来实现较为合理的资源配置。

根据价格理论，由市场供求关系所决定的价格调节着生产与消费，自发地调节经济是价格机制发挥作用的基本特点，没有自发性就没有价格机制的作用。价格机制自发地调节经济使资源配置趋于合理。

然而，市场在配置资源方面并不是万能的。在克服垄断和外部性弊端、提供公共物品、管理信息、调节收入、控制经济波动等诸多方面，市场都无能为力，需要国家或者说政府发挥作用，于是混合经济体制产生了。

混合经济的基本特征是生产资料的私人所有和国家所有相结合，自由竞争和国家干预相结合，因此也是垄断和竞争相混合的制度。政府限制私人的某些活动；垄断的成分限制完全竞争的作用。在这种体制下，凭借市场制度来解决资源配置问题，依靠国家干预来解决资源利用问题。这种体制被认为是最好的制度，效率和公平可以得到较好的协调。

西方经济学家认为，纯粹的自给经济、纯粹的市场经济和纯粹的计划经济在当代并不存在。非洲和拉丁美洲一些国家偏向于自给经济，北美、西欧、澳大利亚和日本等偏向于市场经济，而社会主义国家在传统体制下则偏向于计划经济。由于过去资本主义国家的国有化运动和近年来社会主义国家的改革运动，使得两种制度互相渗透、“趋同”，从而都具有“混合经济”的特征，因而在解决资源配置和利用问题时，方式和方法也逐渐“趋同”。

第二节　经济学的内容与方法

经济学的研究方法很多，而且也常常根据其分析方法对经济学进行分类。

一、微观经济学与宏观经济学

1936 年，英国经济学家凯恩斯出版了《就业、利息和货币通论》，拓宽了经济学的研究领域，经济学开始分为微观经济学和宏观经济学两个部分。

微观经济学是以单个经济主体为考察的出发点，研究单个经济主体的经济行为以及相应的经济变量的单项数值是如何决定的。微观经济学采用个量分析方法。个量分析是对单个经济单位和单个经济变量及其相互关系所作的分析。如单个的消费者、单个厂商、单个行业、单个市场等,与此相适应,它必须使用个量分析方法,研究单位商品的效用、供给、需求、价格等如何决定,研究单个厂商投入、产出、成本、收益、价格、利润等如何决定,研究以上各个量之间的相互关系。

同时,微观经济学主要研究资源配置,就是将既定的社会资源如何分配于各种不同用途的问题,也就是通过对消费者理性行为和厂商理性行为的考察,说明在资源充分利用的条件下,价格机制通过消费者的货币投入决定生产什么,通过厂商之间的竞争以及他们的成本收益比较决定如何生产,通过要素价格的高低决定为谁生产,从而为资源的合理有效配置提供了可行的途径。具体来说主要研究单个的消费者如何把有限的收入分配在各种商品的消费上,以获得最大的效用;单个的厂商如何把有限的资源分配于各种商品的生产上,以获取最大的利润;单个市场的价格如何决定等等经济个体的决策行为。微观经济学的中心理论是价格理论。

宏观经济学是研究整个国民经济活动的,它分析的是诸如一国国内生产总值和国民收入的变动及其与社会就业、消费总量、投资总量、通货膨胀率、经济增长、经济周期波动、财政收支、货币供应等变量的运行规律以及它们之间的相互关系。宏观经济学采用总量分析法,以国民收入为中心,着重研究资源总量的充分利用。

二、经济理论和经济模型

微观经济理论的建立是以一定的假设条件作为前提的。在微观经济分析中,根据所研究的问题和所要建立模型的不同需要,假设条件存在着差异,但基本假设有以下三个。

理性人假设。微观经济学在分析人类个体的行为时,一个最基本的假设是:经济个体的行为是理性的。行为合乎理性的人即经济人,在经济活动中总是以利己为动机,总是选择以最小的代价换取最大利益。它假定每个人做出决策的出发点就是个人利益,每个人都寻求个人利益最大化,而不会做出于己无利的事情。但是,这一假设并不等于通常意义上所说的“自私自利”。在市场经济条件下,每个人都尽可能使自己的利益最大化。也就是说,每个人既把最大化作为目标,又知道如何实现最大化。在这样一个社会中,只要保证政府行使基本的维持法律和秩序的功能,每个人在追求自身利益的同时,事实上也是在为社会的利益服务。

完全信息。在微观经济学中，一般假定经济活动的所有当事人都拥有充分的和相同的信息，获取信息不需要支付任何成本，经济活动中不存在不确定性。例如，每一个消费者都能充分地了解每一种商品的性能和特点，准确地判断一定量的商品给自己带来的消费满足程度，掌握商品价格在不同时期的变化，能够确定最优的商品购买量；每一个生产者都能准确地掌握产量和生产要素投入量之间的技术数量的关系，了解商品价格和生产要素价格的变化，以及在每一个商品价格水平下消费者对产品的需求量等全部信息，从而能够做出最优的生产决策。

市场出清。在市场价格可以自由升降的情况下，市场上一定会实现充分就业的供求均衡状态。对于理性的人来说，我们没有理由解释为什么生产者或劳动者不会调整工资或价格，如果这样做会使他们的境况变得更好的话。相应地，物品价格、工资（劳动的价格）和利率（资本的价格）的调整能使供给和需求相等，即市场出清。在这种均衡状态下，资源可以得到充分利用，不存在资源闲置或浪费。

经济模型也是一种分析经济问题的方法，是指用来描述同研究的对象有关的经济变量之间依存关系的理论结构。简单地说，把经济理论用变量的函数关系来表示就叫做经济模型。

经济模型可以用文字叙述方法、几何图形方法和数学表达式表示。作为经济分析工具，这三种表示方法没有什么本质区别。文字叙述法比较浅显，几何图形法比较直观，数学表达式比较简练、精确。对于经济个体行为的模型处理，现在多采用数学工具。因为经济个体所面临的决策问题都可以抽象为有约束条件下的优化问题，而约束条件下的优化问题在数学方面有比较完善的理论，于是数学自然地成为经济学的有力工具。我们借助数学定理，比较容易处理多个变量，确定各个经济变量之间的相互关系。但是，由于经济理论过分追求逻辑严密性及公理化的倾向，忽视现实世界中的复杂性和相互依赖性，数学在当代经济学的研究中有时显得喧宾夺主。

经济现象包括各种主要变量和次要变量，错综复杂，千变万化。如果在研究中把所有的变量都考虑进去，就会使得实际研究成为不可能。所以，任何经济模型都是在一些假定前提下，舍掉若干次要因素或变量，把可以计量的复杂现象简化和抽象为为数不多的主要变量，然后按照一定函数关系把这些变量编成单一方程或联立方程组而构成的。根据建立模型的不同目的，以及模型所涉及的变量的不同关系，对同一个经济问题的研究，可以建立多个不同的模型，并且把模型涉及到的变量区分为内生变量和外生变量。借助这些经济模型，人们可以预测经济变化的结果。

在任何一个大的经济体制中都有成百万的产品、消费者和企业。在市场经济体制下,消费者和企业都做出他们自己的选择。我们无法描绘出错综复杂的经济系统的每个方面。经济学的研究是通过对社会各种现象建立模型来进行的,建立经济模型是经济学家对复杂现实加以简化的基本途径。在建立模型时,一般来说,我们要采用的是最简单的并且能够描绘出正在考察的经济状况的模型。在这个基础上,可以逐渐加进已经抽象掉的因素,考察这些因素加入后所产生的影响,使模型变得更为复杂,同时也更符合实际。

一个完整的经济理论模型包括假设、假说和预测。

假设是某一理论所适用的条件。因为任何理论都是有条件的、相对的,所以在理论的形成中假设非常重要。离开了一定的假设条件,分析与结论都是毫无意义的。经济学家在分析问题时特别重视假设条件。在经济学的研究中,一个结果往往是多种因素共同作用而产生的,为了把这些因素对结果的影响说清楚,必须假定哪些因素是模型的外生变量(影响其他变量但本身由该模型外的因素所决定的变量),哪些是内生变量(模型本身所要解释的变量)。

假说是在一定的假设下确定变量之间的规律性关系,提供合乎逻辑的论断。这种假说往往是对某些现象的经验性概括或总结,但要经过验证才能决定它是否成为具有普遍意义的理论。在经济学中,一般有两种检验途径:一种是直接检验,即检验理论模型的基本假设和描述是否有合理的现实依据,通常用统计学检测方法来测定和验证相关性;另一种是间接检验,即检验所揭示的规律和论断是否与实际经验相符。如果实践检验与理论推测不相符,则否定这个模型或重新加以修改。

预测是根据假说提出经济现象未来发展的看法。它是一种有条件性的说明。预测是否正确,是对假说的验证。正确假说的作用就在于它能准确地预测未来。经济模型不仅能反映经济系统是如何运行的,而且能够对某些条件变化后我们所关心的经济变量的变化做出预测,否则经济模型就会失去它的本来意义。

总之,建立经济模型的目的是:(1)了解经济系统是如何运行的;(2)说明在各种不同的条件下经济系统的变化;(3)指明这个系统应该如何重建,以使该系统按照我们的愿望再运行。

三、最优化分析与均衡分析

在西方经济学中,均衡分析处于重要的地位。均衡原本是力学中的名词。

它表示，当一物体同时受到来自几个方向的不同外力作用时，若合力为零，则该物体将处于静止或匀速直线运动状态，这种状态就是均衡。英国经济学家马歇尔（Alfred Marshall）把这一概念引入经济学中，指经济中各种对立的、变动着的力量处于一种力量相当、相对静止、不再变动的境界。这种均衡一旦形成，如果有另外的力量使它离开原来的均衡位置，会有其他力量使它恢复到均衡，就称为恒定的均衡；如果任何力量都无法使它恢复到均衡位置，则称不稳定均衡。

均衡可以分为局部均衡与一般均衡。局部均衡是假定在其他条件不变的情况下来分析某一时间、某一市场的某种商品（或生产要素）的供给与需求达到均衡时的价格决定。这里讲的"其他条件不变"，是指这一市场的某一商品的供求和价格等对这一市场其他商品的供求和价格等不发生影响，而这一市场其他商品的供求和价格等以及其他所有市场的商品供求及价格等对这一市场的该商品的供求和价格等也不发生作用。它把研究范围局限于某一市场或某一经济单位的某种商品或某种经济活动，并假定这一商品市场或经济单位与其他市场或经济单位互不影响，所以称为局部均衡分析。比如马歇尔的均衡价格论，就是假定某一商品或生产要素的价格只取决于该商品或生产要素本身的供求状况，而不受其他商品价格和供求等因素的影响。这就是典型的局部均衡分析。

一般均衡分析在分析某种商品价格决定时，是在各种商品和生产要素的供给、需求、价格相互影响的条件下来分析所有商品和生产要素的供给和需求同时达到均衡时所有商品的价格如何被决定。所以，一般均衡分析把整个经济体系视为一个整体，从市场上所有商品的价格、供给和需求是互相影响、互相依存的前提出发，考察各种商品的价格、供给和需求同时达到均衡状态下的价格决定。也就是说，一种商品的价格不仅取决于它本身的供给和需求状况，也受到其他商品的价格和供求状况的影响，因而一种商品的价格和供求的均衡，只有在所有商品的价格和供求都达到均衡时才能决定。一般均衡分析方法，是法国经济学家瓦尔拉斯（Léon Walras）首创的。它重视不同市场中的商品的产量和价格的关系，强调经济体系中各部门、各市场的相互作用；认为影响某种商品的价格或供求数量的因素的任何变化，都会影响其他商品的均衡价格和均衡数量。因此，一般均衡分析是关于整个经济体系的价格和产量结构的一种研究方法，是一种比较周到和全面的分析方法。但由于一般均衡分析涉及到市场或经济活动的方方面面，而这些又是错综复杂和瞬息万变的，因而这种分析实际上非常复杂和耗费时间。所以在西方经济学中，大多采用局部均衡分析。局部均衡分析对所需结果给出一个初始值，所研究的市场与经济的其余部分联系越弱，这种近似就越好，且局部均衡分析就越有用。

经济学中的均衡分析通常用来描述经济系统达到稳定状态所需要的条件，预测相关条件变化时经济系统变动的方向。为此，经济学中的均衡含义还涉及以下三点：(1)均衡的存在性，即符合经济意义的均衡必须要求经济变量的数值不能为负；(2)均衡的惟一性，即均衡点是否只有一个；(3)均衡的稳定性，即任何偏离均衡的情况出现，系统自身是否会自动产生一种力量恢复到均衡状态。

四、静态分析、比较静态分析和动态分析

与均衡分析密切相关的是静态分析、比较静态分析和动态分析方法。宏观经济学和微观经济学所采用的分析方法，从一个角度看是均衡分析，从另一个角度看就是静态、比较静态和动态分析。所以实际上它们是密不可分的整体。

静态分析就是分析经济现象的均衡状态以及有关的经济变量达到均衡状态所需要具备的条件，它完全抽掉了时间因素和具体变动的过程，是一种静止地孤立地考察某些经济现象的方法。例如考察市场价格时，它研究的是价格随供求关系上下波动的趋向或者是供求决定的均衡价格。也就是说，这种分析只考察任一时点上的均衡状态，注重的是经济变量对经济体系发生影响的最后结果。

比较静态分析就是分析在已知条件发生变化以后经济现象均衡状态的相应变化，以及有关的经济总量在达到新的均衡状态时的相应变化，即对经济现象有关经济变量一次变动(而不是连续变动)的前后进行比较。也就是比较一个经济变动过程的起点和终点，而不涉及转变期间和具体变动过程本身的情况，实际上只是对两种既定的自变量和它们各自相应的因变量的均衡值加以比较。例如，已知某种商品的供求状况，可以考察其供求达到均衡时的价格和产量。现在如果由于消费者的收入增加而导致对该商品的需求增加，从而产生新的均衡，则价格和产量都比以前有所提高。这里，只把新的均衡所达到的价格和产量与原均衡的价格和产量进行比较，这便是比较静态分析。

动态分析则对经济变动的实际过程进行分析，其中包括分析有关总量在一定时间过程中的变动，这些经济总量在变动过程中的相互影响和彼此制约的关系，以及它们在每一时点上变动的速率等等。这种分析考察时间因素的影响，并把经济现象的变化当做一个连续的过程来看待。考察经济变量在继起的各个期间里的变化情况，是一种时间序列分析方法。

在微观经济学中，无论是个别市场的供求均衡分析，还是个别厂商的价格、产量均衡分析，都采用静态和比较静态分析方法。动态分析方法在微观经济学中进展不大，只在蛛网模型的研究中，在局部均衡的基础上被采用。在宏观经济学中，则主要采用的是比较静态和动态分析方法。凯恩斯在《就业、利息和货币

通论》一书中采用的主要是比较静态分析方法。例如在讨论社会对消费品的需求将随着国民收入的增加而增加时，他主要对两种经济现象进行比较，即比较由国民收入变动而产生的前后两个不同的总量消费需求，而不分析社会对消费品需求的变化过程，不说明前一时期的收入、本期收入、本期消费之间是如何制约的，也不研究收入和消费在每一点上变动的速率。凯恩斯的后继者们在发展凯恩斯经济理论方面的贡献，主要是长期化和动态化方面的研究，如经济增长理论和经济周期理论。瑞典学派的宏观经济分析中的“事前”、“事后”分析所涉及到的过程分析或期间分析都是动态经济分析。

五、规范分析和实证分析

经济学家除了对经济活动进行纯粹的科学描述，提供合乎逻辑的论断和预测之外，有时也常对经济系统应该怎么运行发表意见。这就是所谓“实证分析”和“规范分析”的区别。

实证分析如实地描述经济行为并揭示出有关经济变量之间的相关关系或因果关系，分析和预测经济行为的效果。实证分析研究经济行为“是什么”的问题。规范分析是从一定的价值判断出发，提出经济行为的标准，并研究如何做才能符合这些标准。它所研究的是“应该是什么”的问题。从这两个角度对经济学进行分类，可分为实证经济学和规范经济学。

实证分析要求，一个理论或假说涉及到的有关变量之间的因果关系，不仅要能够反映或解释已经观察到的事实，而且要能够对有关现象将来出现的情况作出正确的预测，也就是要能经受将来发生的事件的检验。因此，实证经济学具有客观性，即实证命题有正确和错误之分，其检验标准是客观事实，与客观事实相符者为真理，否则就是谬误。所以西方经济学家把实证经济学定义为目的在于了解经济是如何运行的分析。

规范经济学以一定的价值判断作为出发点，提出行为的标准，并研究如何才能符合这些标准。它力求回答“应该是什么”的问题，即为什么要做这样的选择，而不作另外的选择。它涉及到是非善恶、应该与否、合理与否的问题。由于人们的立场、观点、伦理道德标准不同，对同一个经济事物，就会有截然不同的看法。因此，规范经济学不具有客观性，即规范命题没有正误之分，不同的经济学家会得出不同的结论。所以西方经济学家把规范经济学定义为对关于政策行动的福利后果的分析。

实证分析和规范分析之间有重要联系。规范分析并不能独立于实证分析。凡经济学家倡导、赞同或反对某一经济政策，其论据都来自对该政策的实证分析。尽管不同的经济学家可以强调不同的侧面因而对同一政策有不同的主张，但他们的结论，一般都是运用普遍接受的实证经济理论，通过对政策的社会经济效益的分析比较而得出的。实证分析的结果能够告诉我们怎样才能以最佳方式达到规范目标。另一方面，经济学家在分析、寻求经济活动的客观规律时，不可避免地受到其个人的经济地位、价值观念等等的影响。毕竟，经济学研究的是人类的活动，经济学家作为社会成员之一，很难超然于经济利益之外，可以像研究自然科学一样客观地研究经济科学。他们的价值判断会不自觉地在实证分析中产生影响。例如，经济学家总是以效率尺度来衡量经济活动的成败得失。这就隐含着，在经济学家的价值系统中，效率准则高于其他社会准则。在涉及公共政策的经济分析时，如市场调节、税收补贴、财政货币政策、社会福利等，实证分析和规范分析是很难分开的。

由上可以看出，实证经济学研究经济运行规律，不涉及评价问题，规范经济学则对经济运行进行评价。在西方经济学家中，少数人坚持认为经济学只应该是一门实证科学，大多数人则坚持认为经济学既像自然科学一样是一门实证科学，又像一般社会科学一样是一门规范科学。这是因为，为什么对经济问题进行研究，应采取什么研究方法，强调哪些因素，实际上涉及到研究者个人的价值判断。而且一个经济学家之所以提出某一种经济理论，在大多数场合是为他所主张的政策提供理论依据。而政策主张之所以不同，一方面是由于实证分析的结论不同，另一方面则是由于各人不同的价值判断。虽然微观和宏观经济学基本属于实证经济学，但也包含不少规范分析的因素。例如，在微观经济学中，在涉及消费者的偏好和收入再分配的研究中，都具有较强的规范色彩。在宏观经济学中，关于充分就业的含义、经济增长的后果等，就是一种规范分析。至于制度经济学和福利经济学，则主要是一种规范经济学。

实际上，无论是实证经济学还是规范经济学，都与经济目标相关。经济目标是分层次的，层次越低，越与经济运行联系密切，因而研究越具有实证性；层次越高，越需要对经济运行进行评价，研究越具有规范性。所以从这个意义上来说，就像微观经济学和宏观经济学是从不同角度来研究经济问题并不矛盾一样，实证经济学和规范经济学是在经济目标的不同层次上进行研究，同样具有相互补充、功效各异、构成整体的效果。例如，对于5%的年经济增长率目标，实证经济学就要研究在多大的储蓄比率和加速系数下，可以达到这个目标，并且可以检验这个结论是否正确；规范经济学就要研究，该目标假定本身是否正确，它能不能成为目标，实现这样一个目标对社会产生的后果是好是坏等等。所以，对任何一个经济现象进行研究时，不仅要对经济过程本身进行研究，而且要对经济过程作出价值判断，方能说明经济过程的全貌，而不至于走向片面。正因为如此，近年来的西方经济学，特别是其中的宏观经济学的规范化分析有所加强。

本书所进行的分析，除少数外，基本上属于实证分析。但这些实证分析是建立在一定的规范性假设前提的基础之上的。如果事先不搞清实证分析是建立在什么样的规范前提之上，不搞清这些规范前提的适用范围，那么，不论所进行的实证分析如何无懈可击，都有可能得出错误的结论。

第三节　经济学的发展

一、经济学的起源

关于"经济学"(Economics)一词的起源，最早可以追溯到古希腊的亚里士多德(Aristotle)时代。希腊文中的 Economy 一词是 Oikonomia，由 Oikos(房子、家产)和 Nomos(规律、管理)组成，其意思是指"家庭管理"，即奴隶主家庭经济。而如今的英文 Economy 一词的直接词义就是"经济"或"节约"。为什么人们总是要考虑经济或节约问题？因为对人类有用的物质财富是缺乏的。《简明牛津字典》上对经济学的定义是："关于财富的生产与分配的实用性科学。"因而经济学有时被理解为"能够指导人们在资源稀缺、竞争激烈的条件下，为创造最多的财富而对资源进行最优分配的科学"。于是"对财产的维持、增加和利用的持续行为叫做经济"(威廉·罗雪尔)。而经济学则被分为物、劳役和关系三大类。

17 世纪的法国经济学家蒙克莱斯钦首次提出了"政治经济学"(Political Economics)一词。在希腊语中，political 一词来源于 politics，意思是"社会"。经济学的概念因此从"家庭管理"上升到了"社会财产管理"。于是，人们在过去大约一个多世纪中普遍使用"政治经济学"一词。直到 1890 年英国经济学家马歇尔 (Alfred Marshall)的《经济学原理》一书问世，人们才逐渐用"经济学"一词代替"政治经济学"，虽然在马克思主义经济学文献中，"政治经济学"一词一直沿用至今。但是，著名的美国经济学家米尔顿·弗里德曼认为："最困难的是把经济学和政治学区别开。"难怪古典政治经济学家威廉·配第(William Petty，1623—1687)曾提出"经济学是政治算术"的观点。

随着科学的细分和发展，经济学与政治学已被分为具有相互联系而又不同的社会科学门类。我们可以按照历史的方法，将经济学划分为重商主义时期、古典经济学时期、新古典经济学时期和当代经济学时期等不同的发展阶段。

经济学的萌芽时期被称为重商主义。重商主义是资本主义生产方式的形成与确立时期，产生于15—16世纪，终止于17世纪中期。早在14世纪末15世纪初就已经出现了一些重商主义的思想。重商主义在其发展过程中经历了两个历史阶段:早期的重商主义约从15世纪到16世纪中叶，晚期重商主义从16世纪下半期到17世纪中叶。早期的主要代表人物有英国经济学家约翰·海尔斯(John Hales,？—1571)和威廉·斯塔福德(William Stafford,1554—1621)。主要著作是《对我国同胞某些控诉的评述》。他们在书中关心本国货币的保持，主张保护贸易，禁止外国工业品进入英国，防止贸易逆差等。在法国则是安·德·孟克列钦(Montchretien,1575—1662)第一个提出了“政治经济学”，代表著作是《献给国王和王后的政治经济学》(1615)。他虽没有创立起政治经济学的理论体系，但他提出了整个国家的经济问题，如工场手工业、商业、航海和国王的经济政策等。晚期重商主义的代表人物是英国的托马斯·曼(Thomas Mun,1571—1641)和法国的让·巴蒂斯特·柯尔培(J. B. Colbert,1619—1683)等人。托马斯·曼的代表作是《论英国与东印度公司的贸易》(1621)和《英国得自对外贸易的财富》(1664)。

从15世纪开始，西欧封建制度进入了瓦解时期。封建自然经济日趋衰落和解体，商品货币关系日益发展，城市和农村出现了手工业者和农民的急剧分化，在封建社会的内部资本主义关系开始萌芽和成长。到了15世纪末，西欧主要国家由于生产力的发展，需要同东方进行频繁的贸易。但是，通商路线受到阻隔，寻找通往印度的新航线成为迫切的要求。同时，由于商品经济的发展，封建统治阶级的开支不断增加，为此西欧各国迫切需要黄金。而在当时欧洲人同东方的贸易中，向外输出的黄金远远地超出了流入的黄金数量，大批黄金流出欧洲造成了西欧各国黄金的短缺，于是在这些国家里产生了炽烈的“黄金渴望”现象。

早期重商主义者主张采取行政手段禁止货币的输出和积累货币财富。在贸易上，他们主张多卖少买或不买。为增加货币和限制货币的输出，当时许多国家，如英国、西班牙等，就根据早期重商主义者的主张颁布了各种法令，甚至规定了严厉的刑罚禁止货币输出国外。晚期重商主义者认为，国家应该允许将货币输出国外，以便扩大国外商品的购买量。不过他们要求在对外贸易中必须谨守“购买外国商品的货币总额必须少于出售本国商品所取得的货币总额”。晚期重商主义者认为货币是财富的唯一形态，从而把财富同货币混为一谈，其目的仍然是要保证有更多的货币流回本国。晚期重商主义者为了鼓励输出，实现“出超”

(输出超出输入),主张国家必须实行保护关税的政策。

无论是早期还是晚期的重商主义者,都把货币看作是财富的唯一形态,都把货币的多寡看作是衡量国家富裕程度的标准。但是,在如何增加货币上两者之间存在着分歧。重商主义把金银货币作为唯一形态,认为一国的财富来自于对外贸易,主张用扩大出口、限制进口的办法增加财富。另外,商业资本和商业的发展,引起了社会分工的扩大,进一步引起对商品需求的增长,从而加速了商品生产的发展。同时也扩大了原有市场和开辟了新的市场,促进了国内市场的统一和世界市场的形成。世界市场推动了对外贸易的迅速发展。由于商业资本的发展以及国家实际采用了重商主义的政策和措施,产生了从理论上阐述这些经济政策的要求,于是逐渐形成一种重商主义理论。重商主义仅限于对流通领域的研究,并没有形成一个完整的经济学体系,只能说是经济学的萌芽时期,是资产阶级最初的经济学说。随着资本主义生产逐渐居于统治地位,资本原始积累逐渐让位给资本主义积累,资本主义的生产成为人们注意的中心,以流通领域为研究中心的重商主义就必然趋于崩溃,而为资产阶级古典经济学所代替。

二、经济学的形成

经济学的形成时期被称为古典经济学时期。古典经济学从 17 世纪中期开始,到 19 世纪 70 年代前为止。

继重商主义之后,在 17 世纪出现了弗朗斯瓦·魁奈(Francois Quesnay, 1694—1774)等以研究农业和总资本的再生产为中心的重农主义,也称古典经济学的前期。从 17 世纪下半期以后,法国出现了反对重商主义的政策,他们主张经济自由和重视农业,随之产生了重农学派。重农学派的创始人是魁奈,他生于法国的一个地主家庭,一生中研究过许多科学,擅长医学,曾任宫廷御医,写过关于医学和生理学方面的著作。他研究经济问题是在他 60 岁左右,1757 年曾写出两篇经济学论文《农民论》和《谷物论》,后来又写出《人口论》。在论文中提出与重商主义相对立的观点,在同年又写出《赋税论》(当时未发表),1758 年发表了著名的《经济表》。

魁奈创立了一整套重农主义的经济理论,提出了发展法国资本主义的经济政策并形成了一个独立的学派,自称为经济学。由于重农学派最早系统地研究了资本主义的生产方式,所以马克思把重农学派称为近代资产阶级经济学的真正鼻祖。他们对社会财富来源的看法与重商主义者是针锋相对的。在重农主义者看来,货币并不是国民的真正财富。因为它既不能供人们直接消费,又不能不断再生产财富。积累货币未必是好事,货币积累越多,国家就越贫困,货币除了供商品买卖时使用之外,别无它用,即货币不能产生货币。他们认为社会的财富就是从土地中产生出来的农产品,农业是社会财富的真正源泉,如果没有这种财富的不断产生,也就没有一切其他财富。认为货币的职能只是作为流通的手段,货币如果被置于流通之外不能与其他财富相交换,便不能促进国家财富的经常再生产。他们还认为,工业不是社会财富的源泉,而只不过是农业原料的加工部门;加工业不过是农业的附属物,它也不生产新的物质。同时,重农主义者还否认对外贸易是社会财富的源泉。他们认为,对外贸易无非是以一种具有出售价值的产品,去交换另一种价值相等的产品。在交换中当事双方既无损失,亦无好处。

古典经济学的真正形成是从英国经济学家威廉·配第开始的。作为英国资产阶级古典经济学的创始人,他生于一个手工业者家庭,一生中当过商船的服务员、水手、医学解剖员以及音乐教授。作为由重商主义向古典经济学过渡时期的经济学家,他的经济理论清楚地反映出这种过渡的特点。他的重商主义见解,只是到了晚年才被完全克服,他对经济学的主要贡献是最先提出劳动价值论,同时他还提出过地租论。

亚当·斯密(Adam Smith,1723—1790)于1776年出版了《国民财富的性质和原因的研究》(简称《国富论》),标志着经济学真正成为一门独立的社会科学。该书集当时一切经济思想之大成,形成了统一和完整的经济学体系,成为资本主义经济学的"鼻祖",产生了西方经济学说史上的"第一次革命",斯密本人也被认为是"经济学之父"。

亚当·斯密,英国古典经济学的主要代表之一,出生在苏格兰的一个海关官吏家庭。曾先后在格拉斯哥和牛津大学学习,主要研究哲学。毕业后长期在大学任教,教修辞和文学。亚当·斯密在格拉斯哥一直住到1764年,这对他的经济学说的形成起了重要的作用,因为该地当时是苏格兰的工业中心。1764年,亚当·斯密辞掉大学教授的工作,到欧洲大陆旅行,在巴黎结识了重农主义者魁奈。由于受魁奈的影响,亚当·斯密在法国旅游期间决定写一部经济学著作。1767年当他回到家乡后开始专心从事写作著名的《国民财富的性质和原因的研究》,但是这部建立古典经济学理论体系的著作写了近10年的时间,经多次修改后终于在1776年出版。《国富论》是亚当·斯密一生中唯一出版过的著作。但是该著作出版后,立即轰动一时,并被译成许多国家的文字。在我国,该书于1901年最先由严复译成中文,题为《原富》,1963年又由郭大力、王亚南重译出版,题为《国富论》。

古典经济学时期以亚当·斯密和大卫·李嘉图(David Ricardo,1772—

1823)为代表。李嘉图进一步发展了斯密的劳动价值论,认为劳动时间决定商品的价值,指出商品具有两个因素——价值和使用价值,成为古典经济学的另一个主要代表人物。大卫·李嘉图出生于伦敦一个有钱的交易所经纪人家庭。早年受到的教育很不完备,14岁起随父从事交易所的活动。25岁时由于交易所的投机而致富,成为拥资百万英镑的大资产者,才开始致力于学习和科学研究。他最初热心于自然科学,1799年当他阅读了《国富论》后,从此对经济学问题发生了兴趣,但真正研究经济学问题是在10年以后,即1809年。他的第一篇经济论文是《黄金的价格》,匿名发表在1809年8月29日的英国《晨报》上。该论文批评了当时英格兰银行滥发纸币的政策,这奠定了他的货币数量论的基础。在1810年他又将其改写成小册子,名为《金块价格高昂是银行券贬值的证明》,为此博得货币流通理论家的声誉。

斯密以后的西方经济学沿着两条不同的路线向前发展,一是李嘉图的科学路线;另一是萨伊(Say Jean Baptiste,1767—1832)和马尔萨斯(T. R. Malthus,1766—1834)的庸俗路线。资本主义经济学的产生是通过对亚当·斯密和李嘉图学说的庸俗化实现的。这有两条主要途径:一是萨伊和马尔萨斯打着斯密学说的幌子,分离出其中的庸俗部分,拼凑出庸俗经济学体系;二是詹姆斯·穆勒(James Mill,1773—1836)和约翰·麦克库洛赫(John Ransay Maclulloch,1789—1864)在维护李嘉图学说的旗帜下,通过"解决"李嘉图理论体系中的某些矛盾,将李嘉图学说庸俗化。他们在古典经济学的全盛时期是与作为古典经济学的最杰出的代表人物李嘉图直接对立的。古典经济学的代表人物除亚当·斯密和大卫·李嘉图外,马尔萨斯以及法国的经济学家让巴蒂斯特·萨伊及詹姆斯·穆勒也常被称为庸俗经济学的鼻祖。之后还有庸俗政治经济学西尼尔(N. W. Senoir,1790—1864)、巴师夏(Frederic Bastiat,1801—1850)和李嘉图学派的最后代表约翰·穆勒(John Stuart Mill,1806—1873)。

19世纪,随着第一次工业革命的完成,经济危机的产生,阶级斗争的激化和社会主义思想的发展,古典学派分为根本对立的两大学派:即由李嘉图到马克思为一大学派,发展为社会主义经济学;由马尔萨斯到凯恩斯为一大学派,沿着庸俗经济学路线发展为资本主义经济学。古典经济学的中心是研究国民财富如何增长。他们强调了财富是物质产品,因此,增加财富的方法是通过进行资本的积累来促进生产的发展,而要发展生产就应实行自由放任的原则,让价格这只"看不见的手"来调节经济,可见自由放任是古典经济学的核心。古典经济学内容很多,既有对国民收入决定经济增长这些宏观经济问题的研究,又有价格、价值、分配这些微观经济问题的研究。但当时还没有微观经济学与宏观经济学之分。

三、近代经济学的发展

近代西方经济学的发展被称为新古典经济学(the neoclassical school)时期。新古典学派理论是指19世纪末以来,在西方经济学中具有广泛影响、占有重要地位的经济理论。它源于19世纪70年代的所谓"边际革命",到20世纪30年代结束。

19世纪70年代奥地利的经济学家卡尔·门格尔(Carl Menger,1840—1921)、英国经济学家W.S..杰文斯(William Stanley Jevons,1835—1882)和法国经济学家L.瓦尔拉斯(Léon Walras)几乎在同时提出了以边际效用决定商品价值的理论(即边际效用价值论)。他们使用抽象演绎法、边际分析法、心理分析法或数理分析法建立包括边际效用价值论、时差利息论和一般均衡论等在内的理论体系。所以,经济学说史家称他们为边际效用学派。边际效用价值论的出现被称为西方经济学史上的"第二次革命",即为边际革命。这次革命就是新古典经济学的开始。

这一时期经济学的中心仍然是自由放任的,从这种意义上说,它是古典经济学的延续。但它又用新的方法、从新的角度来论述自由放任思想,所以在古典经济学前加上一个"新"字。以剑桥大学马歇尔为首的新古典学派,将新古典经济学加以"改装",反对劳动价值论,提出均衡价格论,主张增加"国民分配额",调和劳动者阶级和资本家阶级之间的矛盾。1890年马歇尔出版了《经济学原理》,该书综合了当时的各种经济理论,被称为新古典经济学的集大成者。

新古典经济学不像古典学派那样只重视对生产的研究,而是转向了消费、需求。他们把资源配置作为经济学研究的中心,论述了价格如何使社会资源配置达到最优。他们把消费、需求分析与生产、供给分析结合在一起,建立了现代化经济学基本体系和内容。这种微观经济学体系是以完全竞争为前提的。

新古典经济学的主要特点表现在以下几个方面:

(一)新古典经济学是一些不同学派思想的集成

由于受到边际学派产生时的具体影响,新古典经济学不是一个单一学派的理论,而是各学派思想的松散集成。每一个学派都有自己公认的代表。有的学派一直沿袭下来,目前还有继承者。这些学派是:

1. 英国的剑桥学派。马歇尔的《经济学原理》一书于1890年出版,这标志着这个学派的建立,也使他成为这个学派的当然领袖。在该书中,他在边际学派主观边际效用价值论和传统的三要素生产价值立足点基础上,形成他的供求双方共同决定价格的均衡价值论。继承马歇尔学说的是庇古(Author C. Pigou)、罗伯逊(Robertson D. H,1890—1963)和霍特里(R. Hawtrey)等人。

2. 洛桑学派。它的代表人物是边际学派创始人之一的法国的瓦尔拉斯和意大利的帕累托(Vilfredo Pareto)。由于建立这个学派时,他们相继在瑞士洛桑大学任教而得名。代表作是瓦尔拉斯 1874 年发表的《纯粹政治经济学纲要》。此书以边际效用价值论为基础,运用数理方法,从交换、生产、资本形成和货币流通等四个方面,创立了一般均衡理论体系。帕累托在《政治经济学讲义》(1890—1897)和《政治经济学教程》(1906)中以序数效用指数代替了瓦尔拉斯的基数效用,并首次提出无差异曲线,用数学公式推进了瓦尔拉斯的一般均衡理论体系。

3. 奥地利学派。门格尔在任教于维也纳大学之前,于 1871 年出版了《国民经济学原理》,从而建立了奥地利学派。继承他的学说的经济学家也都是维也纳大学的教授,他们是维塞尔(Frieddrich Von Wieser,1851—1926)和庞巴维克(Eugen Von Bohm Bawerk,1851—1914)。维塞尔首创"边际效用"一词。

除上述几个学派外有影响的还有瑞典学派和美国学派等,在 20 世纪初垄断出现之后,这一体系已不能完全与现实一致。20 世纪 30 年代,英国经济学家 J. 罗宾逊(J. Robbins)和美国经济学家 E. 张伯伦(E. Chamberlin)论述了不同条件下的资源配置问题,形成了"垄断竞争理论",成为现代微观经济学的重要组成部分。

(二)新古典经济学主张经济和谐观

新古典经济学认为,经济体系的变动和发展是渐进的而不是突变的,是和谐的而不是冲突的,对经济刺激的反应是灵活的而不是迟钝的。但是这种经济和谐观与当时的经济衰退、大量失业以及通货膨胀的资本主义实际情况并不吻合。

(三)新古典经济学的价值论是主观价值论

新古典经济学认为,商品和要素的价格决定于市场上的供求力量。市场上的理性行为是在需求一方即消费者寻求最大的满足,在供给一方即生产者追求最大的利润,通过价格的变动使供求调整到供求相等时的均衡状态。新古典经济学家利用马歇尔的局部分析方法在其他条件不变的假定下,分析一种商品的供求达到均衡时的价格决定问题,或者利用瓦尔拉斯的一般均衡分析方法,在市场上所有商品的供求和价格具有相互依存性的前提下,考察全部商品同时达到均衡状态时的价格决定问题。因此,可以说新古典经济学的价值论主要是在一个静态经济中的稀缺资源的配置理论。

(四)新古典经济学研究的前提是完全竞争经济

新古典经济学的一切经济理论研究都是建立在完全竞争市场的前提之上的。它的均衡价值论也是建立在完全竞争的基础上的,认为资本主义经济是一个完全竞争并趋向于均衡状态的经济。这一前提是与 19 世纪 70 年代资本主义已经进入垄断阶段的事实相悖的。

(五)新古典经济学的假设是充分就业的经济

充分就业是指所有的生产要素都已经分派上用途,不存在任何闲置的经济状态。新古典经济学认为市场供求力量能够使一国的经济实现充分就业,因此经济学的任务不是去研究资源如何才能充分利用,而是研究如何使资源得以合理的或最优的配置。实际上,到了 20 世纪 30 年代资本主义社会就出现了严重的经济危机,大批的工人失业,大量的工厂倒闭,大量的设备闲置。

四、当代西方经济学的建立与发展

当代西方经济学的建立与发展是以 20 世纪 30 年代的凯恩斯主义的出现为标志的。这一时期,经济学得到全面深入的发展,无论是研究的内容、方法还是研究的深度与广度,都是过去所无法比拟的。该时期的中心问题是宏观经济学的建立与发展。按照这一时期经济学的发展,可以把现代经济学分为三个时期。

第一个时期是凯恩斯革命时期(20 世纪 30—50 年代之前)。新古典经济学把资本主义经济描绘成一部能够自行调节的机器,认为市场调节是完善的,通过价格的调节可以实现充分就业。但是 20 世纪 30 年代,传统经济理论与经济现实发生了尖锐的冲突,经济学面临着有史以来的第一次危机。这时,英国经济学家 J. M. 凯恩斯在 1936 年发表了划时代的《就业、利息与货币通论》(简称《通论》)。这本著作在理论上把产量与就业水平联系起来,从总需求与总供给两个方面来说明产量水平(即国民收入)的决定,并用有效需求不足来说明失业存在的原因;在政策上则提出放弃自由放任,由国家干预经济的主张。凯恩斯的这些观点被认为是西方经济学史上的"第三次革命"——凯恩斯革命。

第二个时期是凯恩斯主义发展时期(20 世纪 50—70 年代)。战后西方各国都加强了国家对经济生活的全面干预,凯恩斯主义得到了广泛的传播与发展。美国经济学家 P. 萨缪尔森等人把凯恩斯主义的宏观经济学与新古典经济学的微观经济学结合在一起,形成了新古典综合派。新古典综合派全面发展了凯恩斯主义的宏观经济理论,并把这一理论应用于美国经济政策实践,被认为是战后对凯恩斯主义的重大发展。在英国,以 J. 罗宾逊为首的新剑桥学派则主张把凯恩斯主义与新古典经济学的联系进一步切断,以分配理论为中心完成凯恩斯革命。他们对分配理论的论述以李嘉图的劳动价值论为基础,并由另一个英国经济学家 P. 斯拉法发展了这种劳动价值论。斯拉法对劳动价值的发展则被认为是西方经济学史上的"第四次革命"——斯拉法革命。新古典综合派与新剑桥学派对凯恩斯主义的理解与发展，存在着原则性的分歧。

第三个时期是自由放任思潮复兴，凯恩斯主义与自由放任并存争论的时期(20 世纪 70 年代之后)。战后，西方各国对经济生活的全面干预一方面促进了经济的发展，另一方面也引起了许多经济问题。20 世纪 70 年代初出现在西方各国的"滞胀"，即经济停滞与通货膨胀并存，引起了凯恩斯主义的危机，即西方经济学史上的第二次经济学危机。这次危机使得自由放任的思想得以复兴。作为自由放任思想中坚者，是以美国经济学家 M. 弗里德曼(Milton Friedman，1912—2006)为首的货币主义。货币主义在 20 世纪 60 年代的形成被认为是西方经济学史上的"第五次革命"——货币主义革命，或称对抗凯恩斯革命的革命。在 20 世纪 70 年代之后又出现了以美国经济学家 R. 卢卡斯(Robert Lucas，1937—)为首的理性预期学派，这一学派的出现被称为西方经济学史上的"第六次革命"——理性预期革命。这些主张自由放任的经济学家把凯恩斯主义的国家干预作为滞胀的根源。他们论述了市场机制的完善性，说明了国家干预经济政策的无用性，提出减少国家干预，充分发挥市场机制的作用，实现自由放任的主张。20 世纪 70 年代末，西方各国采用了这种主张，实行经济自由化的政策，并对经济的复兴起了一定的作用。这就是现在人们所说的"自由放任"的复兴。

【本章小结】

1. 每一个社会都面对资源稀缺性的问题——没有足够的资源来满足每个人的所有需要。经济学就是研究人类社会如何有效地分配使用稀缺资源于各种用途，以满足社会成员多样化需要的科学。

2. 所有经济社会都必须在某种程度上解决三个基本经济问题：在一切可能被生产的物品和劳务中，生产什么种类和多少数量？在生产这些物品时如何使用经济资源？为谁生产物品，即如何在不同的个人之间分配消费品？

3. 经济社会的选择问题可以用生产可能性边界来说明。当一种物品的生产只有靠减少另一种物品的生产才能增加时，就出现生产的效率。有效率的生产组合位于生产可能性边界上。

4. 不同的经济社会解决选择问题的方式各不相同——或者依靠习惯和本能；或者凭借命令和中央控制；在混合经济中，主要依靠价格和市场制度，辅以必要的政府调控。

5. 经济学的研究是通过对社会各种现象建立模型来进行的。经济模型就是用来描述同研究的经济现象有关的经济变量之间的依存关系的理论结构。

6. 模型运用于实证分析，即对有关经济变量之间的相关关系或因果关系做出描述,分析和预测经济活动的效果,旨在说明经济系统究竟是如何运转的。规范分析则从一定的价值判断出发,提出经济行为的标准,试图回答经济系统应该如何运转。

7. 许多经济模型是建立在均衡分析的基础上的。所谓均衡分析方法,就是假定经济体系中的经济变量为既定时,考察体系达到均衡时所出现的情况以及实现均衡所需要的条件。在均衡状态下,经济活动达到最优化。

【复习与思考】

1. 经济学的研究对象是什么?主要的研究方法有哪些?

2. 有人说:"沙特阿拉伯可以开采出它所需要的全部石油。因此,石油在沙特阿拉伯是免费的。"你觉得这种说法对吗?为什么?

3. 请评价"天下没有免费的午餐"的经济学意义。

4. 经济学中的稀缺与我们平时所说的短缺有何区别?在一个不受管制的市场经济中,稀缺是否存在?短缺是否存在?

5. 你选择上大学读书的机会成本是多少?

6. 作为当代经济学的两大重要分支,微观经济学与宏观经济学的主要区别是什么?

7. 了解当代经济学的发展简史。

8. 你认为研究人们的消费问题是属于微观经济学还是宏观经济学的研究对象?

9. 不同的经济学家对同一微观经济问题往往会有不同的阐释,这是否说明微观经济学还不是一门科学?为什么?

第二章

需求、供给和均衡价格

微观经济学要说明的是价格如何配置资源，调节经济，价格理论是微观经济学的中心。市场上的价格是由供给和需求的关系决定的，所以，供给、需求与价格的决定理论就成为微观经济学理论的出发点。本章首先分析需求和供给的一般原理，在此基础上描述竞争市场条件下均衡价格的决定，并给出运用供给和需求进行分析的实例。

第一节　导　言

微观经济学行为主体大体上可以分为两类：一类是买者(Buyers)，包括购买消费品的消费者和购买用于生产物品和劳务的劳动、资本及原材料的厂商；另一类是卖者(Sellers)，包括出售其物品和劳务的厂商，出售其劳动力的工人，以及向厂商出租土地或出售矿产资源的资源所有者。尽管同一个经济行为主体经常在转换角色，经济学家还是习惯从某一特定的功能去界定所考察对象的身份，也就是说，当他正在买东西时，我们只把他看作买者，而当他正在卖东西时，我们只把他看作卖者。

市场是把买卖双方带到一起并便利交换的制度安排，是彼此相互作用以寻求某种交换之可能的买卖双方的集合，或者说，买卖双方的相互作用就构成市场。

市场可以采取多种形式，如旧货物物交换会、手工艺品交易会、股市、商品市场、拍卖行等等。市场不是根据地域界定的,有些是地区性的,有些是全国性的,有些则是国际性的。市场也不受时间限制,期货市场就允许人们买卖尚未存在的商品。一个市场的范围是由被交易物品或劳务的单一价格所通行的区域所决定的。

经济学家根据市场组织如何影响销售价格和数量的决定,将市场分为两大类:一类是竞争性市场,其中无论买者还是卖者都根据由市场决定的价格来决定买或者卖;另一类是不完全竞争市场,其中买者或者卖者(或二者)拥有足够的市场势力以影响市场价格。本书第六、七、八、九章将分别考察这两类市场。本章有关市场机制的分析也主要是以竞争性市场为背景的,但其中涉及的许多原理不仅仅限于竞争性市场。

第二节 关于需求的一般原理

一、需求函数

经济学中所说的需求(Demand),是指消费者在某一特定时期内,在每一价格水平上愿意并且能够购买一定数量的商品或劳务。需求不同于需要,如果说需要是指人们想要得到的商品和劳务的话,那么,需求则仅仅指有支付能力的那部分需要。可见,作为需求必须具备两个条件:一是具有购买欲望,即愿意购买;二是具有购买能力,即能够购买。

需求的概念总是同时涉及两个变量,一是商品的价格,二是该价格水平下消费者愿意并能够购买的数量。其他条件不变时,消费者在一定时期内购买的某种商品的数量,同这种商品的价格水平相关。如果只有一个人愿意以10元/瓶的价格购买一瓶果汁,而当时果汁的价格是10元/瓶,那么只有一瓶果汁能够卖出,卖给愿意付这种价格的人。假设另一个人愿意以8元/瓶的价格购买两瓶果汁,而当时果汁的价格是9元/瓶,那么仍然只有一瓶果汁能够卖出;当果汁的价格是8元/瓶时,就会有三瓶果汁能够卖出。

需求可以分为个人需求和市场需求,个人需求的总和构成市场需求,市场需求才是决定价格的因素。市场需求不仅取决于价格 P(Price),而且也受诸如消费者偏好 T(Taste)和收入 I(Income),以及消费者预期的价格 P_e(Price Expected)、预期收入 I_e(Income Expected)和相关物品的价格 P_r(Price of related good)等因素的影响。下面介绍一下除了价格外的这些因素对需求的影响。

(一)消费者偏好

偏好是指消费者对商品的喜欢程度。在价格和收入保持不变的情况下,当消费者的偏好发生变化时,就会影响到对某种商品需求的增加或减少。比如说,如果消费者变得比以前更偏爱喝咖啡,消费者将比以前购买更多数量的咖啡,咖啡的市场需求就会增加;又如,社会上组织了吸烟有害健康的宣传活动,消费者了解到更多相关知识,会改变消费者的偏好,降低对吸烟的需求。

偏好是主观评价,不同的消费者有着较大的偏好差异。偏好基于经济学之外的社会、历史以及心理等因素,经济学家要关心的是消费者偏好变动时经济会发生什么变化。

(二)消费者收入

既然需求是指有支付能力的需要,消费者的收入水平自然是决定某种商品市场需求的一个重要因素。一般来讲,消费者的收入上升时,即使价格不变,他也会倾向于购买更多数量的商品。

对于大多数商品来说,如果消费者的收入水平提高了,其需求会增加,这样的商品称为正常商品;而对另一些商品来说,当消费者的收入水平提高时,其需求反而会减少,这样的商品称为劣质商品或低档商品。

(三)消费者预期

消费者对未来的预期也会影响到现在对商品的需求。这里所说的预期,既包括消费者对将来收入的预期(I_e),也包括消费者对所购商品价格和相关商品价格的预期(P_e)。

比如,当消费者预期自己的收入在不久后会上升时,可能会愿意增加现在的需求量;当预期咖啡价格不久后会上涨时,也会增加咖啡现在的需求量;当预期与咖啡具有替代效应的商品如茶叶的价格不久后会下降时,就会减少咖啡现在的需求量。

(四)其他相关商品的价格

影响和决定某种商品市场需求的另一个比较重要的因素是其他相关商品的价格。因为没有消费者会独立地看待某种商品并决定它的购买量,消费者总是要在很多商品之间来分配其收入。

相关商品分为替代品和互补品。对于甲和乙两种商品,如果甲的价格提高增加了对乙的需求量,那么甲和乙互为替代品;如果甲的价格提高减少了对乙的需求量,甲和乙就是互补品。

比如,茶叶作为一种饮料能在一定程度上替代咖啡,所以对咖啡的需求也取决于茶叶的价格。如果茶叶的价格下降,消费者将用一部分茶叶来替代咖啡,从而减少了对咖啡的需求。汽油的价格上涨使得使用汽车的成本增加,从而减少了对汽车的需求量,汽车和汽油是互补品。

将以上决定需求的主要因素综合起来,我们就可以得到一个需求函数。所谓需求函数(Demand Function),指的是一定时期内某种物品或劳务的各种可能的购买量与决定这些购买量的因素之间的关系,其公式如下:

$$D=f(P、T、I、P_e、P_r) \tag{2.1}$$

二、需求表和需求曲线

需求表(Demand Schedule)是一种表示商品价格与需求量之间关系的表格。市场需求可以用市场需求表来表示。市场需求表是一种表示在每一种价格水平下市场上所有的消费者愿意和能够购买的商品量的表格。例如,表 2-1 是假定的 2008 年某日果汁的市场需求表,从中可以看出,如果果汁的价格为 10 元/瓶,果汁的市场需求为一瓶;如果果汁的价格为 4 元,它的市场需求量为 7 瓶。

表 2-1　果汁的市场需求表

单位价格(元/瓶)	市场需求(瓶)
10	1
8	3
6	5
4	7
2	9
0	11

将需求表中的价格与需求量的对应关系通过坐标图可以绘出一条需求曲线(Demand Curve)。如图 2-1 所示,D 表示需求曲线;纵轴表示单位商品的价格,用 P 表示;横轴表示一定时期的需求量,用 Q 表示。需求曲线表明了某一个特定时期某种商品的价格与这种商品需求量之间的关系。

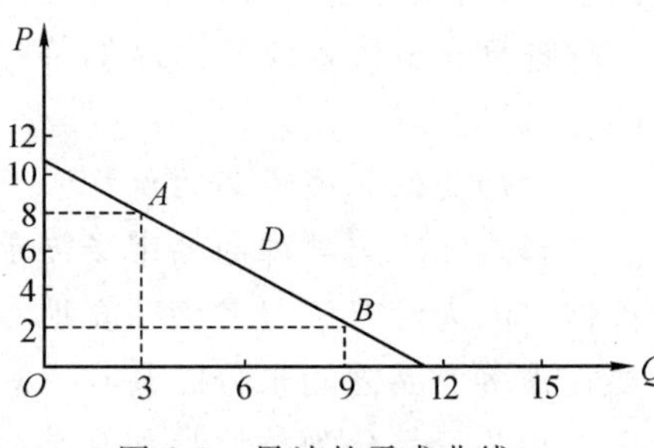

图 2-1　果汁的需求曲线

三、需求定律

需求表和需求曲线表示的都是特定时期内需求量和价格之间的关系。通常的需求曲线，不管是直线还是曲线，都是向右下方倾斜的，即需求量和价格反方向变化。这一特征被称为需求定律(Law of Demand)。需求定律可表述如下：假定其他条件不变，商品的需求量随着价格的下降而增加，随着价格的上升而减少。

对于需求定律，应指出以下两点：其一，只有在影响消费者行为的其他因素不变的假定前提下，上述定律才能成立；其二，这一定律虽然对大多数商品的市场需求曲线来说都是适用的，因为价格较低时可引诱消费者多购买，同时又可促使更多的消费者进入该市场，但有些商品不是这样的，这将在以后的章节中涉及。

四、需求量的变化和需求水平的变化

需求的变化，可以分为需求量的变化和需求水平的变化。

(一)需求量的变化

所谓需求量的变化是指在决定需求的其他因素(如消费者的收入、偏好、相关商品的价格以及消费者的预期等)不变的情况下，只是由于某种商品自身价格水平的变化所引起的对这种商品需求数量的变化。实际上，任何一个既定的市场需求表或者市场需求曲线都是根据上述假定绘制而成的。在上述假定下，某种商品的需求函数所表示的仅仅是这种商品的需求量与这种商品的价格这两个经济变量之间的关系，这样，式 2.1 就可以具体化为：

$$Q_D = f(P) \tag{2.2}$$

式中，Q_D 表示需求量，或直接写为 Q，这就变为：

$$Q = f(P) \tag{2.3}$$

例如，需求函数 $Q=11-P$，需求量 Q 与价格 P 反方向变化。

从需求表来看，需求量的变化表现为同一个需求表内价格与购买量的组合的变动。仍以表 2-1 为例，当果汁的价格由 10 元/瓶变为 8 元/瓶时，果汁的日需求量便由 1 瓶变为 3 瓶。这种由商品本身价格的变化所引起的消费者愿意购买和能够购买的商品量的变化，即需求量的变化。从需求曲线上看，需求量的变化表示为同一条需求曲线上点的移动。如图 2-1 中，当果汁的价格由 8 元/瓶变为 2 元/瓶时，果汁的需求量由 3 瓶变为 9 瓶，表现为在同一条需求曲线上由 A 点移动到 B 点。

(二)需求水平的变化

与需求量的变化不同,需求水平的变化是指在商品本身的价格保持不变的情况下,由于其他因素(如消费者的收入、偏好、相关商品的价格以及消费者的预期等)所引起的对这种商品需求的变化。根据这一假定条件,某种商品的需求函数所表示的就是这种商品的需求与这种商品价格以外的其他决定需求的经济变量之间的关系。这样,式 2.1 又可以具体化为:

$$L=f(I,T,P_r,P_e,N) \tag{2.4}$$

从需求表来看,需求水平的变化不是同一需求表中原有的价格与消费者愿意并能够购买的商品量的各种组合的变化。这就是说,需求水平的变化是指在同一价格水平下,消费者愿意和能够购买的商品量的增加或减少。从需求曲线上看,需求水平的变化不是需求曲线上点的移动,而是整条需求曲线的移动。

如图 2-2 所示,假定原有的需求曲线为 D_0,当价格水平为 P_0 时,消费者愿意和能够购买的咖啡量为 Q_0。在其他因素都保持不变的情况下,如果咖啡的价格由 P_0 下降到 P_1,则咖啡的需求量由 Q_0 增加到 Q_1,这就是所谓需求量的变化。现在假定咖啡的价格保持不变,由于消费者对咖啡的偏爱程度增强了,或者由于消费者的收入增加了,或者由于茶叶的价格提高了,那么,当咖啡的价格仍为 P_0 时,对咖啡的需求则由 Q_0 增加到 Q_1,当价格仍为 P_1 时,对咖啡的需求则由 Q_1 增加到 Q_2,这就意味着整条需求曲线由原来的 D_0 右移到了 D_1,从而表明消费者在每一价格水平下都相应地增加了对咖啡的需求,这种需求的变化就是所谓的需求水平的变化。

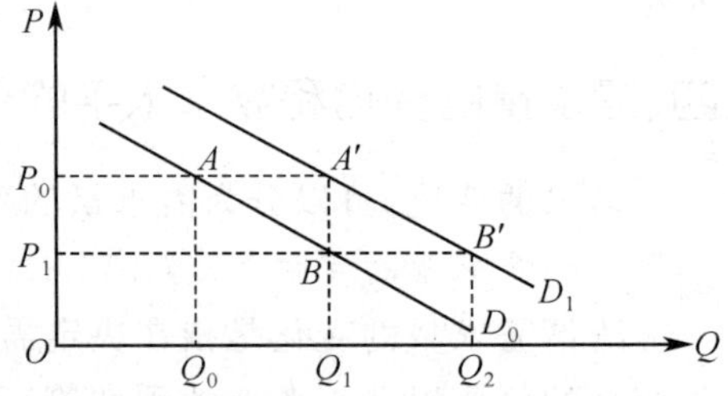

图 2-2　需求水平的变化:需求曲线的移动

五、需求的弹性

(一)弹性的概念

弹性(elasticity)本是物理学上的概念,研究的是某一物体对外界力量的反应程度。经济学上应用此概念,就是研究两个变量即自变量与因变量之间,由于自变量变动而带来因变量的变化程度。标记为:

$$E=\frac{\Delta y/y}{\Delta x/x}=\frac{\Delta y}{\Delta x}\cdot\frac{x}{y} \tag{2.5}$$

其中 E 表示弹性系数,y 和 Δy 分别表示因变量及其变化量,x 和 Δx 分别表示自变量及其变化量。亦即由于 x 的增量变化而带来 y 增量变化的幅度。对于经济变量的微小变化，弹性系数可表示为：

$$E=\lim_{\Delta x\to\infty}\frac{\Delta y/y}{\Delta x/x}=\frac{\mathrm{d}y}{\mathrm{d}x}\cdot\frac{x}{y} \tag{2.6}$$

既然弹性表示为因变量对自变量变化的反应程度，因而在经济学的研究中，凡涉及两个变量的函数关系，都可用弹性理论来表示。一般情况下，弹性理论研究分为需求的价格弹性、需求的交叉弹性、需求的收入弹性和供给的价格弹性。

（二）需求的价格弹性

需求的价格弹性，简称需求弹性，是指价格变动所带动需求量变动的状况，其计算公式为：

$$E_d=\frac{\Delta Q/Q}{\Delta P/P}=\frac{\Delta Q}{\Delta P}\cdot\frac{P}{Q} \tag{2.7}$$

E_d 表示需求的价格弹性，Q 和 ΔQ 分别表示需求量和需求量的变动量，$\Delta Q/Q$ 是指需求变动率，P 和 ΔP 分别表示价格和价格的变动量，$\Delta P/P$ 是指价格的变动率。在价格变动率和需求变动率已知的情况下，就可直接计算出 E_d 的值。

例如，某种商品的价格由每件 5 美元上升为每件 6 美元，需求量由 100 件减少为 90 件，即 $P=5,\Delta P=1,Q=100,\Delta Q=-10$，则

$$E_d=\frac{\Delta Q/Q}{\Delta P/P}=\frac{\Delta Q}{\Delta P}\cdot\frac{P}{Q}=-0.5$$

这里需要强调的是，需求的价格弹性所表示的是价格和需求量的相对变化，而不是绝对变化，这是因为绝对量的变化本身难以说明实质性的问题。例如，假如价格上涨 1 元，这对于乘坐地铁来说，涨价的幅度是很大的，而对于住房消费来说，则算不了什么。

关于需求的价格弹性，还有以下几点需要说明。

1. 需求弹性系数为负数

根据需求定律，商品的需求量和价格之间成反方向变动关系，需求弹性系数为负值。为了方便起见，一般取其绝对值，通常的做法是在公式的右方乘上－1，即

$$E_d=-\frac{\Delta Q/Q}{\Delta P/P}=-\frac{\Delta Q}{\Delta P}\cdot\frac{P}{Q} \tag{2.8}$$

这样就保证了最后的计算结果是正的。

2. 需求的价格弹性可分为点弹性和弧弹性

点弹性就是需求曲线某一点上的弹性。设商品原来的价格和变化后的价格分别为 P_1 和 P_2，P_1 和 P_2 相对应的需求量分别为 Q_1 和 Q_2，点弹性的计算公式

如下

$$E_d=-\frac{Q_2-Q_1}{Q_1}\div\frac{P_2-P_1}{P_1} \tag{2.9}$$

$$E_d=-\frac{10000-10001}{10000}\div\frac{1-0.99}{1}=0.01$$

在这里，由于价格和需求量变动非常小，所以我们既可以把1元和10000单位当做P_1和Q_1，也可以把0.99和10001单位当做P_1和Q_1，其结果没有实质性的差别。

但是，如果有关价格和需求量变动的幅度很大，那么，不同的计算方法(即选择不同的量作为变化前后的变量)所得到的结果就会有明显的不同。假定某种商品的价格在每单位1元和2元时，需求量分别为20单位和10单位，那么，依据P_1和Q_1所选择的数值不同，其答案将分别是

$$E_{d1}=-\frac{10-20}{10}\div\frac{2-1}{2}=2$$

$$E_{d2}=-\frac{20-10}{20}\div\frac{1-2}{1}=0.25$$

这两种计算结果的差额是很大的，在这种场合，可以使用需求的弧弹性公式。需求的弧弹性指的是需求曲线上两点之间的弧的弹性，其公式如下

$$E_d=-\frac{Q_2-Q_1}{(Q_1+Q_2)/2}\div\frac{P_2-P_1}{(P_1+P_2)/2} \tag{2.10}$$

式中，由于是使用变动量除以变动前与变动后的平均值来计算变动的百分比，避免了计算上的误差。利用弧弹性公式，重新计算上例中需求的价格弹性，其结果为：

$$E_d=-\frac{10-20}{(20+10)/2}\div\frac{2-1}{(1+2)/2}=1$$

以上点弹性和弧弹性的论述，同样适用于其他需求弹性和下一节中讲到的供给弹性。

3. 需求的价格弹性的类型

根据弹性系数绝对值的大小，需求的价格弹性基本上可分为以下三种：

第一，当$E_d>1$时，需求富于价格弹性，或者说，需求的价格弹性充足。这时需求量的相对变动大于价格的相对变动，或者确切地说，由1%的价格变动所引起的需求量的变动大于1%。如果$E_d=\infty$，则需求完全富于价格弹性，或者说需求的价格弹性为无穷大，它表明价格的任一微小的变化都会引起需求量的无穷大的变化，这显然是$E_d>1$的一种极端情况。

第二，当 $E_d<1$ 时，需求缺乏价格弹性，或者说，需求的价格弹性不足。这时需求量的相对变动小于价格的相对变动，或者确切地说，由1%的价格变动所引起的需求量的变动小于1%。如果 $E_d=0$，则需求完全缺乏价格弹性，它表明无论价格如何变动，需求量都会保持不变，这显然是 $E_d<1$ 的一种极端情况。

第三，当 $E_d=1$ 时，需求具有单元弹性或单一弹性。这时需求量的相对变动等于价格的相对变动，或者确切地说，由1%的价格变动所引起的需求量的变动等于1%。

图2-3分别表示上述几种需求的价格弹性。

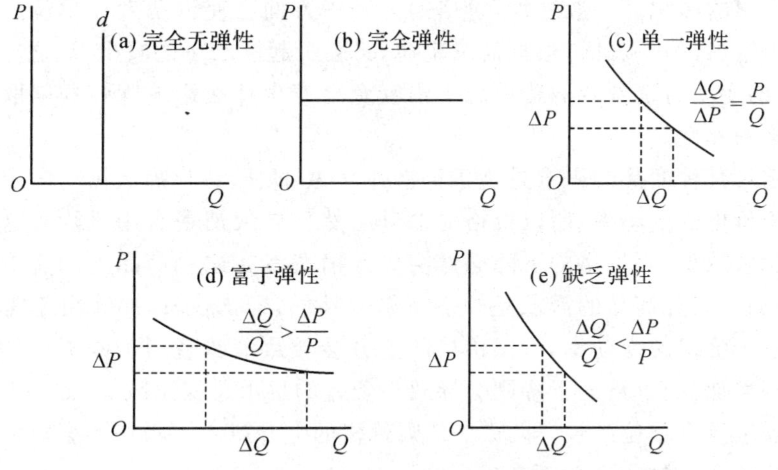

图2-3 需求的价格弹性的类型

4. 需求点弹性的几何推导

需求弹性系数也可以用几何方法求得，见图2-4。

图2-4中有一条线性的需求曲线，它交坐标纵轴和横轴分别于 A 和 B 两点，C 点为该需求曲线上的任意一点。从几何意义上看，C 点的需求点弹性可以表示为：

图2-4 需求弹性

$$E_d=-\frac{dQ}{dP}\cdot\frac{P}{Q}=\frac{GB}{CG}\cdot\frac{CG}{OG}=\frac{GB}{OG}=\frac{BC}{AC}=\frac{OF}{AF}$$

由此可进一步推知：线性需求曲线的中点的点弹性等于1，为单位弹性；中点以下部分任何一点的点弹性小于1，为缺乏弹性；中点以上部分任何一点的点弹性大于1，为富于弹性。线性需求曲线与横轴和纵轴交点的点弹性分别是零和无穷大，它们分别为完全无弹性和完全弹性。随着线性需求曲线上点的位置由最低点不断向上升高，需求点弹性的值由完全无弹性逐渐变大为完全弹性。如图 2-5 所示。

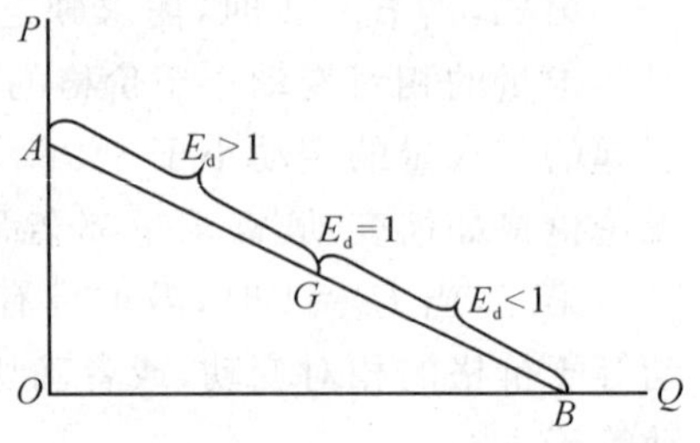

图 2-5　线性需求曲线点弹性

5. 需求的价格弹性与消费者的货币总支出

经济学家之所以对价格的需求弹性感兴趣，是因为它有助于说明价格变动对消费者货币总支出的影响。一般地说，价格的上升一方面会使消费者在单位商品上的货币支出增加，另一方面，根据需求定律，又会引起需求量的减少；反之亦然。那么，价格的变动对消费者的货币总支出究竟会产生什么影响呢？这就取决于需求的价格的弹性。

假定对某种商品的需求是富于价格弹性的，即 $E_d>1$，那么由于需求的变动率会大于价格的变动率，所以价格的上升必然会导致消费者用于购买这种商品的货币总量减少，而价格的下降必然会导致消费者在这种商品上的货币总支出增加；如果对某种商品的需求是缺乏价格弹性的，即 $E_d<1$，那么由于需求的变动率会小于价格的变动率，所以价格的上升会导致消费者用于购买这种商品的货币总额增加，而价格的下降则会导致消费者的货币总支出减少；如果对于某种商品的需求具有单位弹性，即 $E_d=1$，则价格的上升或者下降均不会对消费者用于购买这种商品的货币总额产生影响。

(三)需求的收入弹性

需求的收入弹性反映的是需求对收入变化的敏感程度，是需求的相对变动与收入的相对变动的比值，用公式表示为：

$$E_I=\frac{\Delta Q}{Q}\div\frac{\Delta I}{I}=\frac{\Delta Q}{\Delta I}\cdot\frac{I}{Q} \tag{2.11}$$

式中，Q 和 I 分别表示消费者原有的需求水平和原有的货币收入，而 ΔQ 是由消费者货币收入的微小变动 ΔI 所引起的需求水平的变动。一般情况下，收入的增加会增加对商品的需求量，所以弹性系数大于零。但是也有一些商品情况相反，这就是所谓的收入负弹性。具体见图 2-6。

1. $E_I=1$，单位收入弹性。随着收入的增加，对某类商品的需求量也同步上升。服装的需求收入弹性接近于单位弹性。

2. $0<E_I<1$，收入缺乏弹性。即由于收入增加而带来的需求增加比例较小。日常生活必需品处于这个层次，因为必需品的使用是有限的，不可能随着收

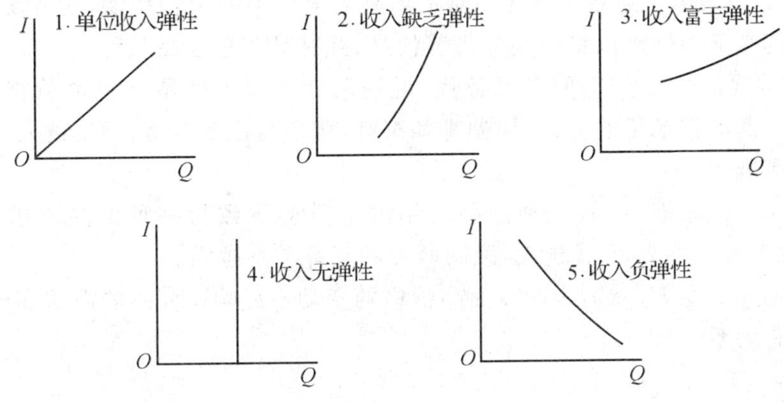

图 2-6　收入弹性的类型

入的增加而同步增加，只是会有少量增加。

3. $E_I>1$，收入富于弹性。随着收入的增加，对该商品的需求量会更快地增长。一般是高档消费品、耐用消费品，随着社会生产力的发展，人们收入地增加，对社会高档消费品的需求会更快地增长。实际上，教育需求也属于这种状况，如果必须通过岗位培训才能上岗，人们就会去千方百计地接受培训教育。

4. $E_I=0$，收入无弹性。某类商品的需求量不随着收入的变动而变动。比如食盐，不可能随着收入的增加而增加，就出现收入弹性为零的状况。

5. $E_I<0$，收入负弹性。低档消费品会随着人们收入的增加而减少，比如劣质布料、肥肉等，随着人们收入增加，这方面的需求会大大减少。

根据收入弹性理论，可以把消费品区分为三种情况：

奢侈品（$E_I>1$）：用以提高生活质量的消费，随着收入的增加会加快增长。比如耐用消费品、住房、旅游等。

必需品（$0<E_I<1$）：收入变动只是带来少量的需求的变动。

低档品（$E_I<0$）：一旦收入增加，就想力求摆脱的商品。

收入弹性理论在经济学上的意义，在于帮助企业家决策在未来市场上，哪些商品应当增加生产，哪些商品应当减少生产，从而减少风险，增加赢利。

（四）需求的交叉弹性

需求的交叉弹性是指一种商品的需求对另一种商品价格变动的反应程度或敏感程度。一般情况下，两种商品之间的关系有三种情况，即相互替代关系、互补关系和两者无关系。对于 a、b 两种商品，它们的交叉弹性可以用公式表示为：

$$E_{ab}=\frac{\Delta Q_a/Q_a}{\Delta P_b/P_b}=\frac{\Delta Q_a}{\Delta P_b}\cdot\frac{P_b}{Q_a} \tag{2.12}$$

E_{ab}的值表示b商品价格变动对a商品需求变动的影响程度，或者反之。根据价格的交叉弹性可以将商品分为替代品、互补品和独立品三种。

1. 替代品。$E_{ab}>0$，两者可替代，说明两者是竞争商品，b商品价格的上升会导致a商品需求量的上升，如咖啡和茶叶，肥皂与洗衣粉等。E_{ab}越大，说明两者替代率越大。

2. 互补品。$E_{ab}<0$，一种商品价格的上升会导致另一种商品需求量的减少，如汽车和汽油。$|E_{ab}|$越大，说明两者的互补关系越强。

3. 独立品。$E_{ab}=0$，表明b商品价格的变动不影响a商品的需求变动，所以两者没有关系。

【案例 2-1】

药价虚高的经济学思考

20多年来，我国人均收入提高了十几倍，而药品价格却上涨了100倍，有的甚至上涨了200倍。卫生部统计数据显示：目前我国每位居民看一次病平均要花费79元，住院需要花费2891元。在医疗技术水平高的卫生部直属医院，平均每一门诊、急诊人次医疗费用为163元，住院费用为7961元。在这两项费用中，药费分别占60%和47%。药品价格高涨俨然成为不争的事实。中国消费者协会的一份统计报告指出：中国大概有50%的人生了病不敢去医院，其中主要的原因是药品价格的过高。那到底是什么导致了药品价格的居高不下呢？

我们可以从需求弹性的角度来解释这一问题。需求弹性即需求的价格弹性，是价格变化而引起的需求量变化的百分比，它反映了需求量对价格变化的敏感程度。需求弹性一般会受到四种因素的影响：一是商品的可替代性。商品越是不可替代，需求弹性越小。虽然市场上的药品从活性成份讲具有很多替代产品，但是，由于普通患者一般不了解药品，需要在医生的指导下对症吃药，所以患者多是按照医生的处方或经验购药，致使药品的实际可替代性降低，导致药品缺乏需求弹性。二是商品用途的广泛性。商品用途越广泛，弹性越大；用途越狭窄，需求弹性越小。药品具有较强的专属性，患病要对症治疗，致使药品缺乏需求弹性。三是商品对消费者生活的重要程度，生活必需品的需求弹性较小，非必需品的需求弹性较大。由于药品关系到人类的健康和安全，是重要的必需品，这也决定其缺乏需求弹性。患者感受的疾病程度越严重，其需求弹性也就越小。四是消费者调节需求量的时间越长，则需求弹性就可能越大。疾病往往具有突发性，且疾病加重的风险不容许患者花费较多的时间去寻找便宜的替代药品，这也决定药品的需求弹性小。

从以上分析可以推断：药品的需求弹性小使得药品的需求量与价格的相关性较低。这个特点致使药品消费具有很强的特殊性，即患者在购买药品时，只要能尽早解除病痛的折磨，药价再贵也会购买，这就为药价居高不下提供了肥沃的土壤。所以，当发展改革委宣布药品降价时，生产企业可以停止生产廉价药，转而生产利润空间更大的“新药”；医院可以停止采购廉价药，转而选择有同等疗效而价格更高的替代药；医生可以停止使用廉价的降价药品，转而使用价格更高的替代药品。上述种种规避行为抵消了药品降价的效应，致使药价虚高不下，政府降价惠及百姓的初衷就难以实现。

根据经济学原理，关于需求缺乏弹性的商品，其价格与销售收入成正比，即降价会减少厂商的销售收入，提价会增加厂商的销售收入。可见，药品不可能像其他的商品做到薄利多销。因此，随着多次的药品降价，大部分企业的利润也随之下滑。为了维持生存，当政府对属于其定价范围的部分药品进行降价后，生产这些药品的企业会采取各种规避行为，或通过改变剂型、规格、包装等手段，将已降价药品改变为不在政府定价范围的“新药”，以跳出降价圈，或通过采用申请单独定价的方式来规避价格的下降，进而抵消降价效应。

（资料来源：《信息不对称条件下的药品价格管理》，载于朱航宇《价格理论与实践》2006 年第 5 期。）

第三节　关于供给的一般原理

在上一节我们分析了关于需求的相关理论，这一节将沿着相同的思路，讨论供给的基本原理。

一、供给函数

经济学中所说的供给（Supply），是指生产者在某一特定时期内，在每一价格水平上愿意并且能够提供一定数量的商品和劳务。可见，作为供给也必须具备两个条件：一是具有出售欲望，即愿意出售；二是具有出售能力，即能够出售。例如，某厂商愿意以 8 元/瓶的价格在市场上提供 15 瓶果汁，这说明在该价格水平下，该厂商愿意出售 15 瓶果汁，并且也有能力提供 15 瓶果汁在市场上出售。

供给的概念涉及两个变量，一是商品的价格，二是该价格水平下厂商愿意并能够提供出售商品的数量。其他条件不变时，厂商在一定时期内出售的某种商品的数量同这种商品的价格水平有关。供给也分为单个厂商的供给和整个行业的供给或称市场供给，而市场供给才是决定价格的因素之一。影响供给的因素除了价格外，还有很多其他因素，如投入品的价格、技术水平、相关商品的价格、政府政策和厂商预期等几个因素。

(一)商品本身的价格

由于厂商的目标是追求利润最大化，在其他条件既定的情况下，如果商品价格上升，厂商就会投入更多的资源用于生产该商品从而使其供给量增加；反之，厂商就会将资源转用于生产其他价格相对较高的商品，从而使该商品的供给减少。价格在这里起一个调节作用。

(二)投入品的价格

投入品价格的变化直接影响到商品的生产成本，如果商品生产的成本分为机器设备折旧和原材料价格(C)，工人及管理人员的工资(V)，以及企业的目标利润(R)，则商品价格构成是

$$W=C+V+R \tag{2.13}$$

投入品的价格上升会增加厂商的成本，厂商就会相应减少商品的供给，反之亦然。

(三)技术水平

资源既定的条件下，生产技术水平的提高会使资源得到更充分的利用，降低生产同样数量商品的成本，使得厂商能够在同样的成本下提供更多的商品。例如，生产技术的提高，使生产果汁的厂商提高了水果的利用率，或者新设备的开发减少了工人数量，这都使得果汁的成本下降，从而供给增加。

(四)相关商品的价格

一种商品的供给也会受到相关商品的影响，特别是生产过程中比较容易替代的相关商品。例如，果汁的生产厂商既可以生产苹果汁，又可以生产橙汁，当苹果汁的价格上升时，厂商会把更多的生产线转向生产苹果汁，从而在橙汁的市场价格不变的情况下，橙汁的供给减少了。

(五)政府政策

政府采用鼓励生产的政策，例如减税、提供市场信息等，可以刺激生产，增加

供给。反之，政府采用限制生产的政策，例如增税、设置市场壁垒等，则会抑制生产，减少供给。

（六）厂商预期

如果厂商预期某种商品的价格未来会上升，那么现在就会减少出售，而在未来价格上升时再出售以追求利润最大化，因而减少了当前商品的供给。同样，如果厂商预期某种商品的价格未来会下降，就应该现在尽可能多出售，增加目前的供给。

综合以上影响供给的各种因素，便可得到供给函数。所谓供给函数（Supply Function），是指某一特定时期内市场上某种商品的供给量和影响供给量的因素之间的关系，其公式如下

$$S=g(P,M,V,P_t,G,P_e,N) \tag{2.14}$$

其中，S 表示一定时期内某种商品的供给，P 表示这种商品的价格，M 表示生产这种商品的投入品价格，V 表示技术水平，P_t 表示用相同的资源所能生产的其他商品的价格，G 表示政府政策，P_e 表示厂商对这种商品的预期价格，N 表示该市场上供给者的数量。

二、供给表和供给曲线

供给表是一种表示商品价格与供给量之间关系的表格。市场供给可以用市场供给表来表示。市场供给表就是说明在各种价格水平下可能提供的全部商品量的表格，它是由价格以及与每一价格水平相对应的供给量所组成的。例如，表2-2是假定的2009年某日果汁的市场供给表，从表中可以看出，如果果汁的价格为10元/瓶，果汁的市场供给量为19瓶；如果果汁的价格为4元/瓶，果汁的市场供给量为7瓶。

表 2-2　果汁的市场供给

单位价格（元/瓶）	市场供给（瓶）
10	19
8	15
6	11
4	7
2	3
0	0

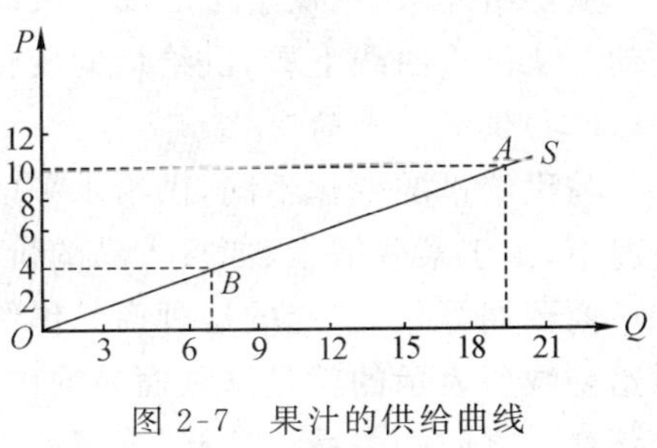

图 2-7　果汁的供给曲线

将供给表中的价格与供给量的对应关系通过坐标图可以绘出一条供给曲

线,用 S 表示。如图 2-7 所示。

三、供给定律

供给表和供给曲线表示的都是特定时期内供给量和价格之间的关系。通常的供给曲线,不管是直线还是曲线,都是向右上方倾斜,即供给量和价格同方向变动。这一特征被称为供给定律。供给定律可表述如下:假定其他条件不变,商品的供给量随着价格的上升而增加,随着价格的降低而减少。

关于供给定律,也应注意以下两点:其一,只有在影响供给的其他因素都保持不变的假定前提下,上述定律才能成立;其二,这一定律虽然对大多数商品的供给来说都是适用的,但有些特殊商品例外。

四、供给量的变化与供给水平的变化

(一)供给量的变化

所谓供给量的变化是指在决定供给的其他因素(如投入品的价格、技术水平、相关商品的价格、政府政策和厂商预期等)不变的情况下,只是由于某种商品自身价格水平的变化所引起的这种商品供给数量的变化。实际上,上述市场供给表和市场供给曲线都是根据这一假定绘制而成的。在这种假定条件下,供给函数所表示的就仅仅是商品的供给 Q_S 与这种商品的价格 P 这两个变量之间的关系。这样,式 $S=g(P,M,V,P_t,G,P_e,N)$ 就可具体化为:

$$Q_S=g(P) \tag{2.15}$$

式中,Q_S 表示供给量,或直接写成 Q,即

$$Q=g(P) \tag{2.16}$$

例如,供给函数 $Q=2P-1$,供给量 Q 和价格 P 同方向变化。

从供给表来看,供给量的变化表现为同一供给表内价格与供给量的组合的变动。从供给曲线上看,供给量的变化表现为同一条供给曲线上点的移动。

(二)供给水平的变化

与供给量的变化不同,供给水平的变化是指在商品本身的价格保持不变的情况下,由于某些因素(如投入品的价格、技术水平、相关商品的价格、政府政策和厂商预期等)所引起的这种商品供给的变化。根据这一假定条件,某种商品的供给函数所表示的就是这种商品的供给与这种商品价格以外的其他决定供给的经济变量之间的关系。这样,式 $S=g(P,M,V,P_t,G,P_e,N)$ 又可以具体化为:

$$L_S=g(M,V,P_t,G,P_e,N) \tag{2.17}$$

式中,L_S 表示供给水平。

所以，供给水平的变化是指在同一价格水平下，厂商愿意和能够出售的商品量的增加或减少。从供给曲线上看，供给水平的变化不是供给曲线上点的移动，而是整条供给曲线的移动。

如图 2-8 所示，假定原有的供给曲线为 S_0，当价格水平为 P_0 时，厂商愿意和能够出售的商品量为 Q_0。在其他因素都保持不变的情况下，如果商品的价格由 P_0 上升到 P_1，则商品的供给由 Q_0 增加到 Q_1，这就是所谓供给量的变化。现在假定商品的价格保持不变，由于厂商生产商品的技术水平提高了，那么，即使当前商品的价格仍为 P_0，厂商对商品的供给也会由 Q_0 增加到 Q_1，而当价格仍为 P_1 时，对商品的供给由 Q_1 增加到 Q_2，这就意味着整条供给曲线由原来的 S_0 移到了 S_1，从而表明厂商在每一价格水平下都相应地增加了对这种商品的供给，这种供给的变化就是所谓的供给水平的变化。

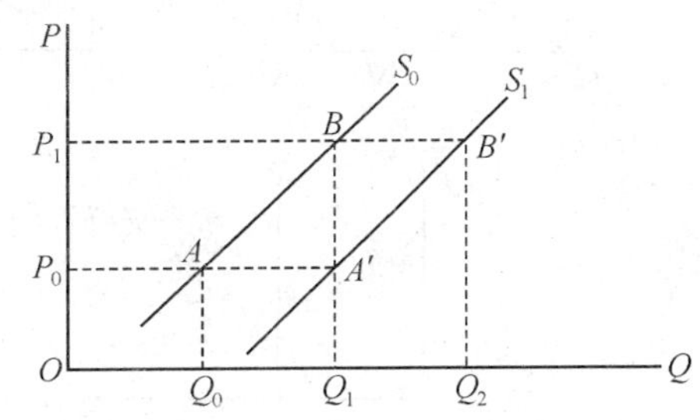

图 2-8　供给水平的变化：供给曲线的移动

五、供给的价格弹性

与需求弹性一样，供给弹性亦可以分为供给的价格弹性、供给的交叉弹性和供给的收入弹性等。由于分析的思路相同，所以这里只分析供给的价格弹性。

供给的价格弹性，又称为供给弹性，是指商品的供给量对其价格变化的反应程度。即供给的弹性系数是供给量的变化率与价格的变化率之比，即

$$E_S=\frac{\Delta Q/Q}{\Delta P/P}=\frac{\Delta Q}{\Delta P}\cdot\frac{P}{Q} \tag{2.18}$$

由于一般情况下，供给的数量与价格成同方向变动，所以供给弹性系数为正，即 $E_s>0$。

不同商品有不同的供给弹性，这同需求价格弹性情况相同，如图 2-9 所示。

1. 供给单位弹性：$E_s=1$，供给量的相对变动与价格的相对变动同步，如图 2-9(a)所示。

2. 供给缺乏弹性：$E_s<1$，供给量的相对变动小于价格的相对变动，如图 2-9(b)所示。

3. 供给富于弹性：$E_s>1$，供给量的相对变动大于价格的相对变动，如图 2-9(c)所示。

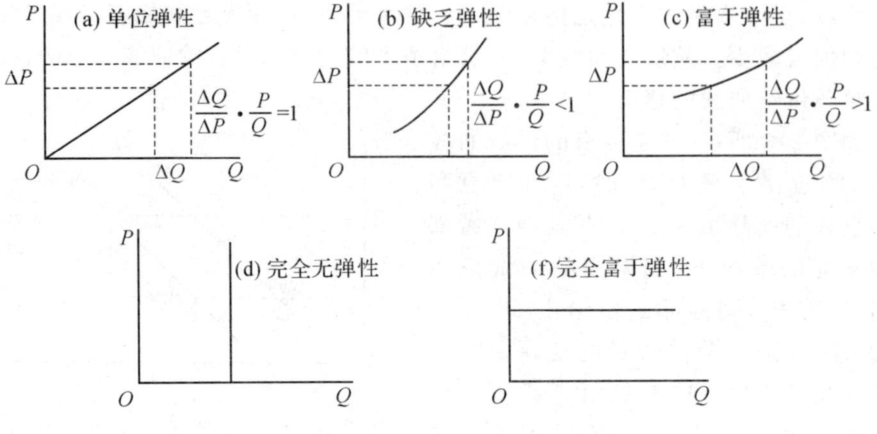

图 2-9 供给的价格弹性

4. 供给完全无弹性：$E_s=0$，无论价格如何变动，供给量不变。如古董绝品，其价格取决于收藏者对其偏好，但是供给量却是不变的，如图 2-9(d)所示。

5. 供给弹性无穷大：$E_s=\infty$，它表明的是在一定价位上，供给量可以无穷大。如图 2-9(e)所示。

第四节 均衡价格的决定及其变动

前两节分别对需求理论和供给理论作了介绍，我们知道了在每一个价格水平 P 下，会有一个需求量 D 和供给量 S 与之对应。那么，是否存在一个价格 P_E，使得此时的供给和需求恰好相等的呢？答案是肯定的。本节的均衡价格理论将做出解答。

一、均衡价格的决定

如前所述，当某种物品价格上升时，需求量减少，而供给量增加，那么，价格是如何使买者与卖者的选择协调一致的呢？也就是说如何使市场供求保持平衡呢？既然市场是由买者和卖者或需求方和供给方组成的，那么，商品的价格自然由买卖双方或供求双方共同决定。买卖双方又是如何决定市场价格的呢？这里就是要说明价格如何调节供求，以及供求如何决定价格。

物品的价格调节市场的需求量与供给量。如果价格非常高，则供给量大于需求量；如果价格非常低，则供给量小于需求量。如表 2-3 所示：

表 2-3　市场短缺与过剩

价格(元)	需求量(个)	供给量(个)	短缺(－)与过剩(＋)
1	9	0	－9
2	6	3	－3
3	4	4	0
4	3	5	＋2
5	2	6	＋4

从表 2-3 中可以看出，如果某物品的价格为 1 元，需求量为 9 个，供给量为 0，需求量超过供给量 9 个单位。换言之，当价格为 1 元时，某物品的短缺量为 9 个。在价格为 2 元时，仍然存在短缺，但短缺量仅为 3 个。如果价格为 5 元，供给量超过需求量，过剩量为 4 个。有一种价格，而且只有一种价格可以实现既无短缺，又无过剩，这种价格就是 3 元。在这种价格时，需求量与供给量相等，即为 4 个。我们把使需求量恰好等于供给量的价格称为均衡价格，在均衡价格下决定的数量称为均衡数量，包括销售量和购买量。需求曲线和供给曲线的交点确定了市场的均衡价格和均衡产量。只要供给曲线和需求曲线不移动，达到均衡后，价格和产量就没有进一步变化的趋势。奇妙的是，市场均衡是在完全自发状态下达到的，成千上万的市场参与者出于自身利益考虑而独立做出决策的结果却是一个和谐的市场均衡，这不能不说是市场经济的一个奇迹。那么，这个神奇的均衡点是如何通过市场的自发作用达到的呢？下面接着分析。

我们不妨想象一个的拍卖喊价人，他在市场上公开喊价，比如说在图 2-10 中，拍卖者先喊 100 元，这时供给量高达 5 万，而需求量只有 3 万，有 2 万的超额供给，或称供过于求；于是拍卖者喊价 60 元，此时需求量高达 5 万，而供给量只有 3 万，有 2 万过剩需求，或称供不应求。接着拍卖者在 100 元和 60 元之间喊一个中间价，如此继续下去，一直喊到 80 元时，市场正好供求相等，于是拍卖者击锤，将均衡价格敲定下来。

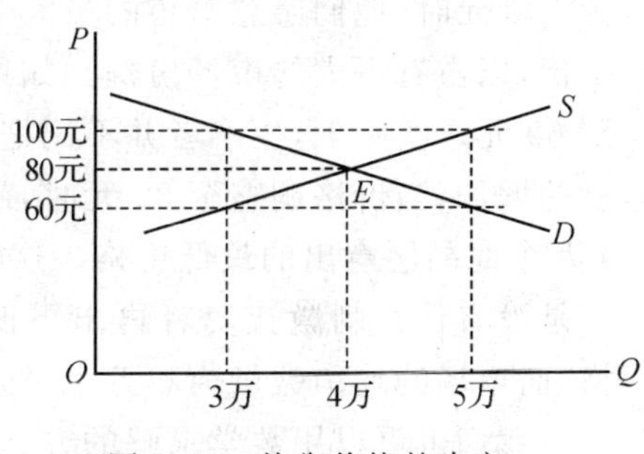

图 2-10　均衡价格的决定

当然，现实中除了在拍卖市场和一些特定市场外，这样的拍卖者并不存在。但市场达到均衡的原理是相似的。一开始，市场有可能经过一段时间的“摸索”，经历了供不应求或供过于求，最后才达到均衡。而在许多成熟的市场上，由于经验的作用,市场很快、甚至瞬间就达到了均衡。如果需求和供给方面某些因素发生了变化,造成需求和供给曲线的移动,原来的均衡被打破,出现了超额供给或超额需求,市场的自发力量也能通过价格的调节作用而达到新的均衡。

为什么说在需求量和供给量相等时,就实现了均衡,而这时价格和产量不再有进一步变动的趋势?我们需进一步分析买者和卖者的行为。

先分析买者的行为。假设某物品的价格是 60 元,在这种情况下,生产者计划出售 3 万个产品,消费者需求 5 万个。可是消费者无法迫使生产者增加出售他愿意出售的数量,这样,出售量就只能是 3 万个。购买者愿意为 3 万个产品支付的最高价格是多少呢?从图 2-10 的需求曲线中可以看出来是 100 元。如果价格保持在 60 元,供给短缺就是 2 万个。由于人们想得到的商品量大于那种价格时实际能得到的量,而且,3 万个商品他们愿意支付 100 元的价格,所以,价格就上升了。但价格是否会上升到 100 元呢?实际上价格并不会上升那么高,因为在价格高位时,供给量会随之增加,这会抑制价格进一步向 100 元攀升。当价格从 60 元上升到 80 元时,供给量是 4 万个,而且,80 元也是消费者为 4 万个商品愿意支付的最高价格。这时,买者的购买量与卖者的计划出售量相等,于是没有什么刺激让买者再出更高的价格了。

再来分析卖者的行为。假设现在的价格是 100 元,供给量为 5 万,需求量却只有 3 万。可是生产者无法强迫买者购买的量超过其想购买的量。因此,购买量只能是 3 万。这时,生产者愿意出售 3 万个产品的价格低于 100 元,从图 2-10 中的供给曲线可以看出,生产者愿意出售 3 万个产品的价格是 60 元。价格为 100 元时,他们愿意出售的量大于 3 万,所以,他们就要不断地相互竞争性地削价,以占有更大的市场份额。如果只能出售 3 万个,他们将会把价格一直削减到 60 元。实际上,生产者并不用把价格降至 60 元,因为较低的价格会引起需求量的增加,当价格调整至 80 元时,需求量达到 4 万个,而且,80 元也是生产者为 4 万个商品愿意出的最低价格。这时,买者的购买量与卖者的计划出售量相等,于是没有什么刺激让卖者再出更低的价格了。因此,80 元就是市场的均衡价格,而市场的均衡数量为 4 万个,即图 2-10 的 E 点。

我们也可以用数学求解的方式来得出均衡价格和均衡数量。例如,需求函数和供给函数如下,联立解方程组

$$\begin{cases} Q_D = 11 - P \\ Q_S = 2P - 1 \end{cases}$$

令需求量 Q_D 与供给量 Q_S 相等,解出均衡价格 $P_E = 4$。将均衡价格 $P_E = 4$ 代入需求函数或供给函数,解出均衡数量 $Q_E = 7$。

二、均衡价格与实际价格

在现实世界中,人们所观察到的并不是均衡价格而是实际价格,实际价格一般会高于或低于均衡价格,或许只有在偶然的情况下才等于均衡价格。然而,经济学家却简单地假定实际价格会接近于均衡价格。这种假定是完全有道理的,因为只要实际价格偏离了均衡价格,供求的相互作用就会推动实际价格向均衡价格移动。

只要实际价格高于均衡价格,就总是存在着迫使价格下降的压力。同样地,只要实际价格低于均衡价格,又总是存在着促使价格上升的推力。这样,当实际价格偏离均衡价格时,就总存在着实际价格向均衡价格移动或靠近的趋势。当然,实际价格向均衡价格的靠近有时需要很长的时间,有时则永远也不会达到均衡价格,因为一旦它快要接近均衡价格时,均衡价格又变化了。但无论如何,我们总是有把握地说,实际价格将移向均衡价格,而且这一假定之所以有价值,是因为对许多经济活动的目的来说,所要做的只是预测价格运动的趋势。

三、均衡价格的变动:供求定理

均衡价格决定于需求与供给,而需求和供给是经常变化的,这些变化也会导致均衡价格发生变化。

1. 需求变化对均衡价格的影响

在供给不变的条件下均衡价格的变化取决于需求的变化。这种变化可以用图2-11说明。

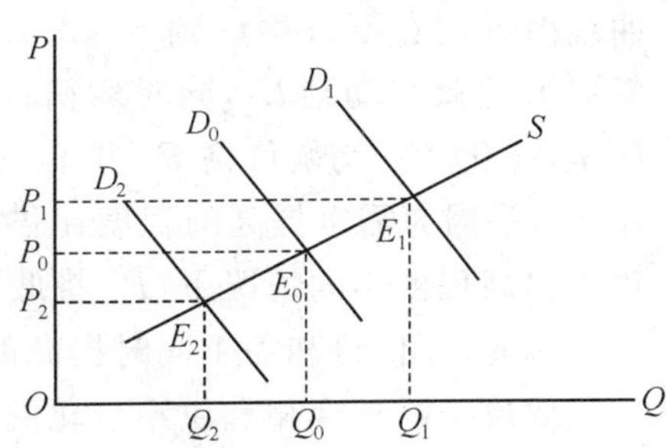

图 2-11 需求变化对均衡价格的影响

图中的需求曲线 D_0 和供给曲线 S 分别反映初始的需求状况和供给状况,由二者决定的均衡点为 E_0,对应的均衡价格和均衡数量分别为 P_0 和 Q_0。现在假定供给状况不变,供给曲线不动。由于某种原因需求水平提高,需求曲线 D_0 向右上方移动至 D_1,均衡点也由原来的 E_0 移动到 E_1 点,均衡价格上升为 P_1,均衡数量增加为 Q_1。相反,如果由于某种原因需求水平下降,需求曲线向左下方移动至 D_2,那么,均衡点将移动到 E_2,与此相适应,均衡价格将下降为 P_2,均衡数量将减少为 Q_2。

2. 供给变化对均衡价格的影响

在需求不变的条件下,均衡价格的变化取决于供给的变化。这种变化用图 2-12 说明。

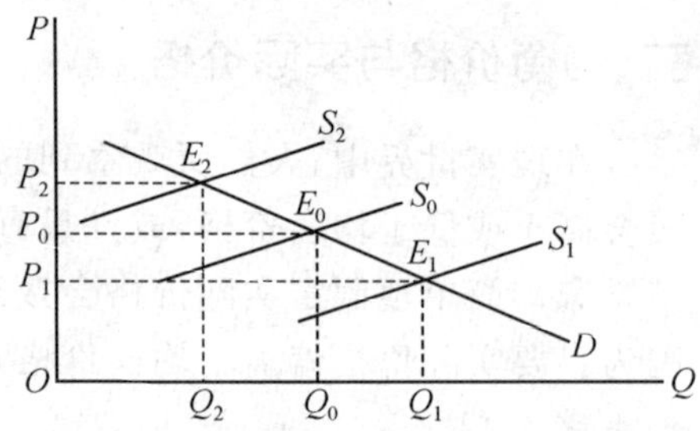

图 2-12　供给变化对均衡价格的影响

假定需求状况不变,需求曲线 D 不发生变动。由于某种原因,比如技术进步,供给水平提高了,供给曲线 S_0 向右下方移动至 S_1,那么,均衡点 E_0 也会移动到 E_1 点,与此同时均衡价格下降为 P_1,均衡数量增加为 Q_1。相反,如果由于某种原因,比如说生产要素价格上涨,供给曲线 S_0 向左上方移动到 S_2,那么,均衡点 E_0 则会移动到 E_2,均衡价格上升为 P_2,均衡数量减少为 Q_2。

3. 需求和供给同时变化对均衡价格的影响

需求和供给同时变化对均衡价格的影响情况比较复杂,因为它们既可能按同一方向变动,也可能按反方向变化。为了简化分析,这里只考察二者同方向变化的情况,如图 2-13 所示。

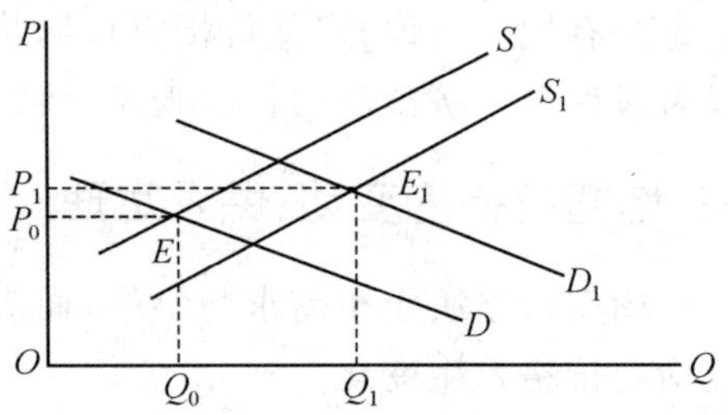

图 2-13　供求同时变化对均衡价格的影响

现在假定需求和供给都提高了,需求曲线由 D 向右上方移动到 D_1,供给曲线由 S 向右下方移动到 S_1,那么,均衡点 E 也就移动到 E_1,同时均衡价格变为 P_1,均衡数量增加为 Q_1。值得注意的是,变化后的均衡价格 P_1 并不一定高于原来的均衡价格 P_0。本图中的 P_1 高于 P_0,是因为需求提高的程度比供给提高的程度大。相反,在需求提高程度比供给提高程度小的情况下,P_1 将低于 P_0。

因此,在供给和需求同时提高的情况下,均衡数量增加,而均衡价格的实际变化取决于需求变化和供给变化的程度。如果前者大于后者,则均衡价格上升;如果后者大于前者,则均衡价格下降,如果二者相等,则均衡价格不变。同理,在供给和需求同时下降的情况下,均衡数量减少,而均衡价格也有上升、不变和下降三种可能。

通过以上分析,可以得出以下结论:

1. 在供给不变的情况下,需求增加,则均衡价格上升,均衡数量增加;反之,需求减少,则均衡价格下降,均衡数量减少。

2. 需求不变的情况下,供给增加,则均衡价格下降,均衡数量增加;反之,供给减少，则均衡价格上升，均衡数量减少。

3. 需求和供给同时增加或减少的情况下，均衡数量发生同方向的变化，而均衡价格则有上升、不变或下降三种可能。

这就是供求规律。

第五节　均衡价格模型的应用

通过以上分析，我们建立了一个简单的均衡价格模型。本节试图运用这一模型来分析政府的有关税收政策和价格政策对价格的影响。

一、货物税对价格的决定

政府征收的货物税可分为从量税和从价税。前者以课税对象的数量、件数、面积、容积等为标准，按照规定的单位税额计征，它表现为生产者销售每单位的商品或服务必须支付的金额；后者以课税对象的价格或金额为标准，按照一定的比例计征，它表现为一定销售价格的百分率。税收提高了产品的成本，降低厂商的最优产出水平，从而引起行业总供给曲线移动，影响均衡价格。

如图 2-14 所示，D 和 S 分别为某商品的需求曲线和供给曲线，均衡点为 E，均衡价格和均衡数量分别为 P_0 和 Q_0。现在假定政府对该产品的每一单位征收 T 的从量税，那么，供给曲线 S 就会向上移动 T 量的距离到 S_1。因为征税后，只有把销售价格提高 T 的数量，生产者才愿意按照原来的数量 Q_D 提供产量。从图中可以看出，由于供给曲线向上移动，均衡点由原来的 E 移动到 E_1，均衡价格由原来的 P_0 上升为 P_1，均衡产量由原来的 Q_0 减少到 Q_1，这就是政府的征税效应。

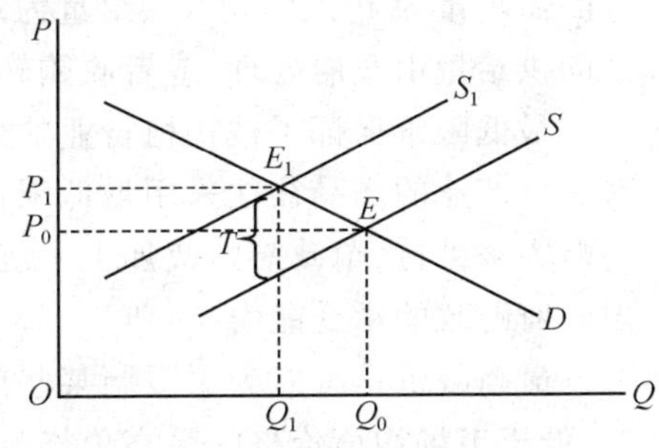

图 2-14　货物税对价格的影响

税收并不是全部由纳税人负担。从图 2-14 可以看出，征税后均衡价格由 P_0 上升为 P_1，对每单位的商品消费者要多支付 P_0P_1 的价格，这就是由消费者负担的税额，而税额的另一部分则是生产者负担的。至于税额的多大部分由消费者负担，多大部分由生产者负担，则取决于需求曲线和供给曲线的倾斜程度。

如果需求曲线斜率的绝对值大于供给曲线斜率的绝对值，即需求曲线比供给曲线陡峭，则税额的较大部分将由消费者负担。

二、最低限价和最高限价

最低限价是政府为了支持某一个行业的生产而规定的该行业的产品必须达到的、高于市场均衡价格的最低价格。最低限价的政策效应可用图 2-15(a)来说明。

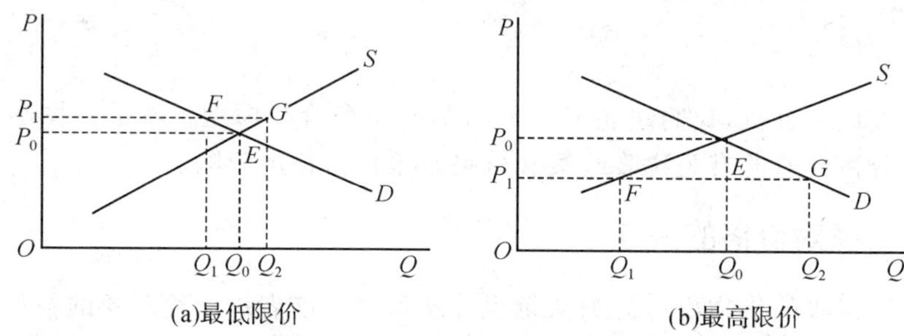

图 2-15　最低限价和最高限价

图 2-15(a)中，市场均衡价格为 P_0，市场均衡数量为 Q_0，假定这种均衡价格对于生产者不利，因此政府规定了一个高于均衡价格的最低限价 P_1，与之相对应的需求量为 F 点的 Q_1，供给量为 G 点的 Q_2，存在剩余的供给量 FG。这些剩余的供给量由政府处理：或者收购转卖，或者用于储备，或者出口。

最低限价保证了被扶植行业的发展，有利于产业结构的合理化，因此，各国对基础产业的产品往往采用最低限价，以促进它的发展。但是，最低限价靠政府的财力来维持，给政府财政加上了沉重的负担，因此，实行最低限价，必须充分考虑政府财政的承受能力。

最高限价是政府为了限制某些商品价格的上涨而规定的这些商品不得超过的、低于市场均衡价格的最高价格。最高限价的政策效应用图 2-15(b)说明。

图 2-15(b)中，市场均衡价格为 P_0，均衡数量为 Q_0。政府认为这样高的市场价格有损消费者的利益，于是规定了最高限价 P_1，在这一价格下，需求量为 G 点的 Q_2，供给量为 F 点的 Q_1，需求超过供给 FG，出现商品短缺。政府将采用配给制的方式分配产品。

最高限价在短期内有利于保护消费者的权益，确保社会成员生活必需品的供给。但从长期看，它不仅不能从根本上增加有效供给，而且过低的价格制约了供给的增长。同时，由于物资短缺，往往引起抢购，带来黑市交易，诱发政府腐败，毒化社会风气。因此，最高限价只能是处在特殊历史条件下实施的一种价格政策，不宜经常使用。

【案例 2-2】

票贩子屡禁不止的原因

看过病的人都知道，在协和、同仁这些名牌医院挂专家门诊号有多难。价格倒不贵，据我所知协和正教授级专家门诊号不过 14 元，但数量有限，你半夜去也不一定能挂上号。要看专家门诊也不难，花 100 元左右就可以从票贩子手中买到票。尽管公安部门一直加大打击力度，但票贩子仍屡禁不止。其原因实际不是公安部门打击不力，而是这种限制价格的做法违反了市场经济规律。

市场经济中千百万独立决策的个人与企业作出自己的消费与生产决策。这些个别决策是通过市场上价格的调节得以协调一致的。用价格协调经济活动称为市场机制或价格机制。价格是由需求与供给自发决定的。需求是消费者愿意而且能够购买的某种物品量，随价格上升而减少，随价格下降而增加。供给是生产者愿意而且能够供给的某种物品量，随价格上升而增加，随价格下降而减少。当某种物品的需求与供给相等时，就决定了该物品的市场价格，经济学家把这种价格称为均衡价格。当价格达到均衡的时候，想看专家门诊的人得到了满足，想为病人看专家门诊的专家也得到了满足，这就是实现了经济学家所说的资源配置最优化。

但是，如果受到外力的干预，价格就无法起到这种协调作用。比如，假定专家门诊的均衡价格应该是 60 元，但物价部门规定最高不能超过 14 元。这种由政府规定的最高价格就是限制价格，或称价格上限。由于价格低于均衡价格，且不能上升，必然存在超额需求或供给短缺。挂号费为 14 元时许多人看不上专家门诊正是这种情况。

在这种情况下，解决供小于求的方法有三种：配给（由医院决定给谁）、排队（按先来后到的原则）和黑市。票贩子和病人之间的交易正是黑市交易。票贩子或者拉帮结伙装作病人挂号，或者与医院有关人员勾结把号弄到。然后以供给不增加情况下黑市的均衡价格（比如 100 元）卖给病人。只要存在限制价格，票贩子倒票有利可图，无论再“严打”也是“野火烧不尽，春风吹又生”。钻价格政策的空子是票贩子的理性行为。

票贩子的存在既损害了消费者(病人)的利益,又损害了生产者(专家)的利益。病人不得不付出高价,这种高价又不由专家所得。有关部门制定限制价格的意图也许是在于维护消费者利益,但实际却损害了消费者利益。这种事与愿违的结果就在于违背了市场经济的基本规律,人为地破坏了价格自发地调节供求的作用。

从经济学的角度看,消除票贩子的办法不是"加大打击力度"云云,而只是取消对专家挂号费的限制价格政策。一旦价格放开,挂号费上升,想看专家门诊的人减少(当价格低时,什么小病都想让专家看),而愿意从事专家门诊的专家增加(收入增加愿意每周多门诊几次),最终会使双方满意。这样简单的做法为什么不试试呢?

在计划经济时代,我们对一切物品都实行限制价格,结果是"要啥没啥",造成一种特殊的"短缺经济"。实行市场经济改革之后,放开了大部分价格,所以,生产增加,市场丰富,"要啥有啥"。但在一些人内心深处仍担心市场的自发性。据说,指定专家门诊费上限的动机是为了保证穷人也能找专家看病,但排队挂不上号,黑市挂号费又被炒到100元,14元的挂号费对穷人有什么意义呢?还不如在均衡价格(一定低于黑市价格,如60元)时,穷人还可以在必要时看看专家门诊呢!

(资料来源:梁小民著:《微观经济学纵横谈》,生活·读书·新知三联书店2002年第三版。在引用过程中作了适当删改。)

【本章小结】

1. 市场有两方面,需求和供给。

2. 需求是指消费者在某一特定时期内,在每一价格水平上愿意并且能够购买一定数量的物品和劳务。需求必须具备愿意购买和能够购买两个条件。需求分为个人需求和市场需求。市场需求是个人需求的加总。需求表是一种商品价格与需求量之间关系的表格,需求曲线是表示特定时期内需求量和价格之间关系的曲线。需求定律说明需求量和价格具有反方向变化的特征。

3. 影响和决定需求变动的除了商品本身的价格外,还有消费者的收入、消费者偏好、其他相关商品的价格和消费者预期等几个因素。其他因素不变,只有商品本身价格的变动引起这种商品的需求量发生变化,表现为需求曲线上点的移动;而商品本身价格不变,由于价格以外因素的变动引起的这种商品需求的变动就是需求水平的变动,这会导致需求曲线的移动。

4. 经济学中的弹性就是研究两个变量即自变量与因变量之间,由于自变量变动而带来因变量的变化程度。

5. 需求的价格弹性表示的是一种商品的需求对其价格变化的反应程度，它可以表示为需求量的相对变化与价格的相对变化之比，可分为富于价格弹性、单位价格弹性、缺乏价格弹性，完全无弹性和完全有弹性等五种。需求的价格弹性可分为点弹性和弧弹性。点弹性就是需求曲线某一点上的弹性，弧弹性指的是需求曲线上两点之间的弧的弹性。需求的收入弹性是需求的相对变动与收入的相对变动的比值。需求的交叉弹性是指一种商品的需求对另一种商品价格变动的反应程度。根据价格的交叉弹性可以将商品分为替代品、互补品和独立品三种。

6. 供给是指生产者在某一特定时期内，在每一价格水平上愿意并且能够提供一定数量的商品和劳务。供给必须具备愿意出售和能够出售两个条件。供给分为单个厂商的供给和整个行业的供给或称市场供给。市场供给是单个厂商的供给的加总。供给表是一种商品价格与供给量之间关系的表格，供给曲线是表示特定时期内供给量和价格之间关系的曲线。供给定律说明供给量和价格具有同方向变化的特征。

7. 影响和决定供给变动的除了商品本身的价格外，还有投入品的价格、技术水平、相关商品价格、政府政策和厂商预期等几个因素。其他因素不变，只有商品本身价格的变动引起这种商品的供给量发生变化，表现为供给曲线上点的移动；而商品本身价格不变，由于价格以外因素的变动引起的这种商品供给的变动就是供给水平的变动，这会导致供给曲线的移动。

8. 供给的价格弹性表示的是一种商品的供给对这种商品的价格变化的反应程度，它等于供给量相对变化与价格的相对变化之比。

9. 均衡价格指的是某种商品的需求与供给这两种相反力量达到平衡，从而不再变动时的价格，即市场需求价格与供给价格相一致时的价格。商品市场的均衡出现在这种商品的市场需求曲线和市场供给曲线相交的交点上，该交点就是均衡点。

10. 均衡价格的变动取决于供求曲线的移动。需求水平的变动引起均衡价格和均衡数量的同方向变动；供给水平的变动引起均衡价格反方向变动，引起均衡数量同方向变动，这就是供求定律。

11. 货物税和价格限制是均衡价格模型应用的两个案例。货物税会引起供给曲线的移动，从而影响市场的均衡价格。价格限制包括最高限价和最低限价。最高限价是政府为了限制某些商品价格上涨而规定的这些商品不得超过的最高价格，这种限制会造成供不应求；最低限价是政府为了支持某一行业的生产而规定的该行业商品最低必须达到的价格，这种限制会造成供过于求。

【复习与思考】

1. 解释下列概念：需求、需求表、需求曲线、需求定律、需求量的变化、需求水平的变化、需求的价格弹性、点弹性、弧弹性、需求的收入弹性；供给、供给表、供给曲线、供给定律、供给量的变化、供给水平的变化、供给的价格弹性；均衡价格、供求定律；最高限价、最低限价。

2. 某人常常到花鸟市场买鸟放生。对此，其朋友有不同的看法。他认为，某人此举增加了对鸟类的需求，反而促使更多的人去逮鸟，结果是事与愿违，放生行为流于形式。请你用需求和供给理论对这一行为进行分析。

3. 某商品的需求函数为 $Q_d=100-P$。

(1)计算价格 P 由 40 变为 60 时的弧弹性。

(2)分别计算 $P=40$ 和 $P=60$ 时的点弹性。

4. 已知某一时期内某商品的需求函数为 $Q_d=50-5P$，供给函数为 $Q_s=-10+5P$。

(1)求均衡价格 P_e 和均衡数量 Q_e，并作图示之。

(2)假定供给函数不变，由于消费者收入水平提高，使需求函数变为 $Q_d=60-5P$。求出相应的均衡价格 P_e 和均衡数量 Q_e，并作图示之。

(3)假定需求函数不变，由于生产技术水平提高，使供给函数变为 $Q_s=-5+5P$。求出相应的均衡价格 P_e 和均衡数量 Q_e，并作图示之。

5. 政府的最高限价和最低限价对经济活动有什么影响？试用生活中的事例说明这种影响。

第三章

效用理论

> 效用理论是消费者行为理论的基础。消费者作为理性的经济人，其消费的目的是最大限度地满足欲望，即实现效用最大化。因而，弄清什么是效用及效用评价方法就成为研究消费者行为理论的出发点。

第一节　效用理论概述

一、效用

效用是消费者在消费活动中所得到的欲望满足程度。消费者在消费活动中获得的满足程度高就是效用大，反之就是效用小。如果消费者在消费活动中感受到痛苦，就是负效用。

效用是一个主观心理概念。从质上看，它是欲望满足的同义词；从量上看，它表示满足程度。因此，商品或劳务是否具有效用，完全取决于个人的主观感觉。正是由于效用是个人的主观心理感受，所以同一物品的效用可以因人、因地、因时间的不同而完全不同。因此，物品或劳务的效用不是孤立的、一成不变的概念。对于同一物品，人们有自己不同的感受：对自己较为有用、较为迫切的，其效用就大；反之，效用则小。

效用有正效用和负效用，负效用是指某种商品或劳务给人们所带来的不舒服或痛苦的感受。如饮酒过量会使人产生不舒适的感觉，这超过适量部分的酒就具有负效用。

二、基数效用论和序数效用论

在西方经济学中有两种研究消费者行为的理论:基数效用论与序数效用论。基数效用论认为,效用是可以计量并加总求和的。具体的效用量之间比较是有意义的。因此,效用的大小可以用基数(1,2,3,……)来表示,正如长度单位可以用米来表示一样。所谓效用可以计量,就是指消费者消费某一物品所得到的满足程度可以用效用单位来进行衡量。例如,对某人来说,吃一盘牛排和听一场音乐会的效用分别为 3 个效用单位和 9 个效用单位,则可以说两者效用之和为 12 个效用单位,且后者的效用是前种的 3 倍。根据这种理论,可以用具体的数字来研究消费者效用最大化问题。这种理论所用的分析方法是边际效用分析法。

效用是一种心理感觉,没有客观标准,也很难用具体数字来衡量与表示。因此,又有许多西方经济学家认为,基数效用论难以成立,并提出了代替基数效用论的序数效用论。序数效用论认为,效用的量在实际上和理论上都是不可度量的,更谈不上加总求和了。商品之间效用大小的比较只能通过次序或等级表示出来。因此,效用只能用序数(第一,第二,第三,……)来表示。仍以吃一盘牛排和听一场音乐会的例子来说,消费者要回答的是偏好哪一个,即哪一个效用是第一,哪一个效用是第二。或者说,要回答的是宁可吃一盘牛排,还是愿意听一场音乐会。这种理论用无差异曲线分析法来研究消费者效用最大化问题。

第二节　基数效用分析

一、总效用和边际效用

基数效用论认为,效用可以计量并加总求和。例如,消费者消费 5 瓶汽水的效用可分别表示为 U_1,U_2,U_3,U_4,U_5 效用单位,将这些单位的效用加总即可得到消费汽水的总效用 TU(Total Utility),即消费者消费商品或劳务所获得的效用或满足的总量,用公式表示为:

$$TU=U_1+U_2+U_3+U_4+U_5 \tag{3.1}$$

那什么是边际效用呢? 边际分析方法是西方经济学中最基本的分析方法之一。“边际”是一个十分重要的概念,其含义为“增量”,表示一单位自变量的变化量所引起的因变量的变化量。边际效用是指新增一单位商品消费时给消费者带来的效用的增量。下面举例说明消费者从消费中获得的总效用和从消费最后一单位商品所获得的效用。例如，当一个人很饿的时候，消费第一单位的面包一定会给他带来很大程度的满足或效用，而当这个人消费第二个面包的时候，他的总效用会增加，第二个单位的面包给他带来了新增的效用。

如果用 ΔTU 表示总效用的变化量，用 ΔX 表示消费者消费商品数量的变化量，边际效用可表示为：

$$MU_X=\frac{\Delta TU_X}{\Delta X} \tag{3.2}$$

假设商品 X 无限可分，这一公式则进一步表示为：

$$MU_X=\lim_{\Delta x\to 0}\frac{\Delta TU_X}{\Delta X}=\frac{\mathrm{d}TU}{\mathrm{d}X} \tag{3.3}$$

继续上面的例子，当这个人消费第三个单位的面包时，他的总效用会继续增加，但是，这个效用增量给他带来的效用增加小于第一个和第二个单位。最后，当这个人吃了足够多的面包之后，这些面包将不再增加满足或效用，相反还会令人倒胃口。

表 3-1　总效用与边际效用

面包的消费量(Q)	总效用(TU)	边际效用(MU)
0	0	
1	10	10
2	18	8
3	24	6
4	28	4
5	30	2
6	30	0
7	28	−2

表 3-1 具体说明总效用与边际效用的关系。当面包的消费量从 0 增加到 1 时，消费者获得的满足或效用为 10 个效用单位，总效用则增加到 10，总效用增量即边际效用为 10；面包消费从 1 增加到 2 时，总效用从 10 增加到 18，边际效用为 8，依次类推，当消费 7 个单位面包时，总效用为 28，边际效用为−2。表 3-1 中，在消费量为 6 时，面包的消费量达到饱和点，这时，总效用为 30，边际效用为 0。此后，总效用开始减少，边际效用为负数。也就是说，当边际效用为正数时，总效用增加；当边际效用为负数时，总效用减少；当边际效用为 0 时，总效用达到最大。

二、边际效用递减规律

(一)边际效用递减规律

图 3-1 是根据表 3-1 绘出的总效用曲线和边际效用曲线,可以看出,随着消费某种商品数量的不断增加,消费者从中得到的总效用增量越来越小,即总效用以递减的速度增加,达到最大值后逐渐减少;边际效用随着总效用增加也在逐渐减少,并在总效用达到最大值后变为负数。由于这种现象普遍存在于一切物品的消费中,所以被称为边际效用递减规律。

一般有两种原因引起边际效用递减:

第一,生理或心理的原因。虽然人的欲望具有无限性,但就某一个具体的欲望来说却是有限的。随着一种物品消费数量的增多,欲望或者效用会逐渐减少,甚至产生负效用。

第二,物品本身用途的多样性。每一种物品都有多种多样的用途,而这些用途的重要性却不同。消费者总是首先把物品用于最重要的用途,即效用最大的地方,然后才是次要的用途。这样一来,随着物品的用途重要性的递减,该物品的边际效用就会递减。

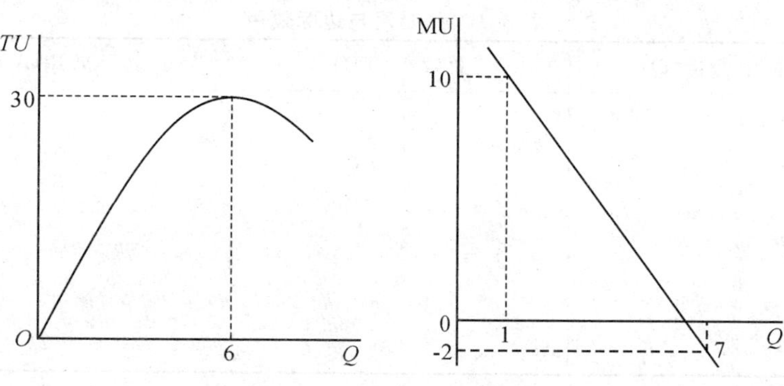

图 3-1 边际效用递减规律

(二)消费者剩余

我们可以根据边际效用递减规律来解释微观经济学中一个重要的概念——消费者剩余。

消费者剩余是指消费者愿意为某一商品支付的价格与实际支付的价格之间的差额。例如,消费者愿意为某种商品支付 10 美元,而这种商品的市场价格只有 6 元。由于商品价格是由整个市场价格决定的,于是,消费者就得到了 4 美元的剩余。根据边际效用递减规律,随着对这种商品购买数量的增加,消费者愿意支付的货币数量在逐渐减少，因而从每单位商品购买中所获得的消费者剩余也在减少。将购买该商品的所有消费者剩余相加即可得到一个总的消费者剩余。

用需求曲线来测算消费者剩余是一种简便的方法。在图 3-2 的需求曲线中，我们假定牛奶只能整瓶购买，因此需求曲线不再是光滑曲线而是阶梯状折线。回忆一下需求曲线的定义，曲线上每一点代表对一定数量的商品消费者愿意支付的最高价格。所以对于第一瓶牛奶，消费者愿意支付 14 元的代价（与效用联系在一起的话就是说第一瓶牛奶带给消费者的边际效用为 14 元），对于第二瓶牛奶，消费者愿意支付 13 元（即第二瓶牛奶的边际效用为 13 元）……直到第 10 瓶牛奶边际效用正好为 5 元，与价格相等，消费者的牛奶消费到此为止，因为从第 11 瓶牛奶开始，带给消费者的边际效用还不足以抵偿成本——价格。因此，10 瓶牛奶带给消费者的总效用为：

总效用＝14＋13＋12＋…＋6＋5＝95（元）

即不管消费者购买多少瓶牛奶，他支付的价格都是 5 元一瓶，因而 10 瓶牛奶的总成本是

总成本＝5×10＝50（元）

所以，消费者从 10 瓶牛奶中得到的净收益或消费者剩余为：

消费者剩余＝总效用－总成本＝95－50＝45（元）

从图 3-2 中看，消费者剩余相当于阴影部分面积，显然，第一瓶牛奶带给消费者的剩余最大，而第 10 瓶牛奶的消费者剩余为零。

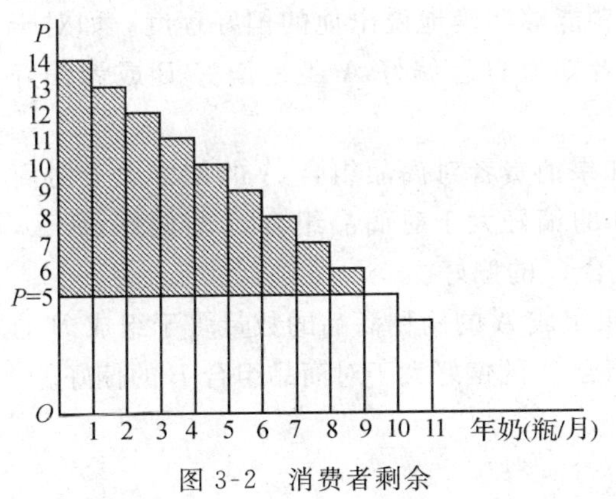

图 3-2　消费者剩余

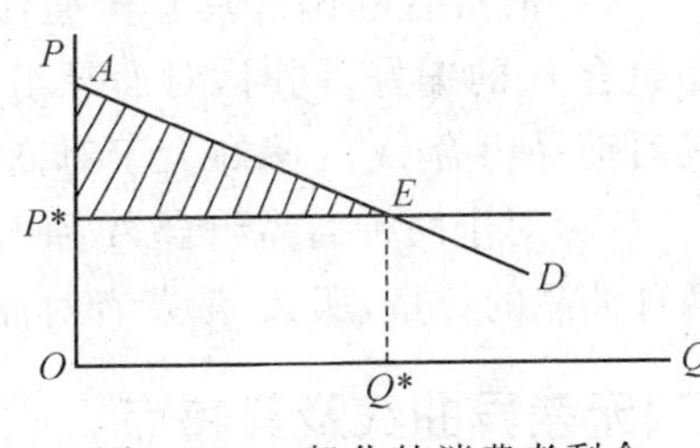

图 3-3　一般化的消费者剩余

在更加一般的例子中，如果商品可以趋于无穷小，图 3-2 中楼梯形的需求曲线将变成一条直线，此时则可以通过计算需求曲线以下、市场价格以上的 $\triangle AEP^*$ 面积来求出消费者剩余，如图 3-3 所示。在这里，消费者愿意支付的价

格为该物品的效用。这样

消费总效用＝实际支出＋消费者剩余

或者

消费者剩余＝消费总效用－实际支出

第三节　序数效用分析

序数效用理论用无差异曲线的分析方法来考察消费者均衡。无差异曲线用来表示消费者的偏好或满足程度。对于序数效用论者来说,效用不能衡量,也不能加总。也就是说,序数效用论认为基数效用论的假设条件不成立。本节将介绍序数效用论者如何使用无差异曲线的方法来考察消费者行为。

一、关于偏好的假定

序数效用论者认为,一种商品的效用是无法具体衡量的,而且受到同时消费的有关商品的影响,商品的效用只能用顺序或等级来表示。一个消费者能够明确排出自己对这些商品偏好的次序。

消费者的偏好有如下三个基本假定:

(1)对两种商品的任意组合,消费者能够明确地说出他的偏好程度。如对于食品和服装的组合 A 和组合 B,消费者知道自己偏好 A 还是偏好 B 或者偏好相同。

(2)消费者的偏好具有传递性。如果消费者对商品组合 A 的偏好大于对商品组合 B 的偏好,同时,对商品组合 B 的偏好大于对商品组合 C 的偏好,那么,其对商品组合 A 的偏好大于对商品组合 C 的偏好。

(3)对于两种商品组合 A 和 B,如果组成 A 的两种商品的数量多于组成 B 的两种商品的数量,那么,消费者对商品组合 A 的偏好大于对商品组合 B 的偏好。

二、无差异曲线及其特点

无差异曲线是指能够使消费者得到同样满足程度的两种商品不同组合的轨迹。无差异曲线分析是序数效用理论的基础。其效用函数也与基数效用论的效用函数相同,即

$$TU=f(Q_1,Q_2) \tag{3.4}$$

需要注意的是序数效用论的效用函数与基数效用论的效用函数含义不同：前者中的 U 表示效用量，而后者中的 U 表示效用指数或效用水平，它只表示效用大小的顺序，而不表示效用量。

(一)无差异曲线图

假定效用仅能用序数来表示，我们即可以用无差异曲线来表示消费者的偏好。如前所述，无差异曲线表示消费者在一定的偏好条件下所选择的不同的商品组合，这些不同的商品组合对消费者的满足程度是无差别的。表 3-2 排列了消费者所选择的商品 X 与商品 Y 的四种组合方式。

表 3-2　某消费者的无差异表

商品组合	商品 X 数量(Q_X)	商品 Y 数量(Q_Y)
A	1	6
B	2	3
C	3	2
D	4	1.5

如果将表 3-2 的各种商品组合描绘到坐标图中，并用平滑的曲线把各组合点连接起来，就得到无差异曲线，以 U 表示，如图 3-4 所示。在坐标轴上分别表示出的两种商品量的商品面中，存在着无数个点，每一个点代表一种商品组合，对于任何一种商品组合，消费者都可以找到一系列无差异的商品组合，从而形成一条无差异曲线，因此，一个消费者绝不只有一条无差异曲线，而是有一组无差异曲线，分别以 U_1、U_2、U_3 表示。这些不同的无差异曲线即构成了无差异曲线图，如图 3-5 所示。

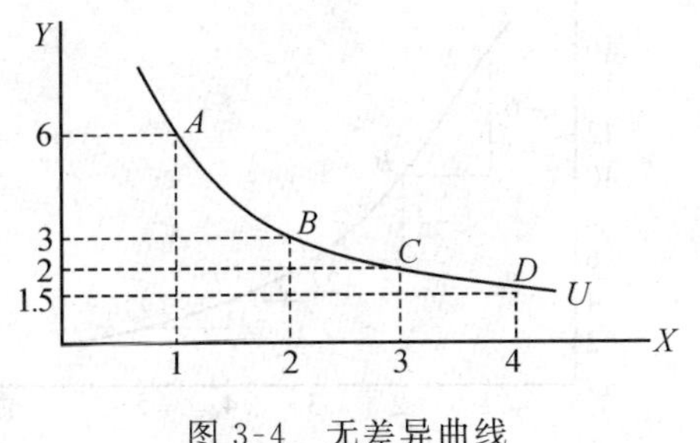

图 3-4　无差异曲线

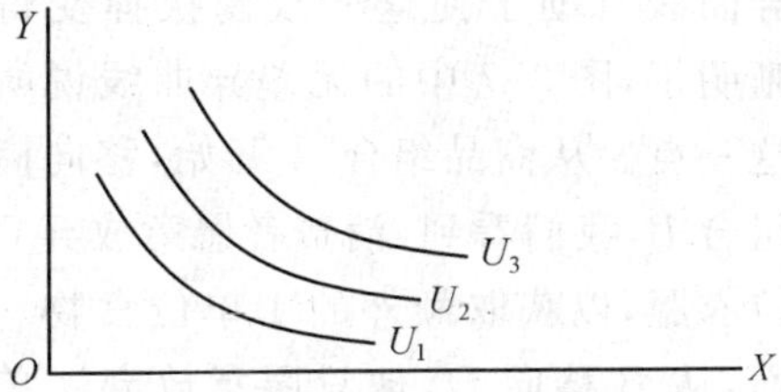

图 3-5　无差异曲线图

(二)无差异曲线的特点

根据图 3-4、图 3-5 对无差异曲线的描述，我们可以得到无差异曲线的如下特点：

第一，无差异曲线的斜率为负。这表示在获得一定的满足程度的条件下，消费者如要消费更多的一种商品(Y),他就必须相应地减少对另一种商品(X)的消费量。这就意味着,对消费者而言,这两种商品具有一定的替代性。

第二,数量较多的商品组合比数量较小的商品组合更能满足消费者的需要。因而,离原点越远的无差异曲线代表较大的效用满足。

第三,无差异曲线图中的曲线不能相交,否则将会与性质(2)发生矛盾。

图 3-6 中,A、B 是两条无差异曲线,假定它们相交于 e 点,这表明在 e 点,无论对 A 无差异曲线还是对 B 无差异曲线来说,都提供同等程度的满足。然而,在无差异曲线 B 上,商品组合 e 与商品组合 g 提供同等程度的满足,而在无差异曲线 A 上,商品组合 e 与商品组合 f 也提供了同等程度的满足,由此推断 g 点和 f 点应该提供同等程度的满足。但是,这一结论明显地违背了上述性质(2),因为在 g 点,X 和 Y 商品的数量都多于 f 点,所以 g 点提供的满足程度应该大于 f 点。由此可见,只要消费者的偏好是可传递的,无差异曲线就不可能相交。

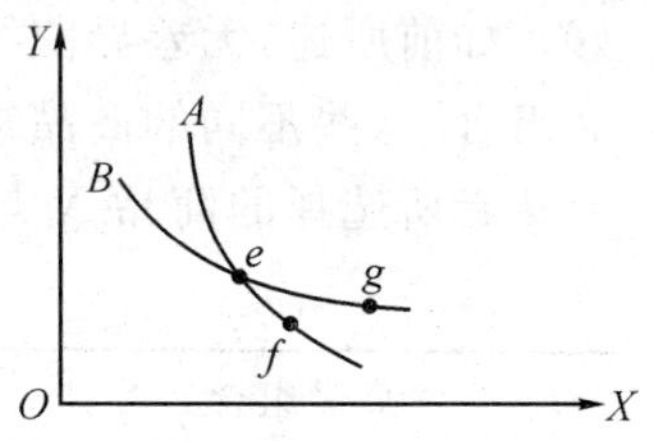

图 3-6 假定无差异曲线相交而产生的矛盾

第四,无差异曲线通常都凸向原点,如图 3-5 所展示的形状,这是由边际替代率递减规律所决定的。下面,我们将详细论述这一规律。

三、商品的边际替代率

(一)边际替代率

人们在两种或两种以上的商品中进行选择的时候面临着权衡抉择,无差异曲线有助于使这些权衡抉择变得清晰明了,图 3-7 中的无差异曲线说明了这一点。从商品组合 A 开始,移向商品组合 B,我们看到,消费者愿意放弃 6 单位衣服,以获取额外的 1 单位食物。然而,从 B 移向 D,他只愿意放弃 4 单位衣服来得到另外的 1 单位食物;再从 D 移向 E,他愿意放弃 2 单位衣服来获得 1 单位食物。一个人消费的衣服越多,食物越少,他愿意放弃的衣服也越多,以获取更多的食物。同理,一个人拥有的食物越多,衣服越少,他愿意放弃的食物就会越多。

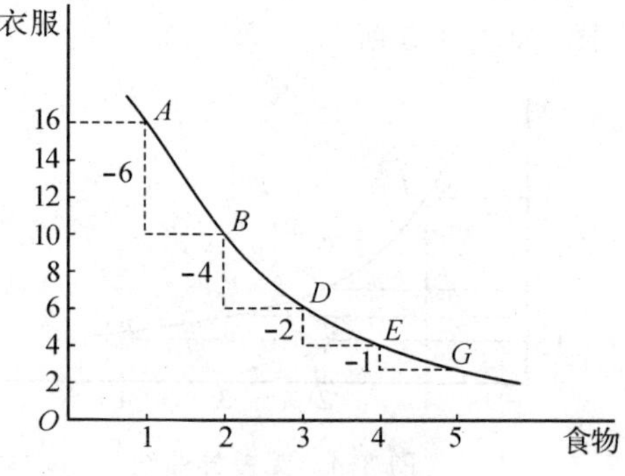

图 3-7 商品的边际替代率

如果用 ΔY 表示衣服的变化，用 ΔX 表示食物的变化，商品的边际替代率可以表示为：

$$MRS = -\frac{\Delta Y}{\Delta X} \tag{3.5}$$

表明衣服和食物的变动方向相反，加一个负号是为了使 MRS 变为正数。

无差异曲线上任意一点的商品的边际替代率实际上是无差异曲线在该点的斜率的绝对值。假定商品数量的变化量趋于无穷小，即 $\Delta X \to 0$，ΔY 亦相应趋向于一个无穷小的值，$\frac{\Delta Y}{\Delta X}$趋向于一个极限值，即

$$MRS_{XY} = \lim_{\Delta x \to 0} -\frac{\Delta Y}{\Delta X} = -\frac{\mathrm{d}Y}{\mathrm{d}X} \tag{3.6}$$

我们可以进一步推导：如图 3-7 所示，从 A 点到 B 点，食物的消费量 X 增加了，衣服的消费量 Y 减少了，X 的增加所带来的增加的效用 ΔU_1 为：

$$\Delta U_1 = MU_X \cdot \Delta X$$

同样，Y 的减少所带来的减少的效用 ΔU_2 为：

$$\Delta U_2 = -MU_Y \cdot \Delta Y$$

由于 A 和 B 位于同一条无差异曲线上，它们的效用水平应该是相等的，所以 X 的增加所带来的增加的效用 ΔU_1 等于 Y 的减少所带来的减少的效用 ΔU_2，即

$$\Delta U_1 = \Delta U_2$$

或

$$MU_X \cdot \Delta X = -MU_Y \cdot \Delta Y$$

上式等价于

$$-\frac{\Delta Y}{\Delta X} = \frac{MU_X}{MU_Y} = MRS_{XY} \tag{3.7}$$

即边际替代率等于两种商品边际效用之比。

(二)商品的边际替代率递减规律

基数效用论通过边际效用和边际效用递减规律分析消费者行为，序数效用论则用商品的边际替代率和边际替代率递减规律分析消费者行为。

商品的边际替代率递减现象普遍存在于任何两种商品的正常替代过程中，因而成为一个规律。完整地表述商品的边际替代率递减规律是：在维持效用水平不变的前提下，消费者为增加每一单位的某种商品的消费所要放弃的另一种商品的消费数量是递减的。或者说：在维持效用水平不变的前提下，不断增加某一种商品的消费，所能替换出来的另一种商品的数量是递减的。

商品的边际替代率递减规律存在的原因是商品的边际效用递减规律。在用商品 X 替代商品 Y 的过程中，随着商品 X 消费数量的增加，它的边际效用在递减；随着商品 Y 消费数量的减少，它的边际效用在递增。这样，每增加一单位 X 商品的消费，它所能替换出来的 Y 商品的数量越来越少。或者说，在公式 $MRS=-\frac{\Delta Y}{\Delta X}$ 中，当分母 ΔX 不变时，分子 ΔY 越来越小，因而分数值，即商品的边际替代率在不断减小。从以上分析中可知，商品的边际替代率递减规律实际上就是用无差异曲线的形式来表述的边际效用递减规律。

四、无差异曲线的特殊形状

如前所述，在一般情况下，无差异曲线向右下方倾斜，且凸向原点。无差异曲线向右下方倾斜的原因可以用边际替代率本应为负值来说明；凸向原点则是因为边际替代率递减。边际替代率就是无差异曲线上各点斜率的绝对值，边际替代率递减也就是无差异曲线的各点，从上而下其斜率的绝对值在逐渐减小。这样，无差异曲线自然就会凸向原点。

无差异曲线向原点凸出的弯曲程度取决于两种商品替代性的大小。如果两种商品的相互替代性很强，商品的边际替代率递减较为缓和，这种无差异曲线的弯曲程度就较小。例如，大米和面粉的替代性很强，在保证效用不变的前提下，消费者每增加消费 1 公斤大米，基本上就需要减少消费 1 公斤面粉，而且这种替代关系不会发生太大变化，因而表示大米和面粉替代关系的无差异曲线的弯曲程度就会较小。如果两种商品可以完全相互替代，则每增加消费一种商品所需要减少的另一种商品的数量不会发生变化，也就是边际替代率不变。这时的无差异曲线就是一条直线，如图 3-8(a)。例如，可口可乐和百事可乐就可以看成是一对完全替代的商品。

反之，如果两种商品是互补品，例如左鞋和右鞋，这时的无差异曲线与原点成 90°的直角凸出，如图 3-8(b)。在图中，与横轴垂直的一段无差异曲线表示：在 X 商品(例如左鞋)数既定的情况下，Y 商品(例如右鞋)的数量无论怎么增加，消费者的效用水平也不会增加，这一段无差异曲线的边际替代率为无穷大。与横轴平行的一段无差异曲线表示：在 Y 商品(例如右鞋)数量既定的情况下，X 商品(例如左鞋)的数量无论怎么增加，消费者的效用水平仍然保持不变，故这一段无差异曲线的边际替代率为零。

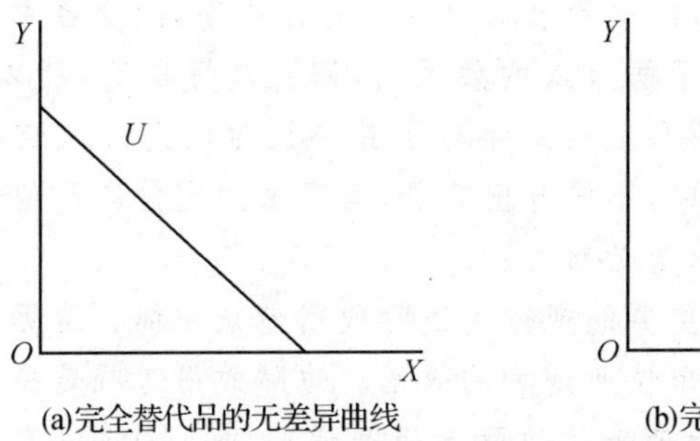

(a)完全替代品的无差异曲线

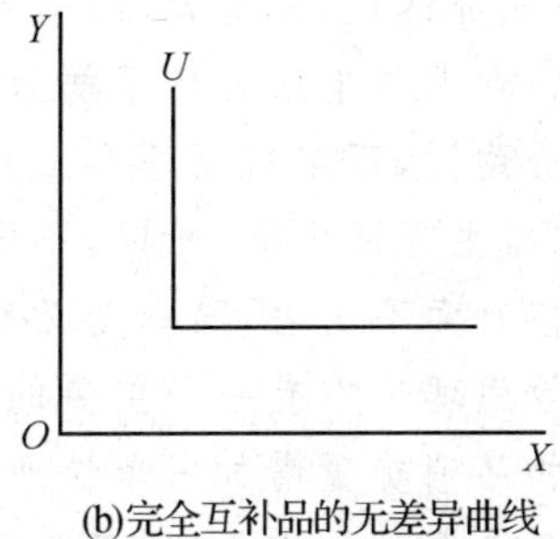

(b)完全互补品的无差异曲线

图 3-8 完全替代和完全互补品的无差异曲线

【案例 3-1】

信子裙和大岛茂风衣

80 年代中期,日本电视连续剧《血疑》曾风靡神州大地。女主人公信子和他父亲大岛茂的故事使不少人感动得流泪。精明的商家从中看出了市场机遇。上海一家服装厂推出了信子裙,北京一家服装厂推出了大岛茂风衣。但结果很不一样。上海的厂家大获其利,北京的厂家却亏本了。其原因在于不同消费者的不同行为。

消费者购买物品是为了从消费这种物品中得到物质或精神的满足。经济学家把这种满足称为效用。满足程度高就是效用大,满足程度低就是效用小。消费者进行消费的目的是为了实现效用最大化。效用理论正是要说明消费者在收入与商品价格既定时如何实现效用最大化。

经济学所说的效用不同于物品本身的使用价值。使用价值产生于物品的属性,是客观的。效用是消费者消费某物品时的感受,是主观的。某种物品给消费者带来的效用因人而异,效用大小完全取决于个人偏好,没有客观标准。庄子说:子非鱼,安知鱼之乐乎? 正好形象地说明了效用的主观性。鱼在水中畅游是被生存所逼苦不堪言,还是悠然自得其乐无穷,只能由鱼自己的感受来决定。同样,都是根据《血疑》而开发的衣服却有不同的命运就是因为女中学生与中年男子从衣服中得到的效用不同。女中学生崇尚信子,穿信子裙可以得到极大的效用。中年男子虽然尊敬大岛茂这样的父亲,但并不以穿同样的衣服为荣,大岛茂风衣对他们并没有什么特殊效用。

消费者根据他们从物品中得到的效用来决定自己愿意支付的价格

(即需求价格)。效用大,即消费者对物品主观评价高,消费者才愿意出高价。女中学生认为信子裙带来的效用大,即主观评价高,所以,愿意用高价购买,厂家当然获利。但中年男子并不认为大岛茂风衣有什么效用,即主观评价低,所以,不愿意出高价,当厂家的定价高于他们的需求价格时卖不出去,赔本是必然的。

效用理论中有一个重要的规律是边际效用递减规律。边际效用是指某物品消费量增加一单位所增加的效用。边际效用递减是指随着某种物品消费量的增加,所带来的边际效用是递减的。这种现象普遍存在,被称为一个规律。这种现象从生理学上来解释就是神经元对等量外界刺激的条件反射强度随刺激次数的增加而递减。消费某物品就是提供一种刺激,神经元的反射就是满足式效用。中国人爱说,好吃不过饺子,其实让你天天吃饺子,你肯定受不了,这就是边际效用递减规律的证明。

信子裙和大岛茂风衣的故事也同样包含了边际效用递减的含义。在女中学生看来,信子裙和其他裙子不同,尽管已经有了不少其他裙子,但多买一件信子裙是买了另一件物品,不会有边际效用递减。而在中年男子看来,大岛茂风衣和其他风衣没有什么不同,如果已有一件风衣,再买一件大岛茂风衣就有了两件同样的风衣,边际效用肯定递减。这样,女中学生愿意出高价买信子裙,而中年男子甚至不愿意用同样的价格买一件大岛茂风衣。上海厂家赚北京厂家亏就是必然的了。这里的关键是,女中学生把信子裙和其他裙子作为不同的物品,不存在边际效用递减;中年男子把大岛茂风衣和其他风衣作为同样的物品,存在边际效用递减。

效用理论是分析消费者行为的,但对企业也有意义。企业要为消费者服务,生产能给消费者带来更大效用的物品。效用取决于消费者的主观评价,企业必须研究消费者心理。一家服装企业如果总生产同一种衣服,消费者只买一件就够了。如果生产出不同式样、颜色的衣服,消费者多买几件也不会有边际效用递减,服装的销路不就增加了吗?现在市场需求不足的一个重要原因正是企业生产出了大量相同的物品,消费者买了要效用递减,谁会问津呢?在这种意义上可以说,没有卖不出的产品,只有消费者不需要的产品。这种产品就是引起效用递减的产品。

上海的厂家增加了裙子产量而没有引起边际效用递减,北京的厂家增加了风衣的产量而引起边际效用递减，其根源在于对消费者心理了解的深度不同。由此看来，上海人的确比北京人“精明”。在市场经济中，北京人真该好好向上海人学习呢！

（资料来源：梁小民：《微观经济学纵横谈》，生活·读书·新知三联书店2002年第三版。在引用过程中作了适当删改。）

第四节 预算线

一、预算线的含义

消费者一方面追求效用最大，一方面又受货币收入的限制。假定消费者的消费预算为500元，X商品的价格为$P_X=10$元，Y商品的价格为$P_Y=20$元。消费者对X和Y的购买数量会受到其预算开支和两种商品价格的限制。预算线就是表示在收入和价格一定的条件下，消费者购买的两种商品的各种可能组合点的轨迹。消费者用这500元可以只购买X商品，共购买50单位；也可以只购买Y商品，共购买25单位；还可以购买一部分X商品和一部分Y商品。把消费者所有可能的选择在图3-9中表示出来，就成了预算线AB。预算线也称为消费可能线。

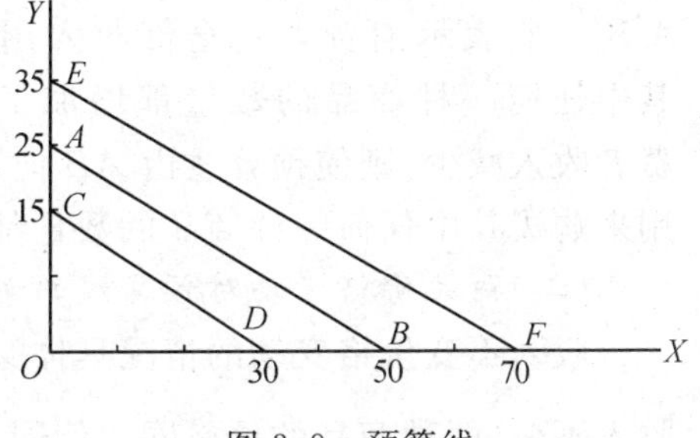

图3-9 预算线

图3-9中高于AB线的曲线，如EF线，它所代表的商品组合超出了现有收入的支付能力。低于AB线的曲线，如CD线，它所代表的商品组合没有用完预算收入。二者均非预算线。

预算线还可用函数形式表示出来。若以Q_X、Q_Y分别代表X、Y商品的数量，以I代表消费者收入，则

$$Q_X \cdot P_X + Q_Y \cdot P_Y = I \tag{3.8}$$

$$Q_Y = \frac{I}{P_Y} - \frac{P_X}{P_Y} Q_X \tag{3.9}$$

函数式表明，预算线是一条负斜率直线，其斜率为X、Y商品相对价格的相

反数。图 3-9 中的预算线 AB 可表示为：

$$Q_Y=500/20-(10/20)Q_X$$

$$Q_Y=25-0.5Q_X$$

二、预算线的变动

从以上分析可以看出，预算线取决于收入 I 和商品的价格 P_X 和 P_Y。当收入 I 和商品的价格 P_X、P_Y 发生变化时，会引起预算线的变动。下面具体分析这些变化对预算线的影响。

(一)收入变化对预算线的影响

当两种商品的价格不变，消费者的收入发生变化时，预算线的斜率 $-\frac{P_X}{P_Y}$ 不变，收入的变化只能引起预算线的截距 $\frac{I}{P_X}$ 或 $\frac{I}{P_Y}$ 的变化。所以，预算线的位置会发生平移。如图 3-10 所示：假定原有的预算线为 AB，若消费者收入增加，则使预算线由 AB 向右平移至 $A'B'$。它表示消费者的全部收入用来购买其中任何一种商品的数量都增加了。若消费者收入减少，则使预算线由 AB 向左平移至 $A''B''$，它表示消费者的全部收入用来购买其中任何一种商品的数量都减少了。

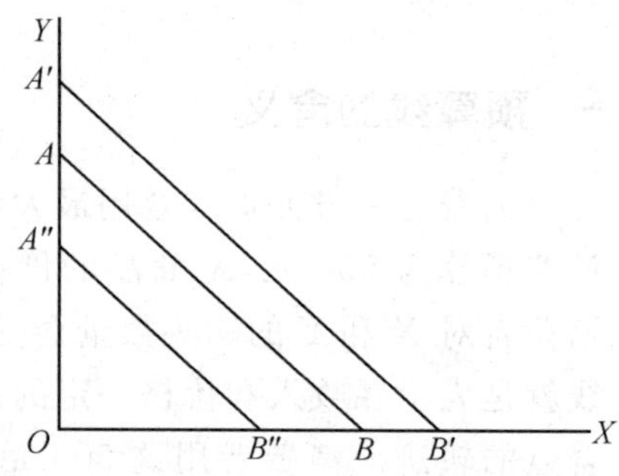

图 3-10　收入变化对预算线的影响

(二)商品价格变动对预算线的影响

收入不变价格变动的情况具体又可以分为两种。第一种情况，当消费者的收入不变，两种商品的价格同比例同方向变化时，预算线的斜率 $-\frac{P_X}{P_Y}$ 不变，而预算线的截距 $\frac{I}{P_X}$ 或 $\frac{I}{P_Y}$ 发生变化，所以预算线的位置发生平移。仍以图 3-10 说明：若两种商品的价格同比例下降，则预算线 AB 向右平移至 $A'B'$。若两种商品的价格同比例上升，则预算线向左平移至 $A''B''$。前者表示消费者的全部收入用来购买其中任何一种商品的数量都同比例于价格的下降而增加，后者则表示都同比例于价格上升而减少。第二种情况，当消费者的收入不变，一种商品的价格不变而另一种商品的价格发生变化时，不仅预算线的斜率 $-\frac{P_X}{P_Y}$ 会发生变化，而且预算线的截距 $\frac{I}{P_X}$ 或 $\frac{I}{P_Y}$ 也会发生变化。以图 3-11(a)来说明：假定原来的预

算线为 AB。若商品 X 的价格 P_X 下降，则预算线由 AB 移至 AB'。它表示消费者的全部收入用来购买商品 X 的数量因 P_X 的下降而增加了，但全部收入用来购买商品 Y 的数量并未受到影响。同样道理，相反，若商品 X 的价格 P_X 提高，则预算线由 AB 移至 AB''。类似地，在图 3-11(b)中，商品 Y 的价格的下降与提高，分别使得预算线由 AB 移至 $A'B$ 和 $A''B$。

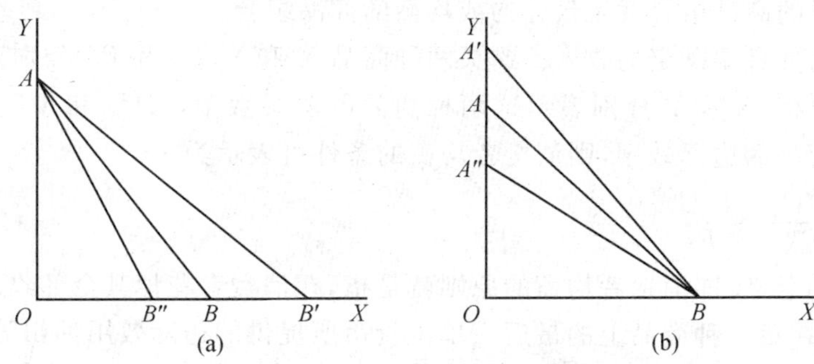

图 3-11　商品价格变化对预算线的影响

(三)收入和价格同时变化对预算线的影响。

总的来说，这种情况下，预算线变动要结合具体情况来分析。一种特殊的情况是，当消费者的收入和两种商品的价格都同时上升或下降相同的倍数，那么预算线不发生移动。这是因为，此时预算线的斜率 $-\frac{P_X}{P_Y}$ 以及预算线的截距 $\frac{I}{P_X}$ 和 $\frac{I}{P_Y}$ 都不发生变化。这说明消费者的全部收入用来购买其中任何一种商品的数量都是不变的。

第五节　消费者均衡

一、消费者均衡

所谓消费者均衡指的是一个有理性的消费者所采取的均衡购买行为，即消费者都是追求效用最大化的经济主体，消费者均衡研究消费者如何把全部的货币收入分配在购买各种商品中以获得最大的效用，此时均衡是消费者既不想再增加也不想再减少任何商品购买数量的一种相对静止的状态。

(一)基数效用论的消费者均衡

基数效用论认为消费者实现效用最大化的均衡条件是:消费者所购买的各种商品的边际效用之比等于它们的价格之比。如果消费者的货币收入固定不变,消费者从所购买的每一种商品中所得到的边际效用与其价格的比例都相同;或者说,消费者应使自己花费在每一种商品上的最后一元钱所带来的边际效用相等。这样的商品组合就是最佳的或均衡的商品组合。

假定消费者用既定的收入 I 购买两种商品 X 和 Y,P_X 和 P_Y 分别表示这两种商品的价格,X 和 Y 分别表示这两种商品的购买数量,MU_X 和 MU_Y 分别表示这两种商品的边际效用,则消费者均衡的条件可表示为:

$$\frac{MU_X}{P_X}=\frac{MU_Y}{P_Y} \tag{3.10}$$

上式的意义,即消费者均衡的原则就是指,在消费者花掉其全部收入的情况下,使花费在每一种商品上的最后一单位货币所提供的边际效用都相等。

如果$\frac{MU_X}{P_X}>\frac{MU_Y}{P_Y}$,这意味着花在商品 X 上的最后一单位货币所提供的边际效用大于花在商品 Y 上的最后一单位货币所提供的边际效用。也就是说,同样的一元钱,购买 X 所得到的边际效用大于购买 Y 所得到的边际效用,在这种情况下,减少商品 Y 的购买而增加商品 X 的购买,会使消费者的总效用增加。

反之,如果$\frac{MU_X}{P_X}<\frac{MU_Y}{P_Y}$,我们可以根据上面推理得出结论,减少商品 X 的购买而增加商品 Y 的购买,会使消费者的总效用增加。

总之,只要有$\frac{MU_X}{P_X}\neq\frac{MU_Y}{P_Y}$,上述两种过程就会持续下去,直到$\frac{MU_X}{P_X}=\frac{MU_Y}{P_Y}$时为止。这时消费者在一定预算约束下所能得到的效用最大,通过减少任一商品的购买而增加另一商品的购买,再也不会使消费者的总效用增加。因此,消费者没有必要再进一步改变购买行为,因而达到均衡状态。

下面通过一个例子来具体说明消费者均衡的实现过程。

如消费者消费 X 和 Y 两种商品,价格分别是 $P_X=2$ 和 $P_Y=1$,该消费者的边际效用如表 3-3 所示。

表 3-3 某消费者的边际效用表

商品 X 或 Y 的数量(x 或 y)	1	2	3	4	5	6	7	8
商品 X 的边际效用(MU_X)	18	16	14	12	10	8	6	4
商品 Y 的边际效用(MU_Y)	10	9	8	7	6	5	4	3

假定现在消费者的收入为 10 元，如果他花费 4 元购买两单位的商品 X（边际效用为 16，总效用为 34），剩下的 6 元可以买到 6 单位的商品 Y（边际效用为 5，总效用为 45），消费者得到总效用为 79（34＋45）。此时，$\frac{MU_X}{P_X}=\frac{16}{2}=8$，而 $\frac{MU_Y}{P_Y}=\frac{5}{1}=5$，显然 $\frac{MU_X}{P_X}>\frac{MU_Y}{P_Y}$，花在商品 X 上的一元钱得到的效用大于花在商品 Y 上的一元钱得到的效用，因此应增加对商品 X 的购买同时减少对商品 Y 的购买。

如果消费者花费 8 元购买 4 单位的商品 X（边际效用为 12，总效用为 60），剩余的 2 元可以买到 2 单位的商品 Y（边际效用为 9，总效用为 19），消费者得到的总效用为 79（60＋19）。此时，$\frac{MU_X}{P_X}=\frac{12}{2}=6$，而 $\frac{MU_Y}{P_Y}=\frac{9}{1}=9$，$\frac{MU_X}{P_X}<\frac{MU_Y}{P_Y}$，即花在商品 X 上的一元钱得到的效用小于花在商品 Y 上的一元钱得到的效用，因此应减少对商品的 X 购买，同时增加对商品 Y 的购买。

如果消费者花费 6 元购买 3 单位的商品 X（边际效用为 14，总效用为 48），剩下的 4 元可以买到 4 单位的商品 Y（边际效用为 7，总效用为 34），消费者得到的总效用为 82（48＋34）。此时 $\frac{MU_X}{P_X}=\frac{14}{2}=7$，而 $\frac{MU_Y}{P_Y}=\frac{7}{1}=7$，$\frac{MU_X}{P_X}=\frac{MU_Y}{P_Y}$，即花在商品 X 上的一元钱得到的效用等于花在商品 Y 上的一元钱得到的效用。此时，消费者所消费的商品组合 $X=3$ 和 $Y=4$，消费者得到了最大效用，即消费者达到均衡。

（二）序数效用论的消费者均衡

序数效用论把无差异曲线和预算线结合起来分析消费者均衡。序数效用论认为，在收入和商品价格已知的情况下，一个消费者关于两种商品 X 和 Y 的预算线只能有一条，但该消费者关于两种商品的无差异曲线由于偏好的不同有无数条。面对一条预算线和无数条无差异曲线，消费者应该如何选择才能实现效用最大化呢？

图 3-12 给出了预算线 MN 和三条无差异曲线 U_1、U_2 和 U_3。由于有预算约束，消费者只能在 OMN 围成的三角形区域内进行选择。假设消费者没有储蓄，所有收入均用于消费，那么消费者只是在 MN 线上寻找一个均衡点。如果消费者选择 U_3 上的 C 点，虽然 U_3 曲线的效用水平高于 U_2 和 U_1，但 C 点是消费者的收入无法承担的，超出了消费者选择的客观条件，消费者可望而不可及。如果消费者选择 A 点，A 点在预算约束线上，是消费者收入可以承受的。在 A 点，消费者消费的商品数量是 X_A、Y_A，得到的效用水平为 U_1。但是，他还没有

做到效用最大化,因为如果他沿着 MN 线向下移动,通过减少 Y 消费量、增加 X 消费量来改变商品组合,可以和更远的无差异曲线相交,从而提高自己的效用水平。同样的道理也适用于 B 点。消费者在 B 点的商品组合 X_B、Y_B 得到的效用同样为 U_1,他可以沿着 MN 线向上移动,通过增加 Y 消费量、减少 X 消费量来和更远的无差异曲线相交,达到提高效用水平的目的。

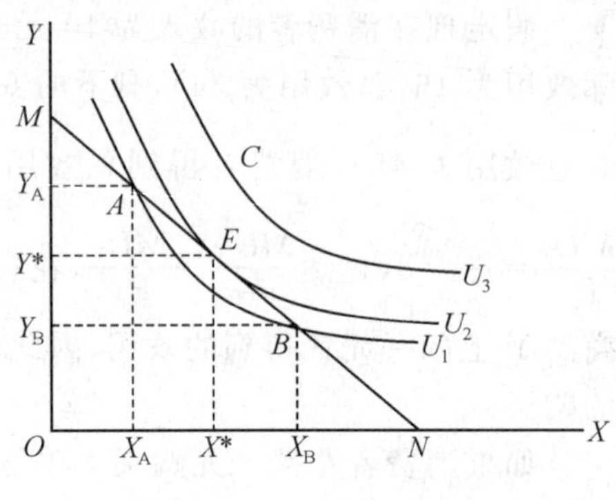

图 3-12 消费者均衡

从图 3-12 中可以看到,追求效用极大化的消费者的均衡点应该是预算线可能"碰"到的最高水平的无差异曲线的交点,也就是与预算线相切的那条无差异曲线 U_2 上的切点 E。此时,消费者消费的商品量分别为 X^* 和 Y^*。这是因为,如果消费者在 E 点改变自己的组合,不论是通过减少 Y 消费量、增加 X 消费量的方法,还是通过增加 Y 消费量、减少 X 消费量的方法,都只能与效用水平较低的无差异曲线相交,降低自己的效用水平。因此,在 MN 线上,E 点代表了消费者能够达到的最高效用水平。所以,均衡点 E 是消费者的最优选择,消费者在预算线的限制下达到了效用极大化,也就是在客观条件允许下使自己的主观愿望得到了最大限度的满足。

那么,均衡点 E 有什么特点呢?由于 E 是预算线 MN 和无差异曲线 U_2 的切点,因此 MN 线和 U_2 线在 E 点的斜率是相同的。回顾前面对预算约束线和无差异曲线的介绍可知,MN 是直线,在任何一点的斜率都为两种商品价格之比即 P_X/P_Y;而 U_2 作为无差异曲线,其斜率为某一点上两种商品的边际替代率 MRS_{XY},而边际替代率等于两种商品边际效用之比,即 $MRS_{XY}=\frac{MU_X}{MU_Y}$。综合这两个结论,我们可以得到:

$$\frac{P_X}{P_Y}=MRS_{XY}=\frac{MU_X}{MU_Y} \tag{3.11}$$

即在消费者的均衡点上,两种商品的价格之比等于边际替代率之比,即等于两种商品的边际效用之比。

二、货币收入的变化对消费者均衡的影响

上述对消费者均衡的分析中,我们假定消费者的货币收入和商品的价格水

平均不发生变化，这里，我们要考察货币收入的变化对消费者均衡的影响，在此基础上推导消费者的收入—消费曲线以及恩格尔曲线。

（一）收入—消费曲线

如果消费者的偏好不变，X 和 Y 两种商品的价格不变，只有消费者的收入发生变动，则必然会使预算线的位置发生平移，如果收入的变化是连续不断的，就会产生许多平行的预算线：当收入增加时，预算线（A_0B_0）向右上方平移至 A_1B_1 或 A_2B_2；反之，预算线则向左下方平移至 A_3B_3。当预算线移动后，消费者效用最大化的均衡点也必然变动，即由移动后的预算线与另外一条无差异曲线的切点来表示，如图 3-13 所示。

在图 3-13 中，E_0 点为收入变动前的均衡点，E_1、E_2 为收入增加导致预算线向右上方移动后，同另一条无差异曲线相切时的均衡点。这些均衡点意味着，当收入增加时，消费者购买这两种商品的量将增加，从而将在更高的水平上获得更大的效用。E_3 是当消费者收入下降，从而预算线向左下方移动时决定的均衡点。所有这些均衡点，都表示在一定的收入条件下，能给消费者提供最大效用的最优商品组合。把在不同收入水平条件下的均衡点连接起来即构成一条收入—消费线。它表示在收入变动时，消费者均衡点移动的轨迹，即表示各种不同的收入变动时，消费者的最佳购买行为变动的方向和路线。

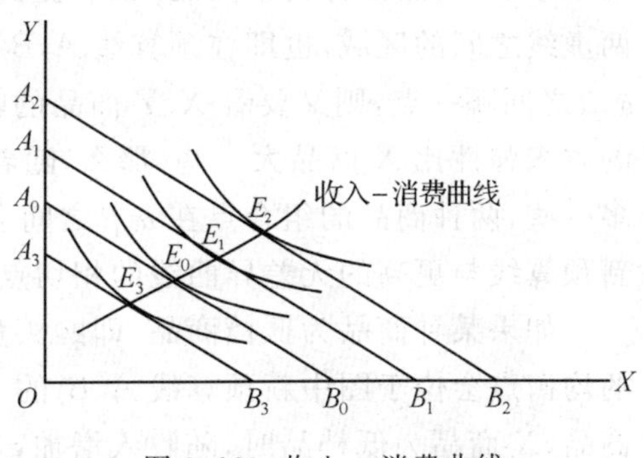

图 3-13　收入—消费曲线

图 3-13 中的收入—消费曲线表明，消费者的均衡购买量随收入的增加而增加，这是在 X、Y 商品都正常的情况下得出的一般性结论。如果考虑到低档商品，或者考虑到正常商品中收入弹性的大小，收入—消费曲线的形状将会有所不同。

在图 3-14(a)中，最初的预算线 A_1B_1 与无差异曲线相切于 E_1 点，收入提高后，新的更高收入如果全部用来购买商品 Y，新的购买数量为 A_2；如果全部用来购买商品 X，新的购买数量为 B_2，A_2B_2 为新的预算线，表示在新的更高收入下商品 Y 和商品 X 购买量的各种不同组合。但新的均衡点会在什么位置，要取决于更高水平的无差异曲线的位置，这实际上要取决于 X、Y 商品是否为正常商品，以及它们收入弹性的大小。这里所说的正常商品是指购买量随收入增加而增加的商品。从图中 E_1 点画出向上垂直于横轴、向右平行于横轴的两条虚线，

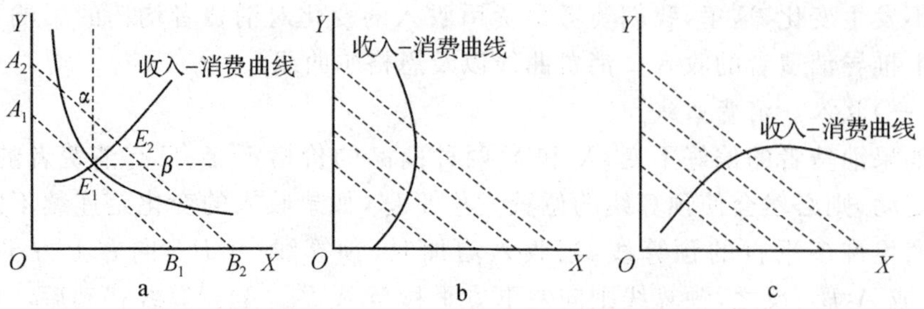

图 3-14 不同形状的收入—消费曲线

如果 X、Y 商品都为正常商品,收入提高以后新的均衡点一定处于 E_1 点右上方两虚线之间的区域,也即在预算线 A_2B_2 的 α 点与 β 点之间。新均衡点最终处于 α、β 之间哪一点,则又要看 X、Y 商品的收入弹性大小。如果 Y 商品(如奢侈品)的收入弹性比 X 商品大一些,那么,随着收入提高,Y 商品增加得会比 X 商品更多一些,两种商品的组合点在 α、β 之间会更靠近 α 点,例如图中 E_2 点,这也就是新预算线与更高的无差异曲线的相切点或新的消费者均衡点。

如果某种商品为低档商品,即购买量同收入按反方向变化的商品,那么,新的均衡点会位于图中新预算线 A_2B_2 的 $A_2\alpha$ 之间或 βB_2 之间。当 Y 商品为正常商品,X 商品为低档品时,随收入增加,X 的购买量会减少,Y 的购买量会增加。由于低档品是在收入的一定阶段上表现为同收入反方向变化的,所以,在图形中,新均衡点位于 $A_2\alpha$ 之间,连接各均衡点的收入消费曲线就凹向纵轴,如图 3-14(b)所示。同理,当 X 商品为正常商品,Y 商品为低档品时,新均衡点位于 βB_2 之间,收入消费线凹向横轴,如图 3-14(c)。

(二)恩格尔曲线

以收入—消费曲线可以导出恩格尔曲线。恩格尔曲线是由 19 世纪德国统计学家恩格尔关于收入变动对某种商品购买量影响的著名研究而得名的,它是表示消费者的收入和某一商品购买量(也即需求量或消费量)之间关系的曲线。利用图 3-13 可导出恩格尔曲线,过程如下:假定考察收入变动对 Y 商品购买量的影响,从图 3-15(a)(即图 3-13)中可知,在货币收入水平提高,预算线 A_0B_0 平移到 A_1B_1、A_2B_2,此时对 Y 商品的均衡购买量分别为 QY_0、QY_1 和 QY_2。以(b)图的横轴代表货币收入水平(纵轴仍代表 Y 商品的购买量),对应于 M_0 和 QY_0 的坐标为 a,对应于 M_1 和 QY_1 的坐标为 b,而对应于 M_2 和 QY_2 的坐标为 c。把 a、b、c 三点连起来,就得到恩格尔曲线。

恩格尔曲线一般不是直线,图 3-16(a)、(b)、(c)分别为恩格尔曲线的三种主

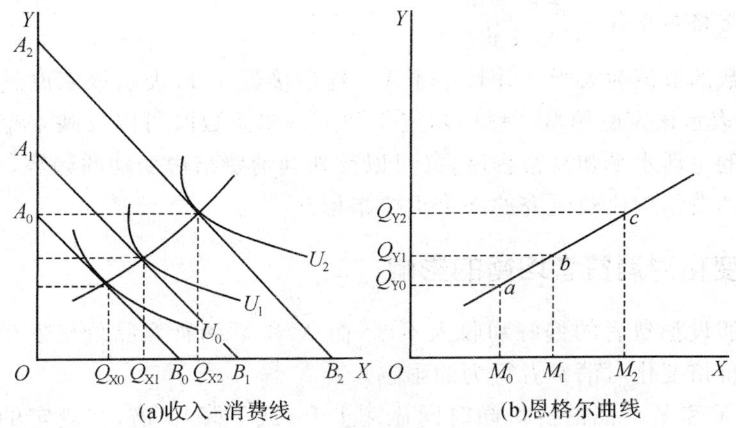

图 3-15 收入—消费曲线与恩格尔曲线

要形状。图 3-16(a)中的恩格尔曲线缓慢地由左下方向右上方倾斜,它表明对某商品的购买量随收入的增加而增加,但是购买量增加的速度越来越慢于收入的增加速度,这时需求的收入弹性小于 1,但大于 0。一般生活必需品都属于此类。图 3-16(b)中的恩格尔曲线陡峭地由左下方向右上方倾斜,表示需求量随收入增加而增加,但需求量增加的速度大于收入增加的速度,需求的收入弹性大于 1。一般奢侈品或劳务都属于此类。图 3-16(c)的恩格尔曲线由左上方向右下方倾斜,斜率为负,反映的是收入弹性为负的低档消费品的情况。恩格尔定律就是这种情况的概括,其基本内容是:

(1)一个家庭越穷,家庭收入或支出中用于购买食物的支出所占的比例就越大;

(2)随着家庭收入的增加,食物开支所占的比重会越来越小。

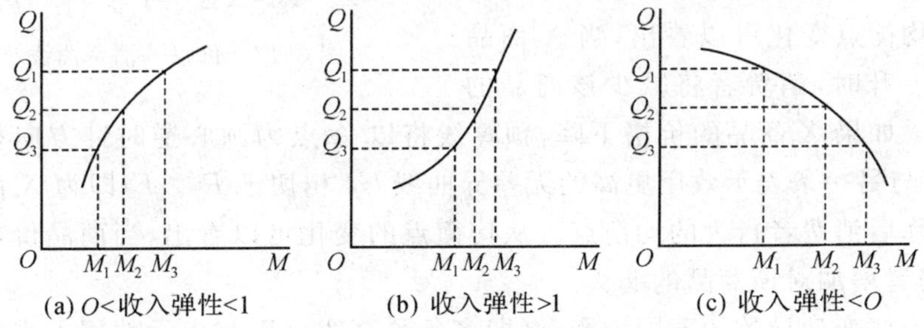

图 3-16 恩格尔曲线的三种情况

恩格尔定律也可以用恩格尔系数来表示,其公式为:

$$恩格尔系数=\frac{食物支出}{总支出}$$

该系数的取值为大于0并且小于1。越是接近于1,表示该家庭越穷;越是接近于0,表示该家庭越富。恩格尔定律和恩格尔系数既可以反映一个家庭、地区或国家的生活水平和富裕程度,又可以反映其消费结构变动的趋势,是进行生活水平和消费结构比较研究的一个重要指标。

三、价格变化对消费者均衡的影响

现在假设消费者的偏好和收入不变,而 X 和 Y 两种商品价格发生了变化,从而观察价格变化对消费者行为的影响。

如果 X 和 Y 商品的价格同时同比例上升(或下降)1倍,在既定的收入下,消费者所能购买到的两种商品的数量会同样减少(增加)一半,这种作用正好同收入减少(增加)一半一样,会使消费可能线向左下(右上)平行移动。

为叙述方便,假定 Y 商品的价格不变,X 商品的价格发生变化。这样,消费者用既定的货币收入购买 Y 的量仍不变,即仍然购买图3-17(a)中 A 点表示的商品量。但当 X 商品价格上升时,他用全部收入购买 X 的量将减少。因而预算线 AB_1 将以点 A 为圆心顺时针方向移动到 AB_3. 并与另一条表示效用较低的无差异曲线 U_3 相切于 E_3。E_3 即为 X 商品的价格上升后消费者行为的均衡点。从均衡点变化可以看出,当 X 商品的价格上升时,消费者将减少该商品的购买量。如果 X 商品的价格下降,预算线将以 A 点为圆心逆时针方向移动到 AB_2,并与另一条表示效用更高的无差异曲线 U_2 相切于 E_2。E_2 即为 X 商品的价格下降后消费者行为的均衡点。从均衡点的变化可以看出,当商品价格下降时,消费者增加对该商品的购买。

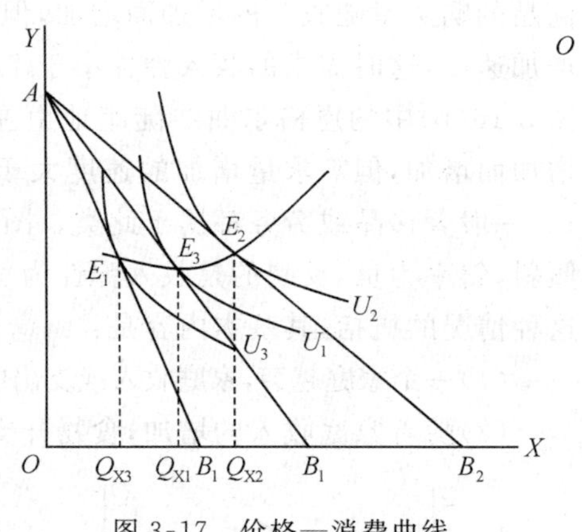

图3-17　价格—消费曲线

把价格变动导致的不同均衡点(即多条预算线分别与表示效用大小不同的多条无差异曲线相切的切点)连接起来,可以引出一条价格—消费线。它是在收入不变条件下价格变动时,消费者均衡点和最佳购买行为变动的轨迹。

【案例 3-2】

现金好还是实物好

小张结婚时收到父亲的一份礼物，是一张 20 万元的支票，但是规定只能在购买商品房时才能使用。小张对这一贵重礼物很高兴，但如果没有附加条件他是否会更高兴？

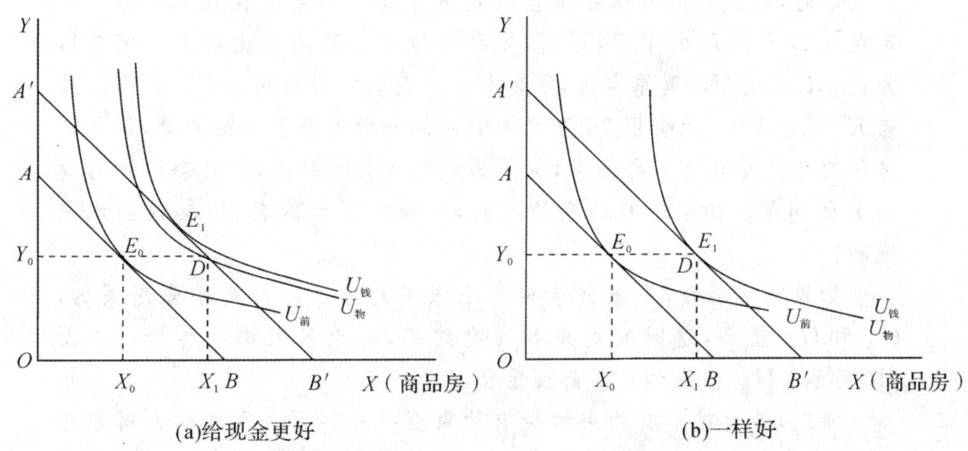

图 3-18　补贴现金好还是实物好（只允许购买一种实物时）

现实情况里面可能经常碰到此类问题，比如政府补贴下岗员工现金好还是等值的实物好？政府给低收入群体现金好还是消费券（规定消费券只能买特定商品）好？把学生奖学金充饭卡（或学费）好还是给现金好？过年给自己父母买东西好还是现金好？

我们以小张为例，借助学过的无差异曲线和预算线来回答这些问题。

如上图所示。横轴代表小张消费的商品房的数量，纵轴代表消费的其他任何一种商品的数量。小张父亲没有给他礼物之前：有一条无差异曲线 $U_{前}$ 和一条预算线 AB 相切于点 E_0，消费组合为点 $E_0(X_0, Y_0)$，该无差异曲线代表小张此时的效用水平。$U_{前}$ 为参照系。

第一种情况：规定只能买房子。如果小张用支票购买了房子，原有均衡被打破，小张的新的消费组合在点 $D(X_0+\Delta X, Y_0)$。因为 Y 数量没增加，点 D 的纵坐标和点 E_0 一样。点 D 的横坐标增加了 $\Delta X=$ 20 万/（房子的价格）。寻找一条新的无差异曲线穿过点 D，效用水平为$U_{物}$。很明显,与$U_{前}$相比,$U_{物}$离原点的距离更远,收到礼物后小张的效用水平提高了。

第二种情况:没有规定只能买房子。假如没有规定只能买房子,那么小张的收入水平增加。预算线AB向右平移,向右平移后一定会穿过点D(因为小张能够买得起该点对应的商品组合,点D一定在新的预算线上)。寻找一条新的无差异曲线$U_{钱}$和平移后的预算线相切(只有相切时,切点对应的商品组合的效用才最大),切点在点E_1(切点一定在点D和点F的中间,否则,要和其他无差异曲线比如$U_{物}$相交),为$U_{钱}$,$U_{钱}$比$U_{物}$离原点远,所以$U_{钱}$代表的效用水平比$U_{物}$更高。从点E_1可以看出,他会用20万元中的一部分增加房子的购买量,但购买房子的数量没有ΔX那么多,剩下的钱购买其他商品,同时会增加对商品Y的消费。如果没有约束的时候,小张有更大的自由,其效应水平更高!

如果非常巧合,小张父亲要求小张买的房子刚好是小张想买的,$U_{钱}$和$U_{物}$重合,这时有约束和没有约束,对小张来讲一样好。如图(b)所示。$U_{钱}$曲线和$U_{物}$曲线重合。

所以,答案就是有约束和没有约束至少一样好。问题的关键是小张父亲知道不知道、从而补贴的是不是被小张想要的!如果不知道,没有约束更好;如果知道,一样好。

另外,我们画不出补贴实物时的预算线。事实上,根本不需要画出补贴实物时的预算线,因为我们只能找到一点,即上图中的点D,其他的一无所知,找不到另外的任何一点,也不知道补贴实物时的预算线的斜率是多少。这时,只要画出通过该点的无差异曲线$U_{物}$即可。

上面分析的是小张只能买一种实物(只允许买房子)的情况。如果礼物中规定可以购买两种商品X和Y,则分析稍有不同。但结论一样。

如下图所示。原来的消费组合还是点$E_0(X_0,Y_0)$,效用水平$U_{前}$为参照系。

第一种情况:规定只能买商品,现在可以购买两种商品。如果小张用支票购买两种不同商品,原有均衡被打破,小张的新的消费组合在点$D(X_0+\Delta X,Y_0+\Delta Y)$。新增加的消费量$\Delta X$和$\Delta Y$满足:

$$P_X\times\Delta X+P_Y\times\Delta Y=200000$$

寻找一条新的无差异曲线穿过点D,效用水平为$U_{物}$。很明显,效用水平提高了。

第二种情况：没有规定只能买房子，那么小张的收入水平增加。预算线 AB 向右平移，向右平移后会穿过点 D。寻找一条新的无差异曲线 $U_{钱}$ 和平移后的预算线相切。$U_{钱}$ 比 $U_{物}$ 离原点远，$U_{钱}$ 代表的效用水平比 $U_{物}$ 更高。

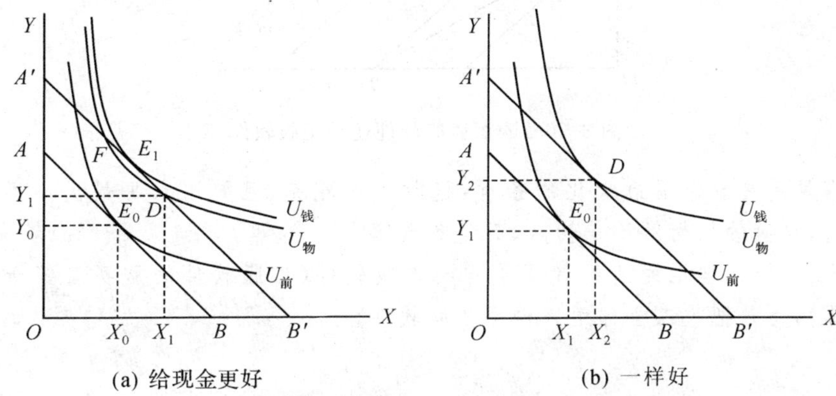

图 3-19　补贴现金好还是实物好（允许购买两种实物时）

如果非常巧合，小张父亲要求小张买的房子刚好是小张想买的两种商品及商品数量，$U_{钱}$ 和 $U_{物}$ 重合，这时一样好。如上图(b)所示。$U_{钱}$ 曲线和 $U_{物}$ 曲线重合。

【案例 3-3】

为什么百姓只买盗版软件不买正版软件

现实情况里面，由于我国知识产权保护不力、消费者收入低等原因，消费者不买正版软件，都买盗版软件。我们用学过的无差异曲线和预算线来分析这个现象。

假定消费者消费两种商品：正版软件和盗版软件，这两种商品是完全替代品，其无差异曲线为斜率为－1 的直线，如下图所示。横轴代表盗版软件的数量，纵轴代表正版软件的数量。无差异曲线有无数条，图中只画出了三条 U_1、U_2、U_3。由于盗版软件的价格更低，所以预算线的斜率为大于－1 的常数。直线 AB 为预算线。

因为预算线的斜率的绝对值小于完全替代品的无差异曲线的斜率的绝对值，所以均衡点在预算线的横截距点 B 处。只有在点 B 处，才

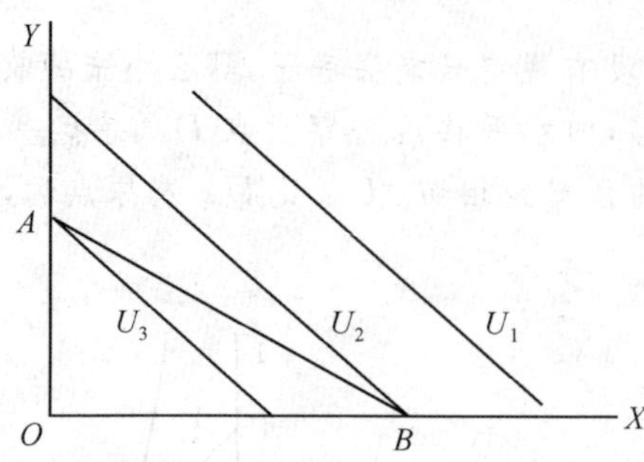

图 3-20　购买盗版软件还是正版软件

满足消费者效用最大化的条件:把收入全花完,且效用水平最大。不过,这时的均衡解不是切点,而是角点解。

所以,理性的消费者不会购买正版软件(正版软件的购买量等于零),而是把收入全部用来购买盗版软件。

第六节　替代效应与收入效应

从价格—消费曲线和需求曲线我们可以看到,一种商品价格的变化会引起该商品的需求量的变化。实际上,这种变化可以被分解为替代效应和收入效应两个部分。本节将分别讨论正常物品和低档物品的替代效应和收入效应,并以此进一步说明这两类物品的需求曲线的形状特征。

一、替代效应和收入效应的含义

当一种商品的价格发生变化时,会对消费者产生两方面影响:一方面是使消费者的实际收入水平发生变化。在这里,实际收入水平的变化被定义为效用水平的变化。这种由商品的价格变动所引起的实际收入水平变动,进而由实际收入水平变动所引起的商品需求量的变动,被称为收入效应。另一方面是使商品的相对价格发生变化。这种由一种商品的价格变动所引起的该种商品相对价格的变动,进而由商品的相对价格变动所引起的商品需求量的变动被称为替代效应。此外,收入效应和替代效应之和被称为总效应。

二、正常物品的替代效应和收入效应

以图 3-21 为例分析正常物品价格下降时的替代效应和收入效应。

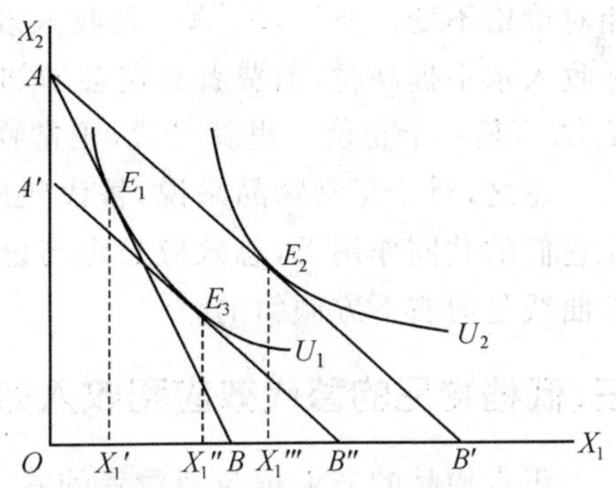

图 3-21　正常物品的替代效应和收入效应

图 3-21 中商品 1 是正常物品。在商品价格变化之前，消费者的预算线为 AB，该预算线与无差异曲线 U_1 相切于 E_1 点，E_1 点是消费者效用最大化的一个均衡点。在均衡点 E_1 上，相应的商品 1 的需求量为 OX_1'。商品 1 的价格 P_1 下降使预算线的位置由 AB 移至 AB'，对商品 1 的需求量从 OX_1' 上升到 OX_1'''，商品 1 的价格 P_1 下降所引起的总效应为 $X_1'X_1'''$。这个总效应可以被分解为替代效应和收入效应两个部分。

为了独立地考察相对价格变动带来的影响，也就是为了得到替代效应，必须剔除实际收入水平变化的影响。要做到这一点，我们需要假定消费者的实际收入水平没有变，也就是效用水平不变。在此，我们需要利用补偿预算线这一分析工具。补偿预算线是用来表示以假设的货币收入的增减来维持消费者的实际收入水平不变的一种分析工具。其具体做法是：作一条新的预算线，使之平行于预算线 AB'，并且与无差异曲线 U_1 相切，图 3-21 中 $A'B''$ 就是补偿预算线。补偿预算线 $A'B''$ 与无差异曲线 U_1 相切于均衡点 E_3，与原来的均衡点 E_1 相比，需求量的增加量为 $X_1'X_1''$，这个增加量就是在剔除了实际收入水平变化影响以后的替代效应。因为，替代效应归因于商品相对价格的变化，它不改变消费者的效用水平。在图 3-18 中，E_1 和 E_3 这两个均衡点都发生在同一条无差异曲线 U_1 上，即这两点的效用水平不变，而过这两点的预算线分别为 AB 和 $A'B''$，它们各自以其斜率表示不同的相对价格，所以，E_1 和 E_3 点上需求量的增加量 $X_1'X_1''$ 是替代效应。很显然，商品价格下降所引起的需求量的增加量 $X_1'X_1''$ 是一个正值。也就是说，正常物品的替代效应与价格成反方向的变动。

收入效应是总效应的另一个组成部分。为了得到收入效应，把补偿预算线 $A'B''$ 向外平移到 AB' 的位置，于是，消费者的效用最大化的均衡点就会由无差异曲线 U_1 上的 E_3 点回复到无差异曲线 U_2 上的 E_2 点，相应的需求量的变化量 $X_1''X_1'''$ 就是收入效应。这是因为，收入效应归因于商品 1 的价格变化所引起的实际收入水平的变化，它改变消费者的效用水平，但不考虑相对价格的变化。从图中可见，均衡点 E_2 和 E_3 发生在不同的无差异曲线上，这表示效用水平即实际收入水平发生变化，而过这两点的预算线 $A'B''$ 和 AB' 的斜率是相同的，这表示相对价格不变。所以，$X_1''X_1'''$ 是收入效应。事实上，当 P_1 下降使得消费者的实际收入水平提高时，消费者必定会增加对正常物品商品 1 的购买，所以收入效应 $X_1''X_1'''$ 是一个正值。也就是说，正常物品的收入效应与价格成反方向的变动。

总之，对于正常物品来说，替代效应和收入效应都与价格成反方向的变动，在它们的共同作用下，总效应必定与价格成反方向的变动。所以，正常物品的需求曲线是向右下方倾斜的。

三、低档物品的替代效应和收入效应

正常物品的需求量与消费者的收入水平成同方向的变动，而低档物品的需求量与消费者的收入水平成反方向的变动。因此，当某正常物品的价格下降(或上升)导致消费者实际收入水平提高(或下降)时，消费者会增加(或减少)对该正常物品的需求量；而当某低档物品的价格下降(或上升)导致消费者的实际收入水平提高(或下降)时，消费者会增加(或减少)对该低档物品的需求量。而对于正常品还是低档品来说，它们的替代效应与价格都是成反方向的变动的。

图 3-22 说明了低档物品价格下降时的替代效应和收入效应。

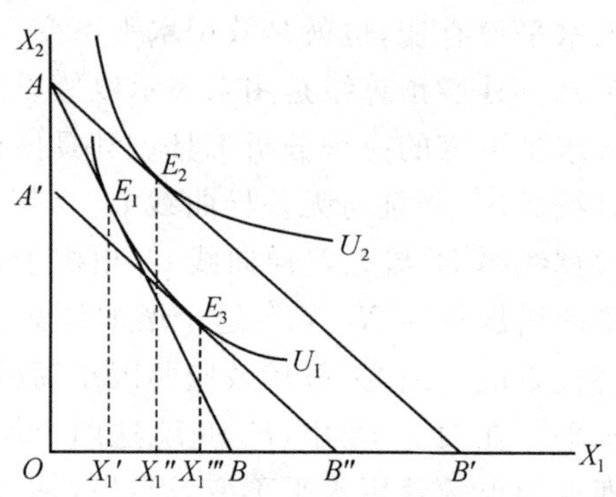

图 3-22 低档物品的替代效应和收入效应

在图 3-22 中，商品 1 是低档商品。商品 1 的价格 P_1 变化前的消费者的效用最大化的均衡点为 E_1 点，P_1 下降以后的消费者的均衡点为 E_2 点，由此，价格下降所引起的商品 1 的需求量的增加量 $X_1'X_1''$ 为总效应。运用与上面分析正常物品替代效应和收入效应相同的方法，即通过作与预算线 AB' 平行且与无差异曲线 U_1 相切的补偿预算线 $A'B$，便可将总效应分解成替代效应和收入效应。具体地看，P_1 下降引起的商品相对价格的变化，使消费者由均衡点 E_1 沿着同一条无差异曲线 U_1 运动到均衡点 E_3，相应的需求增加量为 $X_1'X_1'''$，这就是替代效应，它是一个正值。而 P_1 下降引起的消费者的实际收入水平的变动，使消费者由均衡点 E_3 运动到均衡点 E_2，需求量由 X_1''' 减少到 X_1''，这就是收入效应。收入效应 $X_1''X_1'''$ 是一个负值。

图 3-22 中的商品 1 的价格 P_1 下降所引起的商品 1 的需求量的变化的总效

应为 $X_1{}'X_1{}''$，它是正的替代效应 $X_1{}'X_1{}'''$ 和负的收入效应 $X_1{}''X_1{}'''$ 之和。由于替代效应 $X_1{}'X_1{}'''$ 的绝对值大于收入效应 $X_1{}''X_1{}'''$ 的绝对值，或者说，由于替代效应的作用大于收入效应，所以，总效应 $X_1{}'X_1{}''$ 是一个正值。

总之，对于低档物品来说，替代效应与价格成反方向的变动，收入效应与价格成同方向的变动，而且，在大多数情况下，替代效应的作用大于收入效应的作用，所以，总效应与价格成反方向的变动。这便意味着，相应的需求曲线是向右下方倾斜的。

四、吉芬物品的替代效应和收入效应

吉芬物品是低档物品的一种特例，这类物品的需求量与价格成同方向变动。吉芬物品是以爱尔兰经济学家吉芬的名字来命名的。吉芬发现，1845 年爱尔兰发生灾荒，土豆价格上升，但是土豆需求量反而增加了。这一现象在当时被称为"吉芬难题"。

作为低档物品，吉芬物品的替代效应与价格成反方向的变动，收入效应则与价格成同方向的变动。但是，吉芬物品的特殊性就在于：它的收入效应的作用很大，并且超过了替代效应的作用，从而使得总效应与价格成同方向的变动。这也就是吉芬物品的需求曲线呈现出向右上方倾斜的特殊形状的原因。下面用图 3-23 来分析。

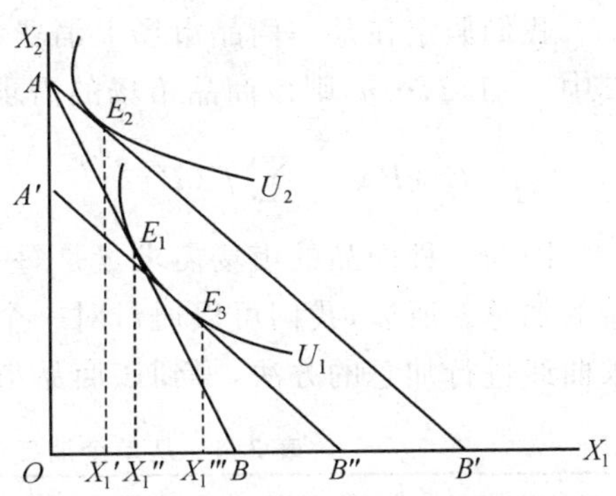

图 3-23 吉芬商品的替代效应和收入效应

图 3-23 中商品 1 表示的是吉芬物品。商品 1 的价格 P_1 下降前后消费者效用最大化的均衡点分别为 E_1 点和 E_2 点，相应的商品 1 的需求量的减少量为 $X_1{}'X_1{}''$，这就是总效应。通过补偿预算线 $A'B''$ 可得 $X_1{}''X_1{}'''$ 为替代效用，它是一个正值。$X_1{}'X_1{}'''$ 是收入效应，它是一个负值。而且，负的收入效应 $X_1{}'X_1{}'''$ 的绝对值大于正的替代效应 $X_1{}''X_1{}'''$ 的绝对值，所以，最后形成的总效应 $X_1{}'X_1{}''$ 为负值。在图中，E_1 点必定落在 E_2、E_3 两点之间。

在 19 世纪中叶的爱尔兰，购买土豆的消费支出在大多数的贫困家庭的收入中占一个较大的比例，于是，土豆价格的上升导致贫困家庭实际收入水平大幅度下降。在这种情况下，变得更穷的人们不得不大量地增加对劣等物品土豆的购买，这样形成的收入效应是很大的，它超过了替代效应，造成了土豆的需求量随着土豆价格的上升而增加的特殊现象。从此可见,吉芬物品必须具备两个条件:第一,它是低档物品;第二,它必须在消费者总开支中占很大的比重,才能使得收入效应大于替代效应。

第七节 从单个消费者需求曲线到市场需求曲线

我们已经分别从基数效用论和序数效用论推导了单个消费者对某种商品的需求曲线。本节将在此基础上进一步推导市场的需求曲线。一种商品的市场需求是指在一定时期内在各种不同的价格下市场中所有消费者对某种商品的需求数量。因而,一种商品的市场需求不仅受到市场中每一个消费者的需求函数的影响,还受该市场中所有消费者的数目的影响。

我们假定在某一商品市场上消费者的数量为 n,个人需求函数 $Q_i^d=f_i(P)$,其中 $i=1,2,\cdots n$,则该商品市场的需求函数为:

$$Q^d(P)=\sum_{i=1}^{n}f_i(P) \tag{3.12}$$

因为一种商品的市场需求量是每一个价格水平上的该商品的所有个人需求量的加总。所以,我们可以通过对一个商品市场中的每个消费者的需求表或需求曲线进行加总的方法,得到该商品市场的需求表或需求曲线。

表 3-4 从单个消费者的需求表到市场需求表

商品价格(1)	消费者 A 的需求量(2)	消费者 B 的需求量(3)	市场的需求量(4)
0	16	20	36
1	12	15	27
2	8	10	18
3	4	5	9
4	0	0	0

假设某商品市场上只有 A、B 两个消费者,他们各自在每一个价格水平的需求量分别如表 3-4 中第(2)、(3)栏所示。通过把每一个价格水平上的 A、B 两个消费者的需求量进行加总,将得到每一个价格水平上的市场需求量,即表 3-4 中第(4)栏所示。

图 3-24 是根据表 3-4 绘制的需求曲线。通过对 A、B 两个消费者的需求曲线进行水平加总,将得到市场需求曲线。在每一个价格水平上,都有市场需求量

$Q^d = Q^d_A + Q^d_B$。

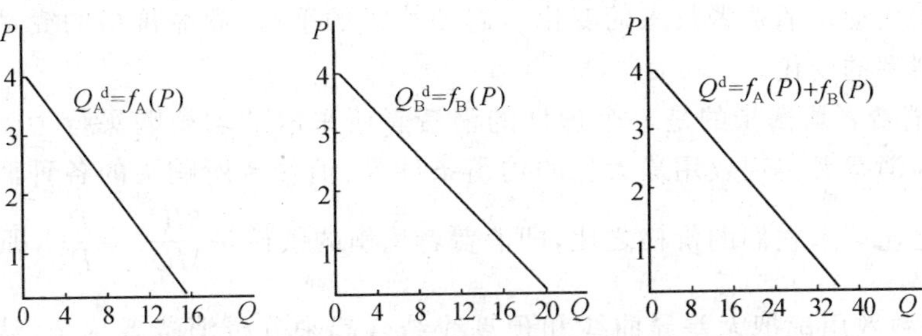

图 3-24　从单个消费者的需求曲线到市场需求曲线

由于市场需求曲线是单个消费者的需求曲线的水平加总，所以，如同单个消费者的需求曲线一样，市场需求曲线一般也是向右下方倾斜的。市场需求曲线表示某商品市场在一定时期内在各种不同的价格水平下所有消费者愿意而且能够购买的该商品的数量。而且，市场需求曲线上的每个点都表示在相应的价格水平下可以给全体消费者带来最大的效用水平或满足程度的市场需求量。

【本章小结】

1. 效用是消费者消费某种物品时感到的满足程度，研究效用的理论可分为基数效用论和序数效用论。基数效用论认为效用是可以计量并加总求和的；序数效用论认为效用无法计量，只能用序数表示满足程度的高低或顺序。

2. 基数效用理论提出了边际效用的分析方法。边际效用是指消费者增加消费一单位某种商品所带来的满足程度的增加。一般来说，在其他商品的消费保持不变的情况下，随着消费者对某种商品消费量的增加，其边际效用将最终趋向下降，这就是边际效用递减规律。

3. 消费者剩余是指消费者为一定量某种商品愿意支付的价格和实际支付的价格之间的差额。

4. 序数效用论提出了无差异曲线的分析方法。所谓无差异曲线是表示能给消费者带来同等满足程度的两种商品的不同数量组合的点的轨迹。其分析的基础是消费者偏好。无差异曲线上，为了维持原有的满足程度不变，消费者为增加一单位商品 X 而必须放弃的商品 Y 的数量，被称为边际替代率。边际替代率具有递减的规律，即无差异曲线是凸向原点的。

5. 消费者的预算约束是指在各种商品价格既定的情况下，消费者现有的货币收入能够购买的各种商品的组合。预算线又被称为消费可能线，是消费者用掉其全部收入所能买到的商品组合。预算线是一条负斜率直线，其斜率为 X、Y

商品相对价格的相反数。当消费者的收入或商品的价格变动时,消费者的预算线会发生变动。消费者收入的变化引起预算线的平移,商品价格的变动会引起预算线斜率的变化。

6. 消费者均衡指的是一个理性的消费者所采取的均衡购买行为。基数效用论认为消费者实现效用最大化的均衡条件是:消费者所购买的各种商品的边际效用之比等于它们的价格之比,即消费者均衡的条件是$\frac{MU_X}{MU_Y}=\frac{P_X}{P_Y}$,即$\frac{MU_X}{P_X}=\frac{MU_Y}{P_Y}$;序数效用论把无差异曲线和预算线结合起来分析消费者均衡,认为在无差异曲线和预算线的切点处消费者实现了均衡,即$MRS_{XY}=\frac{MU_X}{MU_Y}$。

7. 考察货币收入变化时消费者均衡点变动的轨迹,可推导出消费者的收入—消费曲线以及恩格尔曲线。恩格尔定律指的是:一个家庭越贫困,家庭支出中用于购买食物的支出比例就越大,随着家庭收入的上升,食物开支所占的比重会越来越小。考察价格变动时消费者均衡点变动的轨迹,可推导出消费者价格—消费曲线和个人需求曲线。

8. 一种商品的价格变化会引起该商品的需求量变化被称为价格效应,价格效应可分解为替代效应和收入效应。替代效应是指消费者保持效用水平不变的假定下价格对需求的影响,收入效应是指消费者保持货币收入实际购买力不变的假定下价格对需求的影响。

9. 正常物品的替代效应和收入效应与价格成反方向的变动。低档商品的替代效应与价格成反方向的变动,收入效应与价格成同方向的变动。吉芬物品的替代效应与价格成反方向的变动,收入效应则与价格成同方向的变动,且收入效应的作用超过替代效应的作用,总效应与价格成同方向的变动。

10. 市场需求曲线是单个消费者的需求曲线的水平加总。

【复习与思考】

1. 解释下列概念:效用、基数效用论、序数效用论、边际效用、消费者偏好、无差异曲线、边际替代率、预算线、消费者均衡、收入—消费曲线、恩格尔曲线、消费—价格曲线、替代效应、收入效应、正常商品、低档商品、吉芬商品、个人需求曲线、市场需求曲线。

2. 需求量与价格反方向变动的原因是什么?

3. 用图形解释无差异曲线的特点。

4. 消费者均衡的条件是什么?

5. 试比较基数效用论和序数效用论的异同。

6. 假定某消费者只消费 X、Y 两种商品，试用文字和图形说明：当他面临的情况为$\frac{MU_X}{P_X}>\frac{MU_Y}{P_Y}$时，如果总支出水平和两种商品的价格保持不变，则他应当多买些 X 而少买些 Y 才能使总效用增加。

7. 若需求函数为 $Q=a-bP$，a、$b>0$，求：

(1)当价格为 P_1时消费者剩余是多少？

(2)当价格由 P_1变到 P_2 时消费者剩余变化了多少？

8. 用无差异曲线和预算线，解释为什么中国的小地主不下地干活、而资本主义的大农场的农场主要下地干活？

第四章

生产理论

第三章介绍消费者行为理论，其中心内容是推导出向右下方倾斜的市场需求曲线。从本章开始介绍生产者行为理论，又称厂商理论。生产者行为理论分为两部分：生产理论和成本理论。生产理论，又称产量理论，用来说明生产要素的投入数量和产出数量之间的关系；成本理论用来说明产量和用货币计量的投入之间的关系。综合第四章（生产理论）、第五章（成本理论）和第六章（完全竞争市场理论），我们可以推导出向右上方倾斜的市场供给曲线。

第一节 厂 商

一、厂商及其组织形式

厂商又叫企业或者生产者，是指为了获得经济利润购买生产要素并生产和销售物品或劳务的组织。作为生产经营性组织的厂商，主要可以采取三种形式：业主制企业、合伙制企业和公司制企业。

（一）业主制

业主制即个体业主制，是由个人所有并负责经营管理的企业，盈亏都由自己负责，一般规模较小，但数量极多。

（二）合伙制

合伙制是两个或两个以上的人合伙组成的企业，收益由合伙人分享，责任和风险由他们分担，一般来说，其规模也较小。

（三）公司制

公司制是一种现代企业组织形式，具有法人资格。法人是相对于自然人而言的，是具有独立财产并能独立承担民事责任的组织机构。

二、厂商的目标

厂商为什么要购买生产要素组织生产呢？厂商进行生产和交易的目的是什么？如同消费者行为理论中假定消费者是以效用最大化为目标一样，传统的厂商理论假定厂商是以利润最大化为目标的。这一假定是微观经济学的理性人假定在厂商理论中的具体化。

在现实生活中，很多公司的所有者声称，利润并非他们追求的唯一目标。比如增加就业、创造税收、捐资建设希望小学等等。但是，只要看到这些目标不过是企业追求长期利润的手段，那么利润最大化仍然可以看作是符合现实的假定。

第二节　生产函数

一、生产函数

所谓生产就是将投入变成产出的过程。在西方经济学中，生产要素一般被划分为劳动、资本、土地和企业家才能这四种类型。劳动是指人类在生产过程中体力和智力的总和。土地不仅仅指一般意义上的土地，还包括地上和地下的一切自然资源，如江河湖泊森林海洋矿藏等等。资本可以表示为实物形态和货币型态，实物形态又被称为投资品或资本品，如厂房，机器，动力燃料，原材料等等；资本的货币型态通常称之为货币资本。企业家才能通常指企业家组建和经营管理企业的才能。

生产过程中生产要素的投入量和产品的产出量之间的关系，可以用生产函数来表示。生产函数表示一个厂商一定时期内生产要素的投入量和所能取得的最大产量之间的关系。生产函数为：

$$Q = f(L, K, N, E) \tag{4.1}$$

式中 Q 表示产量，L 表示劳动，K 表示资本，N 表示土地，E 表示企业家才能。

一般情况下,我们都假定土地和企业家才能不变,只考虑两个变量,则生产函数变为:

$$Q = f(L, K) \tag{4.2}$$

比如最初由美国数学家柯布(*C. W. Cobb*)和经济学家保罗·道格拉斯(*Paul H. Douglas*)创造的生产函数:柯布—道格拉斯生产函数。其形式如下:

$$Y = A_t L^{\alpha} K^{\beta} \tag{4.3}$$

式中 Y 是工业总产值,A_t 是综合技术水平,L 是投入的劳动力数(单位是万人),K 是投入的资本,一般指固定资产净值(单位是亿元),α 是劳动力产出的弹性系数,β 是资本产出的弹性系数。

二、短期与长期

分析厂商的生产,还要区分短期与长期。在“短期”,随着产量变化,部分投入(劳动力、原材料、燃料和辅助材料等)的数量在变化,部分投入(如厂房、机器、设备、高级管理人才等)的数量不变。而在“长期”,没有固定不变的投入,投入的数量都是可变的。短期和长期的区别就是短期一定有不变的生产要素,而在长期没有。

“短期”和“长期”的区分是相对的。在有些生产部门中,如钢铁工业、机器制造业等部门中,所需资本设备数量多,技术要求高,变动生产规模不容易,则几年也许算是“短期”;反之,有些行业如普通服务业,食品加工业,所需资本设备数量少,技术要求低些,变动生产规模比较容易,也许几个月就可能算是“长期”。

第三节　短期生产函数

在公式(4.2)中,假设生产技术、资本的数量都不变,只有劳动随产量变化。生产函数可表示为 $Q = f(L, \overline{K}) = f(L)$,这就是只有一种可变投入的生产函数,通常又被称为短期生产函数。

一、总产量、平均产量和边际产量

(一)总产量、平均产量和边际产量的含义

总产量(简称 TP)是指投入一定量的生产要素后,所能生产出来的全部产量,公式为:

$$TP = f(L) \tag{4.4}$$

平均产量（简称 AP ）是分摊到每一单位生产要素上面的产量，公式为：

$$AP = \frac{TP}{L} \tag{4.5}$$

边际产量（简称 MP ）是每增加 1 单位某种生产要素增加的总产量，公式为：

$$MP = \frac{\Delta TP}{\Delta L} \tag{4.6}$$

如果生产要素 L 无限可分，这一公式则进一步表示为：

$$MPL = \lim_{\Delta L \to 0} \frac{\Delta TP}{\Delta L} = \frac{\mathrm{d}TP}{\mathrm{d}L} \tag{4.7}$$

(二)总产量 TP 、平均产量 AP 、边际产量 MP 的图表和曲线

假设有一亩土地，生产技术、投入该块土地上的资本数量都不变，只有劳动的投入量变化，观察该块土地产出的变化。如表 4-1 所示。可以看出：随着劳动投入数量的不断增加，TP 、AP 、MP 先增加、达到最大值后分别开始下降，MP 比 AP 先达到最大值。

以劳动数量为横坐标，以产量为纵坐标，将表 4-1 的数据画在平面直角坐标系中，就得到三条曲线：总产量曲线、平均产量曲线和边际产量曲线。如图 4-1 所示。

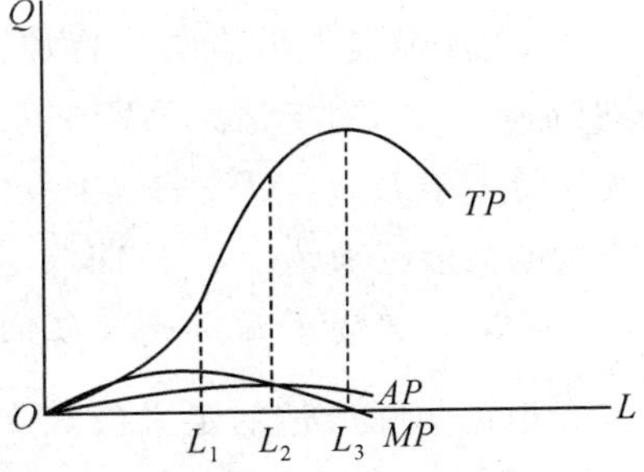

图 4-1　劳动的总产量、平均产量和边际产量

表 4-1　一亩土地上的总产量、平均产量和边际产量

L	TP	AP	MP
0	0	0	0
1	5	5	5
2	20	10	15
3	36	12	16
4	48	12	12
5	55	11	7
6	60	10	5
7	60	8.6	0
8	56	7	−4

二、总产量、平均产量和边际产量之间的关系

(一)总产量和平均产量之间的关系

根据平均产量的定义公式 $AP=TP/L$ 可以得出，TP 曲线上任何一点与坐标原点的连线的斜率，就是该劳动力投入水平上的 AP 的值。通过 TP 曲线可以得到 AP 曲线。

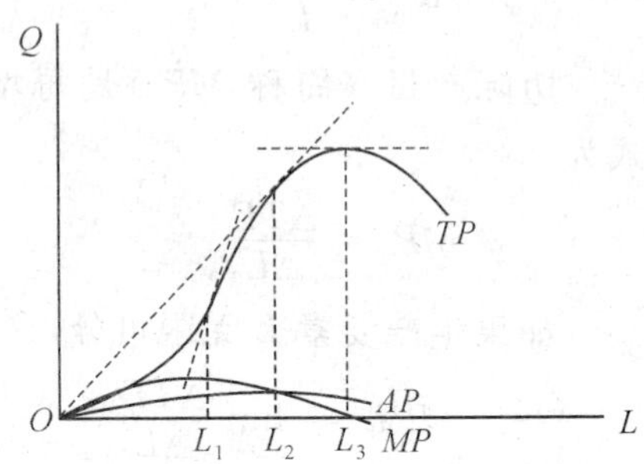

图 4-2 总产量、平均产量和边际产量之间的关系

如图 4-2 所示，从原点开始，劳动的投入数量越来越多，TP 曲线上任何一点与坐标原点的连线的斜率越来越大，平均产量越来越大，AP 曲线上升；当劳动的投入数量等于 L_2 时，TP 曲线上的点与坐标原点的连线与 TP 曲线相切，斜率最大，AP 的数值达到最大，AP 曲线达到最高点；当劳动的投入数量大于 L_2 时，TP 曲线上任何一点与坐标原点的连线的斜率越来越小，平均产量的数值越来越小，AP 曲线下降，无限接近于横轴，但不会与横轴相交。

(二)总产量和边际产量之间的关系

根据边际产量的定义公式 $MP=\dfrac{\Delta TP}{\Delta L}=\dfrac{dTP}{dL}$ 可以得出，TP 曲线上任何一点的切线的斜率就是该劳动力投入水平上的 MP 的值。通过 TP 曲线可以得到 MP 曲线。

如图 4-2 所示，从原点开始，劳动的投入数量越来越多，TP 曲线上任何一点的切线的斜率越来越大，边际产量越来越大，MP 曲线上升；当劳动的投入数量等于 L_1 时，对应的总产量曲线上的点是 TP 曲线的拐点，通过该点的 TP 曲线的切线的斜率最大，边际产量最大，MP 曲线达到最高点；当劳动的投入数量大于 L_1 时，TP 曲线上任何一点的切线的斜率越来越小，边际产量曲线下降；当劳动的投入数量等于 L_3 时，总产量达到最大，TP 曲线上该点的切线的斜率等于零，边际产量等于零；当劳动的投入数量大于 L_3 时，总产量越来越小，TP 曲线上任何一点的切线的斜率小于零，边际产量小于零。

(三)边际产量和平均产量之间的关系

如图 4-2 所示，从原点开始，劳动的投入数量越来越多，在任一劳动投入水平上，对应的总产量曲线上的点的切线的斜率大于与原点的连线的斜率，边际产量大于平均产量，边际产量曲线在平均产量曲线的上方；当劳动的投入数量等于

L_2 时,对应的总产量曲线上该点切线的斜率等于该点与原点的连线的斜率,边际产量等于平均产量,此时平均产量最大,边际产量曲线和平均产量曲线相交于平均产量曲线的最高点,即边际产量曲线向下穿过平均产量曲线的最高点;当劳动的投入数量大于 L_2 时,对应的总产量曲线上点的切线的斜率小于该点与原点的连线的斜率,边际产量小于平均产量,边际产量曲线在平均产量曲线的下方。

而且,MP 曲线的变动都快于 AP 曲线的变动。

三、边际报酬递减规律

边际报酬递减规律又称边际产量递减规律,是指在生产技术、其他投入不变的情况下,如果连续增加一种生产要素的投入量,增加到一定程度后,多投入一单位该生产要素时,边际产量下降。在理解要素边际报酬递减规律时要注意:

第一,技术水平不变和其他要素投入量不变。该规律对于所有投入要素同时变化的情况并不适用。

第二,随着可变要素投入量的增加,边际产量要经过先递增后递减的过程。

第三,要素边际报酬递减规律是生产实践经验的总结,它指出了生产过程中的一条普遍规律,对于现实生活中绝大多数生产函数都是适用的。

四、生产阶段的划分

在要素边际报酬递减的情况下,理性的厂商应该选择哪个投入水平进行生产呢?我们把产量的变化分为三个区域:Ⅰ、Ⅱ、Ⅲ,见图 4-3:

第 Ⅰ 区间:$MP > AP$,平均产量递增,平均产量曲线上升阶段。随着 L 投入数量的不断增加,$MP > AP$,总产量还有比较大的增长潜力。

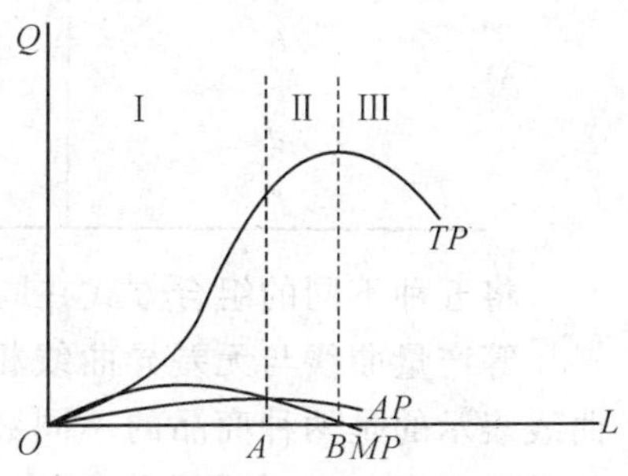

图 4-3 产量变化的三个阶段

第 Ⅱ 区间:$AP >= MP >= 0$,平均产量递减,平均产量曲线处于下降阶段。随着 L 投入数量的继续增加,AP 已下降;MP 越来越小,但仍大于或者等于零,TP 仍递增。在这一阶段,只要有投入,总产量就会增加。这是理性厂商的生产区域。

第 Ⅲ 区间:$MP < 0$,负边际产量阶段。随着 L 的不断增加,带来 $MP < 0$,TP 递减。理性的选择是减少劳动的投入。

厂商投入一种生产要素的合理区间应该在第 Ⅱ 区间。在图 4-3 中,劳动的投入量应该介于点A和点B中间。不一定是点B对应的横坐标,还要同时考虑成本函数。因为厂商的目标是利润最大化,不是产量最大化。

第四节　长期生产函数

在长期中,一切生产要素的投入数量均可变。为简化起见,假定只使用两个可变要素生产一种产品的情况。为分析长期生产函数,需要使用等产量曲线和等成本线等分析工具。

一、等产量线

(一)等产量线的涵义

等产量曲线是在技术水平不变的条件下生产相同产量的两种生产要素的不同投入组合的轨迹。

现假定有两种生产要素L、K,两者有不同的组合方式,所得到的产量是相等的。如表4-2所示。a、b、c、d、e五种组合生产相同的产出。

表4-2　生产要素的各种组合

组合	L	K
a	1	6
b	2	3
c	3	2
d	4	1.5
e	6	1

将五种不同的组合方式在同一图中表示出来,就是图4-4的等产量曲线。

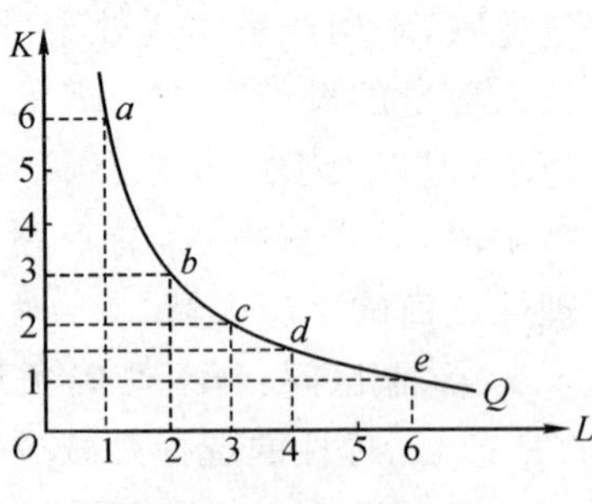

图4-4　等产量曲线

等产量曲线与无差异曲线相类似。无差异曲线表示的是两种商品的不同数量组合所带来的满足程度一样,刻画"需求"定义中的"原意不愿意"(如果消费者"很愿意"——原意消费非常多的该类商品,则无差异曲线离原点比较远;反之,则离原点近),无差异曲线是消费者行为理论用到的一个工具;等产量曲线是两种生产要素的不同投入组合所生产的产量一样,刻画"供给”定义中的“原意不愿意”(如果生产者“很愿意”,梦想全世界的该类产品都由其生产,等产量曲线离原点比较远,反之,则离原点近)。

(二)等产量曲线的特征

1. 等产量曲线的斜率为负。这表示技术、其他生产要素的投入数量不变的情况下,生产者如要使用更多的劳动(L),他就必须相应地减少资本(K)的投入量。

2. 离原点越远的等产量曲线表示的产量水平越高,离原点越近的等产量曲线表示的产量水平越低。

如图 4-5 示,水平方向画一条虚线,和三条等产量曲线分别相交于点 A、B 和 C。三点的纵坐标相等,横坐标 $L_1 < L_2 < L_3$。所以,如果按照 A、B、C 三种组合进行生产,产量水平 $Q_3 > Q_2 > Q_1$。同样,如果垂直画一条虚线,也可以得到相同结论。

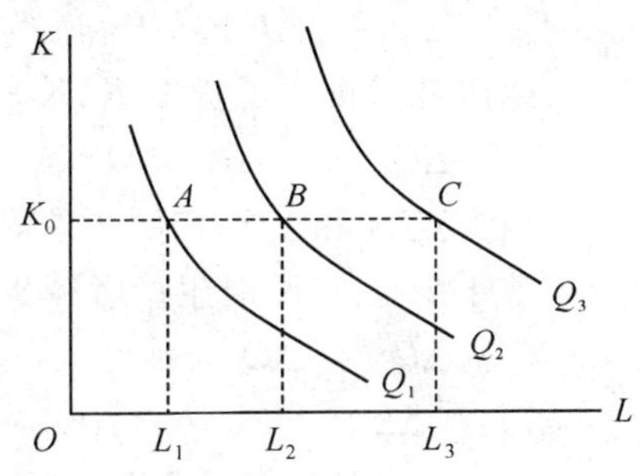

图 4-5 等产量曲线

3. 同一平面上有无数条不同的等产量曲线,任何两条等产量曲线不能相交。

4. 等产量曲线凸向原点。这是由等产量曲线的边际技术替代率递减规律决定的。下面,我们将详细论述这一规律。

二、边际技术替代率递减规律

(一)边际技术替代率

边际技术替代率(*Marginal Rate of Technical Substitution*,简称 *MRTS*)是指在保持产量不变的情况下,增加 1 单位某种生产要素需要减少的另一种生产要素的数量。如在表 4-2 中,在产量不变情况下,增加 L,需要减少 K,以 L 代替 K 的边际技术替代率为:

$$MRTS_{LK} = -\frac{\Delta K}{\Delta L} \tag{4.6}$$

如果 L 可以无限可分,该公式可进一步表示为:

$$MRTSLK = \lim_{\Delta L \to 0} -\frac{\Delta K}{\Delta L} = -\frac{\mathrm{d}K}{\mathrm{d}L} \tag{4.7}$$

即边际技术替代率又可以定义为等产量曲线斜率的绝对值。

另外,边际技术替代率还可以表示为两生产要素的边际产量之比。

$$MRTS_{LK} = \frac{MP_L}{MP_K} \tag{4.8}$$

这是因为,在图 4-6 中,生产者生产某种商品投入两种生产要素 L 和 K,产量不变。从点 A 到点 B,生产者多投入了劳动,少投入资本。劳动增加 ΔL,资本减少 ΔK:

$$\Delta L = L_B - L_A \quad \Delta L > 0$$

$$\Delta K = K_B - K_A \quad \Delta K < 0$$

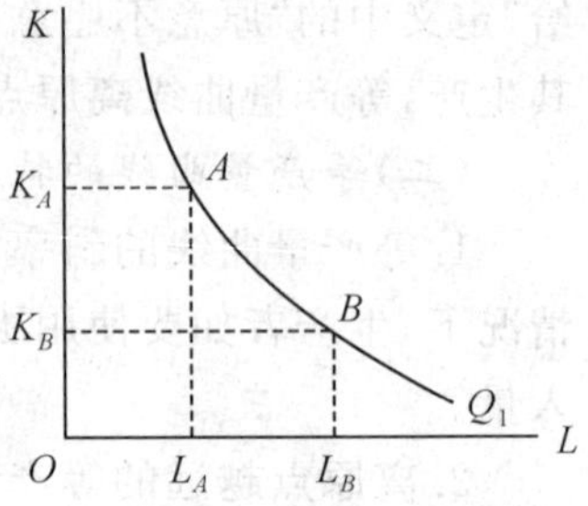

图 4-6 等产量曲线

生产者多投入了劳动 L,L 的增加为生产者增加的产量是:

$$\Delta Q_L = \Delta L \times MP_L$$

生产者少投入了资本 K,K 的减少为生产者减少的产量是:

$$\Delta Q_K = -\Delta K \times MP_K$$

因为点 A 和点 B 在同一条等产量曲线上,则多投入 L 时生产者增加的产量应该等于少投入 K 时生产者减少的产量,即:

$$\Delta Q_L = \Delta Q_K$$

即: $\Delta L \times MP_L = -\Delta K \times MP_K$

$$-\Delta K / \Delta L = MP_L / MP_K$$

移项得: $-\dfrac{\Delta K}{\Delta L} = \dfrac{MP_L}{MP_K}$

所以: $$MRTS_{LK} = -\frac{\Delta K}{\Delta L} = \frac{MP_L}{MP_K} \tag{4.9}$$

(二)边际技术替代率递减规律

边际技术替代率递减规律是指在产量不变的情况下,当一种生产要素的投入量不断增加时,每一单位的这种生产要素所能替代的另一种生产要素的数量是递减的,边际技术替代率越来越小。

如前所述,边际技术替代率等于等产量曲线斜率的绝对值。生产者使用更多的劳动 L 和更少的资本 K(在等产量曲线上表现为,等产量曲线上的点沿着等产量曲线向右下方移动),在这个过程中,等产量曲线的斜率的绝对值越来越小。

从边际技术替代率的公式 4.6 也可以推导出边际技术替代率递减规律。在表 4-2 基础上可以得到表 4-3,当投入更多的 L、更少的 K 时,$MRTS_{LK}$ 越来越小。

表 4-3 边际技术替代率递减规律

变动情况	ΔL	ΔK	$MRTS_{LK}$
$a \to b$	+1	−3	3
$b \to c$	+1	−1	1
$c \to d$	+1	−0.5	0.5
$d \to e$	+2	−0.5	0.25

三、等成本线

供给的定义是生产者愿意并且能够提供的产品的数量。生产者“愿意不愿意”用等产量曲线刻画(如果生产者“很愿意”,梦想全世界的该类产品都由其生产,等产量曲线离原点比较远,反之,则离原点近),而生产者“能够不能够”要用等成本线来刻画,生产者能否提供产品就要看生产者是否有足够的钱购买生产要素组织生产。

(一)等成本线的定义

等成本线表示在既定的成本和生产要素价格的条件下,生产者可以购买到的的两种生产要素的各种不同数量组合的轨迹。

现假定成本 $C = 60$,劳动的价格 $P_L = 20$,资本的价格 $P_K = 10$ 。则用这一成本全部购买劳动,能购买的劳动量 $L = 3$;用这一成本全部购买资本,能购买的资本量 $K = 6$;如果购买 1.5 单位的劳动,则剩余的资金能购买的资本数量 $K = 3$,等等。以资本为纵坐标,以劳动为横坐标,将这些点画在平面直角坐标系中,并连接起来,有直线 AB ,这就是等成本线,如图 4-7 所示。

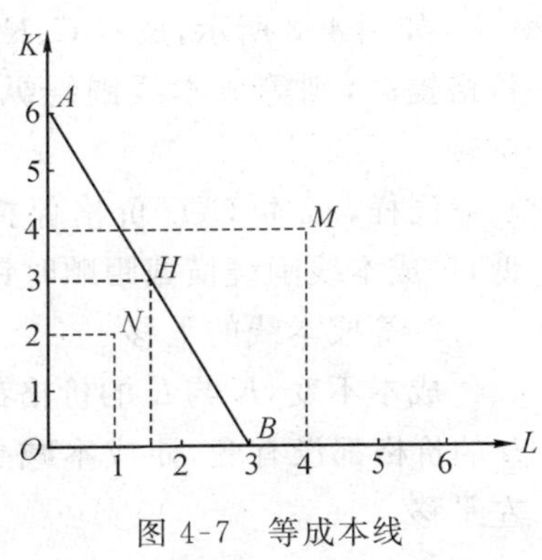

图 4-7 等成本线

等成本线的公式为:

$$P_L \times L + P_K \times K = C \tag{4.10}$$

具体到这个例子,就是:$20 \times L + 10 \times K = 60$。点 $A(0,6)$ 是等成本线的纵截距,点 $B(3,0)$ 是等成本线的横截距。

将公式 4.10 移项,可以得到:

$$K = C/P_K - (P_L/P_K) \times L \tag{4.11}$$

可以达到:等成本线的 斜率 $= - P_L/P_K$,为劳动的价格与资本的价格之比的相反数,与成本无关。

等成本线的纵截距$= C/P_K$,与资本的价格有关,与劳动的价格无关。

等成本线的横截距$= C/P_L$,与劳动的价格有关,与资本的价格无关。

(二)等成本线与第一象限的点

在图 4-7 中,点 $H(1.5,3)$ 也在该等成本线上面。在等成本线 AB 内有一点 $N(1,2)$,生产者购买该组合对应的两种生产要素,需要支付成本 $= 20\times 1 + 10\times 2 = 40 < 60$,没有把 60 的成本全部花完,所以该点位于等成本线的下方;在等成本线外一点 $M(4,4)$,生产者购买该组合对应的两种生产要素,需要支付成本 $= 20\times 4 + 10\times 4 = 120 > 60$,生产者买不起该组合,所以该点位于等成本线的上方。

实际上,等成本线把第一象限所有的点分为三类:第一类是三角形 ABO 内的所有的点,不包括 AB 边上的点,为可以实现的成本空间,但并没有把成本花完;第二类是等成本线上的所有的点,能支付的起,而且把成本全花完;第三类是等成本线以外的所有的点,为不可实现的成本空间,代表厂商买不起的生产要素的组合。

(三)等成本线的变动

1. 等成本线的旋转

如图 4-8 所示,成本 C、K 价格保持不变,L 价格提高,则等成本线围绕纵截距顺时针方向旋转。

同样,成本 C、L 价格保持不变,K 价格降低,等成本线围绕横截距顺时针方向旋转。

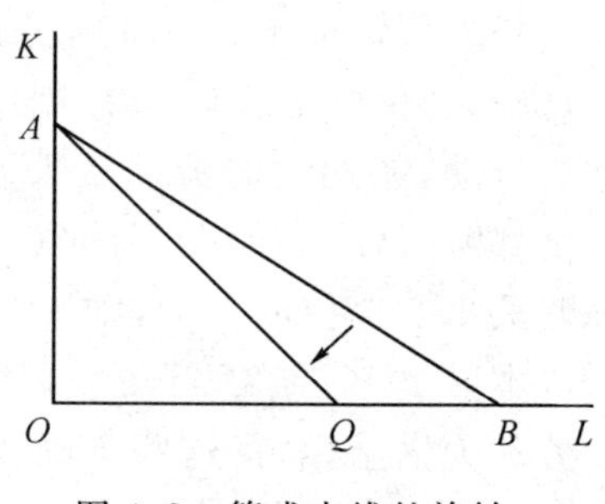

图 4-8 等成本线的旋转

2. 等成本线的平移

成本不变,K 与 L 的价格都上升,或者 K 与 L 的价格都没有变,而成本减少了,等成本线向左平移。

四、生产要素的最优组合

(一)生产要素的最优组合

要解决厂商要素组合的最优选择问题,必须将等产量线和等成本线结合起来。

如图 4-9 所示。Q_1、Q_2、Q_3 分别代表三类等产量曲线:Q_1 和等成本线相交;Q_2 和等成本线相切;Q_3 不与 AB 相交和相切,在等成本线之外。首先,可以肯定的是，Q_3 是不能实现的，因为该等产量曲线上的组合生产者买不起。

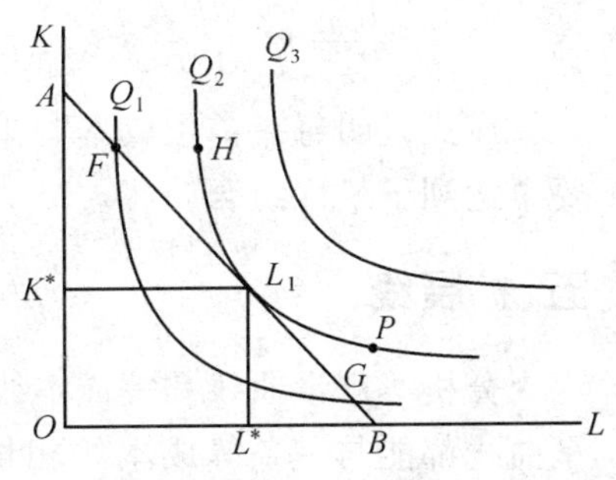

图 4-9 生产要素的最优组合

AB 等成本线与 Q_1 相交于 F、G 两点。在 Q_1 等产量曲线上，生产者买不起点 F 以上的点和点 G 以下的点对应的生产要素组合。尽管生产者可以买的起点 F 或者点 G 以及点 F 和点 G 中间的弧线上的点对应的生产要素组合，但 Q_1 并非最大产量，只要把 Q_1 右移，产量就可以更大一点，一直平移到等产量曲线 Q_2 的位置为止。

在 Q_2 上，点 E 就是成本一定时产量最高的要素组合点，这一点就是厂商均衡点。如果另取两点 H 、P ，虽然 H 、E 、P 三点产量相同，但 H 、P 点在等成本线之外，厂商买不起。

所以，在 E 点说明厂商耗费最小的成本能够生产出一定数量的产品，实现了厂商均衡，生产要素达到最佳组合。

在切点 E 上，生产者购买的资本是 K^* ，购买的劳动是 L^* ，对于既定的等成本线 AB 来说，K^* 与 L^* 是在既定的成本条件下能够生产最大产量的组合。

厂商为了实现生产要素的最优组合，要么是产量一定时成本最低的要素组合，要么是成本一定时产量最高的要素组合。表现在图形上，都是等成本线和等产量线曲线相切之点。

（二）厂商均衡时的条件

在切点上，两线的斜率相等。在图 4.9 中，等成本线 AB 的斜率为：$AB_{斜率} = -P_L/P_K$ ；等产量曲线 Q_2 的斜率为：$Q_{2斜率} = dK/dL = -MRTS_{LK}$

另外，由于边际技术替代率也可以表示为两要素的边际产量之比：

$$MRTS_{LK} = \frac{MP_L}{MP_K}$$

所以：

$$-\frac{P_L}{P_K} = -\frac{MP_L}{MP_K}$$

消掉负号，得到生产者均衡时的必要条件：

$$\frac{P_L}{P_K} = \frac{MP_L}{MP_K} \tag{4.12}$$

或者：

$$\frac{MP_L}{P_L}=\frac{MP_K}{P_K} \tag{4.13}$$

该式说明每一单位成本购买的生产要素生产的边际产量相等时,两种生产要素达到了最优组合。

五、扩展线

分析等产量曲线和等成本线时都提到它们可能是无数条的,假定每条等产量曲线都能与一条等成本线相切,使生产要素的组合在不同规模上达到最佳。连接各切点(均衡点),形成的一条曲线,就是扩展线。它表示厂商可以按这条线来扩大自己的生产规模,实现生产要素的最佳组合。

在图 4-10 中,假定有三条等成本线:A_1B_1、A_2B_2、A_3B_3,它们分别代表不同的成本水平,另有三条等产量曲线:Q_1、Q_2、Q_3 分别与等成本曲线相切于 E_1、E_2、E_3 点。E_1 表示在 A_1B_1 情况下的最佳组合;E_2 表示在 A_2B_2 情况下的最佳组合;E_3 表示在 A_3B_3 情况下的最佳组合,连接 E_1、E_2、E_3 就是扩展线,它表明生产按这条线扩展是最有利的,在这条线上总是能实现生产要素的最佳组合。

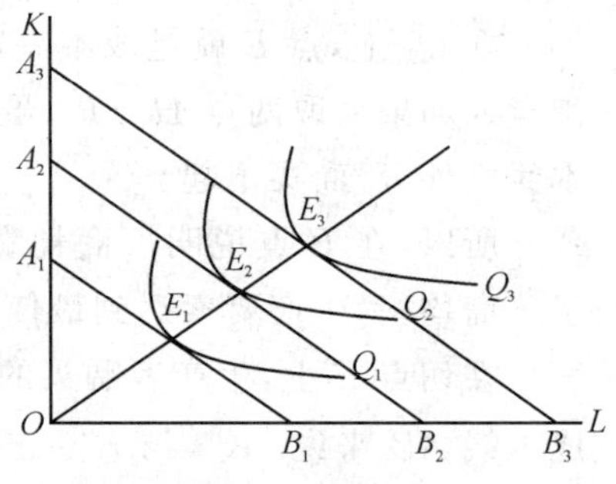

图 4-10 扩展线

第五节 规模报酬

一、规模报酬的含义

规模报酬涉及企业的生产规模变化与所引起的产量变化之间的关系。企业只有在长期内才可能变动全部生产要素,进而变动生产规模,因此,厂商的规模分析属于长期生产理论问题。

规模报酬变化又称规模收益变化,是指在技术水平不变的情况下,厂商内各种生产要素按相同比例变化时所带来的产量变化。

规模报酬与要素边际报酬有共同点,都是建立在技术不变的前提下来研究的。不同之处在于要素边际报酬考察的是一种生产要素变动对产量的影响,规模报酬考察的是各种生产要素同时同比例变动对产量的影响。

二、规模报酬的变动趋势

假设厂商的生产函数为 $Q=f(nx_1,nx_2)$。现两种生产要素的投入数量同时增加 n 倍，而产量增加了 m 倍，即：

$$mQ=f(nx_1,nx_2)$$

当 $m>n$ 时，规模报酬递增（规模经济）；它表示产量扩大的比例大于生产规模扩大的比例。如生产规模扩大 5%，产量可能扩大 10%。

当 $m<n$ 时，规模报酬递减（规模不经济）；它表示产量增加的比例小于生产规模扩大的比例。如生产规模扩大 5%，产量扩大 2%。甚至可能产量绝对减少，如生产规模扩大 5%，产量变化 −2%。

当 $m=n$ 时，规模报酬不变。它表示产量增加的比例，与生产规模扩大的比例是相同的。如生产规模扩大 5%，产量也扩大 5%。

【案例 4-1】

王永庆的成功之路——规模经济

台塑集团老板王永庆被称为“主宰台湾的第一大企业家”，“华人经营之神”。王永庆不爱读书，小学时的成绩总在最后 10 名之内，但他吃苦耐劳勤于思考，终于成就了一番事业。王永庆大概也没有读过什么经济学著作，但他的成功之路却与经济学原理是一致的。

王永庆的事业是从台塑生产塑胶粉粒 PVC 开始的。当时每月仅产 PVC100 吨，是世界上规模最小的。王永庆知道，要降低 PVC 的成本只有扩大产量，所以扩大产量、降低成本，打入世界市场是成功的关键。于是，他冒着产品积压的风险，把产量扩大到 1200 吨，并以低价格迅速占领了世界市场。王永庆扩大产量、降低成本的作法正是经济学中的规模经济原理。

规模经济是说明各种生产要素增加，即生产规模扩大对产量或收益的影响。当生产规模扩大的比率小于产量或收益增加的比率时，就是规模收益递增。当生产规模扩大的比率大于产量或收益增加的比率时，就是规模收益递减。当这两种比率相等时则是规模收益不变。

企业生产规模变动对产量或收益的影响可以用内在经济与内在不经济来解释。内在经济就是一个企业规模扩大时由自身内部引起的效率提高或成本下降。这种效率的提高主要来自三个方面：第一，可以利用更先进的专业化设备、实现更精细的分工,提高管理效率,从而使每单位产品的平均成本下降。特别应该强调的是,许多大型专用设备只有在达到一定产量水平时才能使用,这些设备的使用会使平均成本大幅度下降。或者说,只有达到一定产量水平时,平均成本才能最低。第二,规模大的企业有力量进行技术创新,而技术创新是提高效率、降低成本的重要途径。第三,大批量销售不仅在市场上具有垄断力量,足以同对手抗衡,而且降低了销售成本。

王永庆的成功正在于他敢于扩大产量,实现规模收益递增。当时台塑产量低是受台湾需求有限的制约。王永庆敏锐地发现,这实际陷入了一种恶性循环:产量越低成本越高,越打不开市场;越打不开市场,产量越低成本越高。打破这个循环的关键就是提高产量,降低成本。当产量扩大到月产1200吨时,可以用当时最先进的设备与技术,成本大幅度下降,就有进人世界市场,以低价格与其他企业的竞争能力。

当一个企业的产量达到平均成本最低时,就充分利用了规模收益递减的优势,或者说实现了最适规模。应该说,不同行业中最适规模的大小是不同的。一般而言,重工业、石化、电力、汽车等行业的最适规模都很大。这是因为在这些行业中所用设备先进、复杂,最初投资大、技术创新和市场垄断程度都特别重要。王永庆经营的化工行业正属于这种最适规模大的行业,所以,规模的扩大带来了收益递增。近年来,全世界掀起一股企业合并之风。企业合并无非是为了扩大规模,实现最适规模。合并之风最强劲的是汽车、化工、电子、电讯这些产量越多,收益增加越多的行业。世界500强企业也以这些行业居多。对这些行业的企业而言,"大的就是好的"。

但千万别忘了《红楼梦》中王熙凤的一句话:"大有大的难处。"一个企业大固然有许多好处,但也会引起一些问题。这主要是随着企业规模扩大,管理效率下降,管理成本增加。一个大企业也像政府机构一样会滋生官僚主义。同时,企业规模大也会缺乏灵活性,难以适应千变万化的市场。所以,"大就是好"并不适用于一切企业。当企业规模过大引起成本增加效益递减时就存在内在不经济,发生规模收益递减。对那些大才好的企业来说,要特别注意企业规模大引起的种种问题,王永庆在扩大企业规模和产量的同时,注意降低建厂成本、生产成本和营销成本,并精减人员,提高管理效率。这对他的成功也很重要。对那些未必一定要大的轻工、服务之类行业的企业来说,"小的也是美好的"。船小好调头，在这些设备、技术重要性较低，而适应市场能力强的企业中，就不要盲目追求规模。甚至有些大企业也因管理效率差而分开。美国IBM公司就曾一分为三。其实企业并不是一味求大或求小，而是以效益为标准。那种盲目合并企业，以追求进500强的做法往往事与愿违。绑在一起的小舢舨决不是航空母舰。王永庆的成功不在于台塑大，而在于台塑实现了规模收益递增的最优规模。

（来源：http://jwc.njue.edu.cn/tjx/economics/3/sketch－17.htm）

【本章小结】

1.厂商又叫企业或者生产者，是指为了获得经济利润购买生产要素并生产和销售物品或劳务的组织。生产理论，又称产量理论，用来说明生产要素的投入数量和产出数量之间的关系。

2.厂商的生产可以分为短期生产和长期生产。在"短期"，随着产量变化，只有部分投入（劳动力、原材料、燃料和辅助材料等）的数量在变化，部分投入（如厂房、机器、设备、高级管理人才等）数量不变。而在"长期"，没有固定不变的投入，投入的数量都是可变的。短期和长期的区别就是短期一定有不变的生产要素，而在长期没有。

3.短期生产的基本规律是边际报酬递减规律。边际报酬递减规律又称边际产量递减规律，是指在生产技术、其他投入不变的情况下，如果连续增加一种生产要素的投入量，增加到一定程度后，多投入一单位该生产要素时，边际产量下降。

4.长期生产理论的主要分析工具是等产量曲线和等成本线。等产量曲线与无差异曲线相类似。无差异曲线表示的是两种商品的不同数量组合所带来的满足程度一样，刻画"需求"定义中的"原意不愿意"（如果消费者"很愿意"——原意消费非常多的该类商品，则无差异曲线离原点比较远；反之，则离原点近），无差异曲线是消费者行为理论用到的一个工具；等产量曲线是两种生产要素的不同投入组合生产的产量一样，刻画"供给"定义中的"原意不愿意"（如果生产者"很愿意"，梦想全世界的该类产品都由其生产，等产量曲线离原点比较远，反之，则离原点近）。生产者"能够不能够"用等成本线来刻画。等成本线表示在既定的成本和生产要素价格的条件下，生产者可以购买到的的两种生产要素的各种不同数量组合的轨迹。

5.在长期生产中，厂商无论是实现既定成本下的最大产量，还是实现既定产量下的最小成本，生产的均衡点都发生在等产量曲线和等成本曲线的相切点。

在切点上,等产量曲线和等成本线的斜率相等。

6.规模报酬属于长期生产的概念。规模报酬变化又称规模收益变化,是指在技术水平不变的情况下,厂商内各种生产要素按相同比例变化时所带来的产量变化

【复习与思考】

1.解释下列概念:

总产量、平均产量、边际产量、要素边际报酬递减规律、等产量曲线、边际技术替代率、等成本线、规模报酬。

2.说明下列说法是否正确:

(1)随着某一生产要素投入量的增加,边际产量和平均产量增加到一定程度后将同时下降。

(2)生产要素的价格一旦确定,等成本线的斜率也随之确定。

(3)等产量线的形状取决于技术水平。

(4)不变生产要素指在短期内不会随产出变化的投入。

(5)等成本线平行向外移动说明用于生产的成本增加了。

(6)等产量线与等成本线相交,说明要保持原有的产出水平不变,应当减少成本开支。

3.某厂商使用的要素投入为 x_1 和 x_2,其产量函数为 $Q=10x_1x_2-2x_1^2-8x_2^2$,试求 x_1 和 x_2 的平均产量函数和边际产量函数。

4.已知生产函数是 $Q=L^{\frac{3}{8}}K^{\frac{5}{8}}$,假定市场上的要素价格为 $P_L=3$ 元,$P_K=5$ 元,如果厂商的总成本为160元,试求厂商的均衡产量以及所使用的劳动量和资本量。

第五章

成本理论

第四章的生产理论推导出厂商成本既定、产量最大或者产量既定、成本最小的条件。但是,厂商生产的目的是利润最大,并不是产量最大,也不是收益最大,更不是成本最小。厂商利润最大化时除了考虑产量因素外,还必须考虑成本因素。本章介绍厂商的成本理论。成本理论和生产理论既有不同又有联系,它们是一个硬币的两面。

第一节　成本和成本函数

一、成本的概念

厂商的生产成本通常被看成是厂商对所购买的生产要素的货币支出。然而,在经济学的分析中,仅从这样的角度来理解成本概念是不够的。为此,经济学引入了机会成本、显性成本以及隐性成本等概念。

(一)机会成本

在生产中,机会成本是指如果一种生产要素(还包括时间)被用于某一特定用途,它便放弃了在其他替代用途上可能获取的种种收益,所放弃的收益中最大的收益就是这一特定用途的机会成本。

例如,某种生产要素既可以用来生产大炮,也可以用来生产工业或生活产品,比如拖拉机、黄油或者面包,其中生产拖拉机的收益最高。在生产要素资源稀缺的情况下,增加大炮的产量就会相应减少拖拉机、黄油、面包的产量。那么,一旦该要素被全部用来生产大炮，它就无法用于生产拖拉机、黄油、面包，也就损失了因生产这些产品而可能取得的潜在收益。其中，生产拖拉机的收益是这种稀缺资源用来生产大炮的机会成本。

如果问上大学的成本是多少？有人会列出一个算式：上大学的成本＝学费＋住宿费＋伙食费＋教材及资料费……其实，上大学还有另外一种成本——机会成本。如果没有选择上大学，而是选择参加工作或者创业，并且创业的收益比参加工作高。那么，四年内创业能够赚到的钱，就是上大学的机会成本。为什么人们会选择上大学而放弃创业的机会呢？因为对大多数人来讲，他们上大学——进行人力资本投资——的收益大于不上大学创业的收益。对大多数人来讲，上大学的收益是高于任何机会成本的。

在经济学中，厂商的生产成本应该从机会成本的角度来理解。从机会成本的角度考虑问题，要求我们把每种生产要素用在取得最佳经济效益的用途上，做到物尽其用，人尽其才。否则，所损失的潜在收益将会超过所取得的现实收益，生产要素的配置不合理，浪费生产资源。

(二)显性成本和隐性成本

厂商的生产成本包括显性成本和隐性成本两部分。即：总成本＝显性成本＋隐性成本。

厂商生产的显性成本是指厂商购买或租用他人的生产要素的支出。例如厂商向工人支付的工资，向银行支付的利息，租赁厂房的费用支出等等，这些支出便构成了该厂商的显性成本。

厂商生产的隐性成本是指厂商使用自己拥有的生产要素的总价格。这种成本之所以称为隐性成本，是因为看起来厂商使用厂商自有生产要素时不用花钱，例如，使用自产原材料、燃料不用花钱购买，使用自有资金不用付利息，企业主为自己企业劳动服务不用付工资，使用自有的厂房不用付房租等等。然而，不付费用不等于没有成本。因为这些要素如不自用，完全可以给别人使用得到报酬。现在这些要素都为自己企业所用了，失去了为别的企业所用可得到的报酬，这种报酬就是企业使用自有要素的机会成本。这种成本就是隐性成本。隐性成本也必须从机会成本的角度来计算。否则，厂商会把自有生产要素转移出本企业，以获得更高的报酬。

二、成本函数

产品数量和成本之间的关系称为成本函数，记作：

$$C = C(Q)$$

式中 C 为成本，Q 为产量。

除了成本函数以外，还有个经常用到的工具即成本方程。

成本函数与成本方程之间既有区别又有联系。它们之间的联系是：计算成本函数中的 C 的大小要借助成本方程。区别在于成本函数说的是产量和成本之间的关系，成本方程说的是成本和投入要素数量之间的关系。

第二节　短期成本理论

生产函数有短期和长期之分，相应地，成本函数也有短期成本和长期成本之分。短期内有固定成本，长期内没有。在长期，一切投入要素都是可变动的。

一、短期成本的分类

在短期，厂商的成本有不变成本和可变成本之分。厂商的短期成本有七种：总成本（TC）、总不变成本（TFC）、总可变成本（TVC）、平均不变成本（AFC）、平均可变成本（AVC）、平均总成本（AC）和边际成本（MC）。

（一）总成本、总不变成本和总可变成本

在短期，随着产量变化，部分投入（劳动力、原材料、燃料和辅助材料等）的数量在变化，部分投入（如厂房、机器、设备、高级管理人才等）数量不变。而在长期，没有固定不变的投入。

总不变成本（TFC）又称总固定成本，是生产者购买厂房、机器设备、高级管理人才等的费用。TFC 在短期内不随产量变动而变动。无论产量为零或产量很大，总不变成本总是一个固定值。

总可变成本（TVC）是是生产者购买劳动力、原材料、燃料和辅助材料等的费用。在短期内，TVC 随产量变动而变动。

总成本（TC）是生产一定量的产品所需要的成本总和。短期内，公式为：

$$TC = TFC + TVC \tag{5.1}$$

下表为一假想厂商的短期成本函数。

表 5-1　一个假想厂商的短期成本函数

Q(1)	TFC(2)	TVC(3)	TC(4)	AFC(5)	AVC(6)	AC(7)	MC(8)
0	60	0	60	—	—	—	—
1	60	30	90	60	30	90.0	30
2	60	49	109	30	24.5	54.5	19
3	60	65	125	20	21.7	41.7	16
4	60	80	140	15	20	35.0	15
5	60	100	160	12	20	32.0	20
6	60	124	184	10	20.7	30.7	24
7	60	150	210	8.6	21.4	30.0	26
8	60	180	240	7.5	22.5	30.0	30
9	60	215	275	6.7	23.9	30.6	35
10	60	255	315	6.0	25.5	31.5	40

注：表中(4)＝(2)＋(3)，(5)＝(2)/(1)，(6)＝(3)/(1)，(7)＝(4)/(1)＝(5)＋(6)。

以产量为横坐标、成本为纵坐标，将 *TC* 、*TFC* 、*TVC* 的数据画在平面直角坐标系中，得到图 5-1。

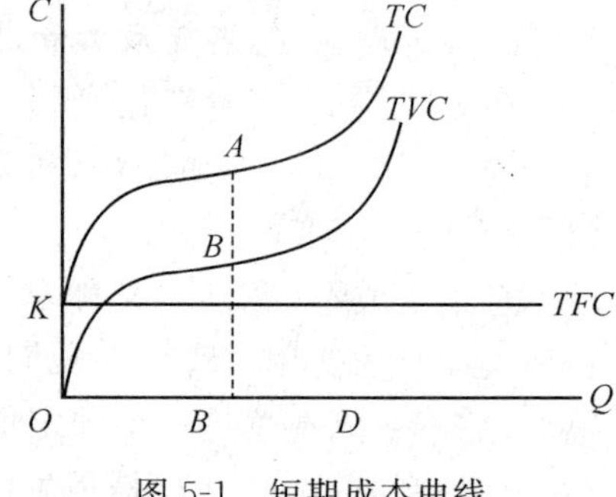

图 5-1　短期成本曲线

从图 5.1 中可以看出三条成本曲线之间的关系：

1. *TFC* 是平行于横轴的一条直线，它不随产量的变化而变化，即没有产量或者产量很大时也有 *TFC* 。

2. *TVC* 从原点出发，没有产量就没有可变成本。随产量的增加而增加，一开始 *TVC* 增长的速度越来越慢(与图形不是很符合)。当产量大于 Q_1 以后，*TVC* 增长越来越快。

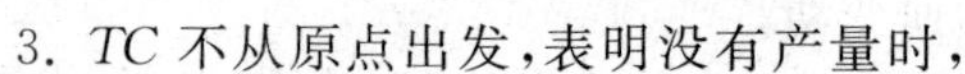

3. *TC* 不从原点出发，表明没有产量时，也有成本，这个时候的成本就是 *TFC* 。*TC* 与 *TVC* 的形状相同。总成本是总不变成本与总可变成本之和。将总可变成本曲线向上平移一段相当于总不变成本大小的距离便可得到 *TC* 曲线。两者之间的垂直距离等于 *TFC* 。*TC* 也是一开始增长较慢，产量达到 Q_1 后，*TC* 增长越来越快。

(二)平均不变成本、平均可变成本、平均总成本

1. 平均不变成本(AFC)

平均不变成本(AFC)又称平均固定成本,是指每单位产品上分摊的总不变成本,等于总不变成本除以产量。即:

$$AFC = \frac{TFC}{Q} \tag{5.2}$$

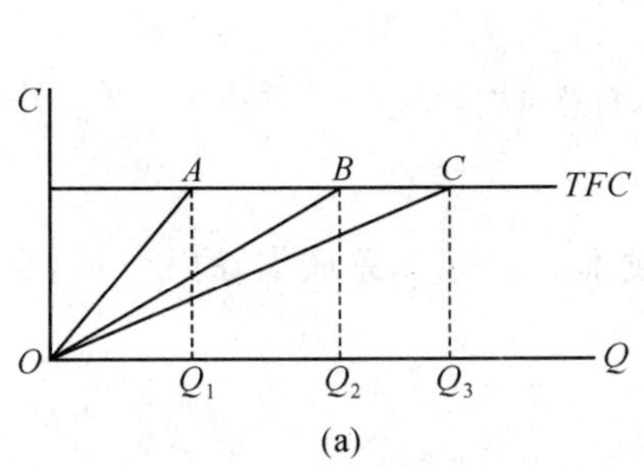

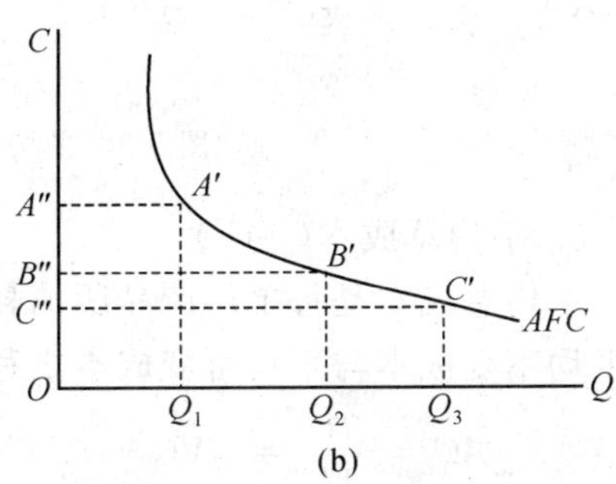

图 5-2 平均不变成本与总不变成本

AFC 曲线见图 5-2(b)。AFC 曲线可以从 TFC 曲线得到。从图 5-2(a)可以看到,TFC 曲线上任意一点与原点连线的斜率是该产量水平上的平均不变成本。随着产量增加,TFC 曲线上的点与原点的连线的斜率越来越小,AFC 的值越来越小。AFC 曲线是等轴双曲线的一支,两端无限趋近于坐标轴。

2. 平均可变成本(AVC)

平均可变成本是每单位产品上分摊的总可变成本,它等于总可变成本除以产量。即:

$$AVC = \frac{TVC}{Q} \tag{5.3}$$

AVC 曲线见图 5-3(b),该曲线是从图 5-3(a)中的 TVC 曲线得到。TVC 曲线上任意一点与原点的连线的斜率即为该产量水平上的平均可变成本。AVC 曲线为 U 形:从原点开始,随着产量越来越大,TVC 曲线上的点与原点的连线的斜率越来越小,AVC 的数值越来越小;当产量等于 Q_2 时,与原点的连线和 TVC 曲线相切于点 B,该连线的斜率最小,AVC 的数值最小;当产量大于 Q_2 时,TVC 曲线上的点与原点的连线的斜率越来越大,AVC 的数值越来越大。AVC 曲线呈 U 形,是因为可变投入要素的边际报酬先递增后递减。

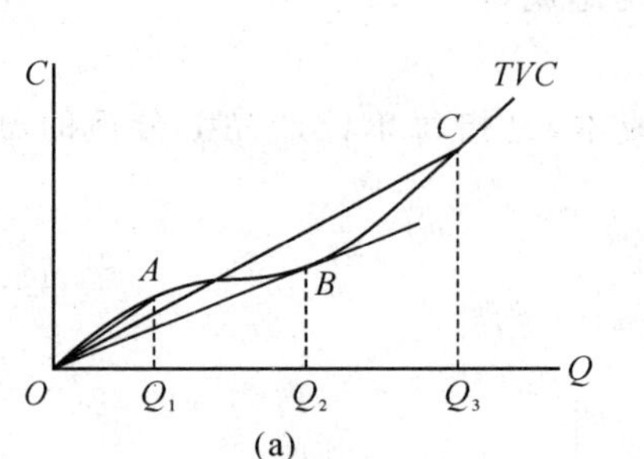

(a)

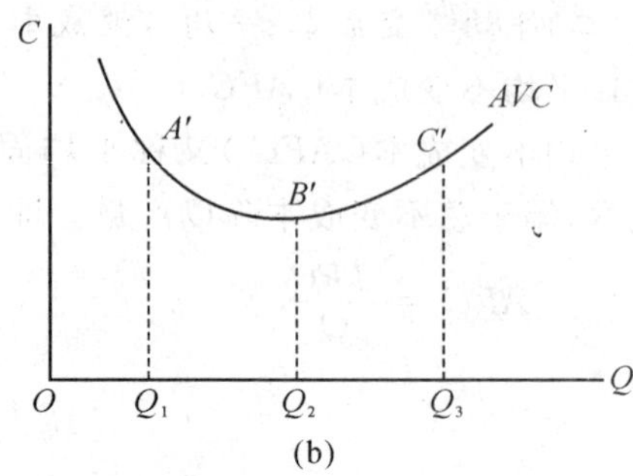

(b)

图 5-3　平均可变成本与总可变成本

3. 平均总成本(AC)

平均总成本是每单位产品所消耗的总成本。它等于总成本除以产量,也等于平均不变成本与平均可变成本之和。即:

$$AC = \frac{TC}{Q} = AVC + AFC \tag{5.4}$$

AC 曲线见图 5-4(b),AC 曲线是从图 5-4(a)中的 TC 曲线得到的。TC 曲线上任一点与原点的连线的斜率即为该产量水平上的平均总成本。AC 曲线为 U 形:从原点开始,随着产量越来越大,TC 曲线上的点与原点的连线的斜率越来越小,AC 的数值越来越小;当产量等于 Q_2 时,TC 曲线上的点 B 与原点的连线是 TC 曲线的切线,该连线的斜率最小,AC 的数值最小;当产量大于 Q_2 时,TC 曲线上的点与原点的连线的斜率越来越大,AC 的数值越来越大。其呈 U 形的原因也是可变投入要素的边际报酬先增后减。

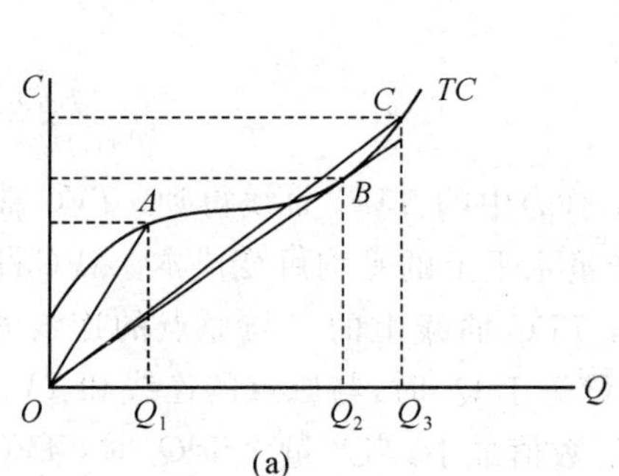

(a)

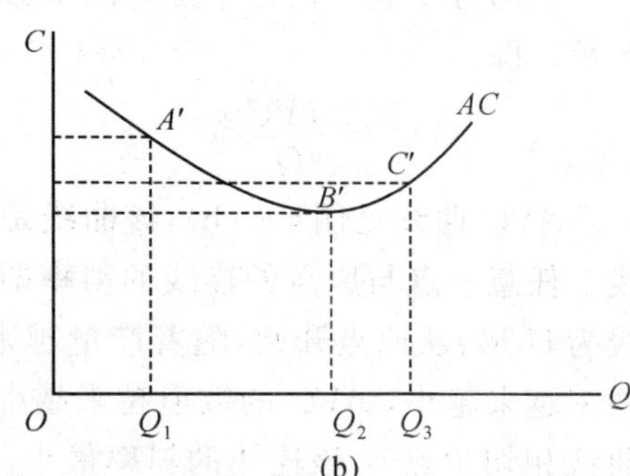

(b)

图 5-4　总成本与平均总成本

（三）边际成本

边际成本（MC）是多增加一单位产量所增加的总成本，即：

$$MC = \frac{\Delta TC}{\Delta Q} = \frac{\mathrm{d}TC}{\mathrm{d}Q} \tag{5.5}$$

MC 也可以通过总成本函数对产量求导获得。MC 曲线见图 5.5（b），该曲线是从图 5-5（a）中的 TC 曲线得到的。TC 曲线上任一点的切线的斜率即为该产量水平上的边际成本。MC 曲线为 U 形：从原点开始，随着产量越来越大，TC 曲线上的点的切线的斜率越来越小，MC 的数值越来越小；当产量等于 Q_2 时，对应的 TC 曲线上的点 B 是 TC 曲线的拐点，通过点 B 的切线的斜率是所有 TC 曲线的切线的斜率中最小的，MC 的数值最小；当产量大于 Q_2 时，MC 的数值越来越大。MC 曲线为 U 形，其原因也是可变投入要素的边际报酬先增后减。

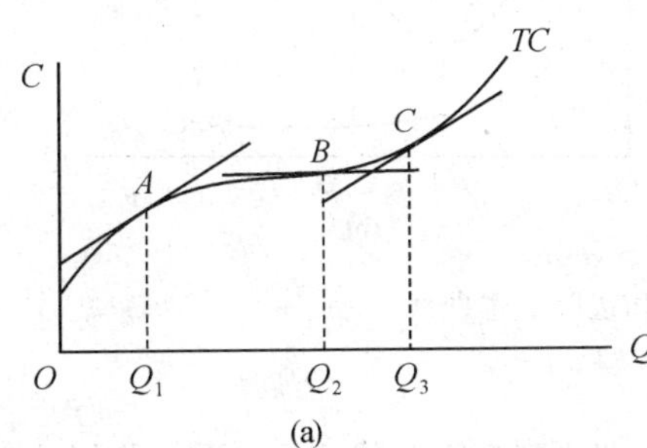

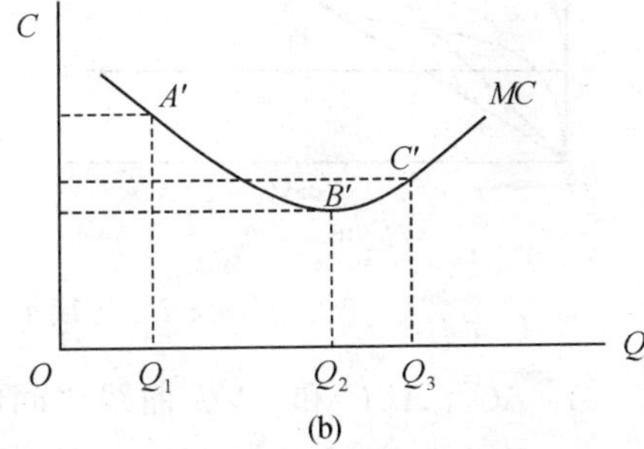

图 5-5　总成本与边际成本

MC 曲线也可以从 TVC 曲线得到。根据公式 5.5，可以得到：

$$MC = \Delta TC/\Delta Q = (\Delta TFC + \Delta TVC)/\Delta Q$$

因为 $\Delta TFC = 0$，所以：

$$MC = (\Delta TFC + \Delta TVC)/\Delta Q = \Delta TVC/\Delta Q = \mathrm{d}TVC/\mathrm{d}Q \tag{5.6}$$

既可以通过 TC 曲线得到 MC 曲线，也可以通过 TVC 曲线得到 MC 曲线。TVC 曲线上任一点的切线的斜率即为该产量水平上的边际成本。

在图 5-6 中，当产量等于 Q_1 时，通过 TC 曲线上点 A 的切线和通过 TVC 曲线上点 B 的切线是平行的，两条切线的斜率相等，该斜率就是产量等于 Q_1 时候的边际成本。因为，TC 曲线和 TVC 曲线的现状是一样的，

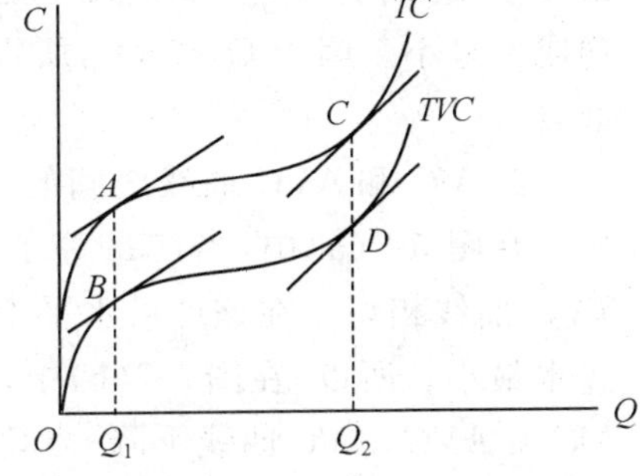

图 5-6　边际成本、总成本和总可变成本

通过 TC 曲线上点 A 的切线和通过 TVC 曲线上点 B 的切线的斜率是相等的。同理,当产量等于 Q_2 时,通过 TC 曲线上点 C 的切线和通过 TVC 曲线上的点 D 的切线是平行的,这两条切线的斜率相等,该斜率就是产量等于 Q_2 时的边际成本。

(四)平均不变成本、平均可变成本、平均总成本和边际成本

平均不变成本、平均可变成本、平均总成本和边际成本曲线之间的关系见图5-7。

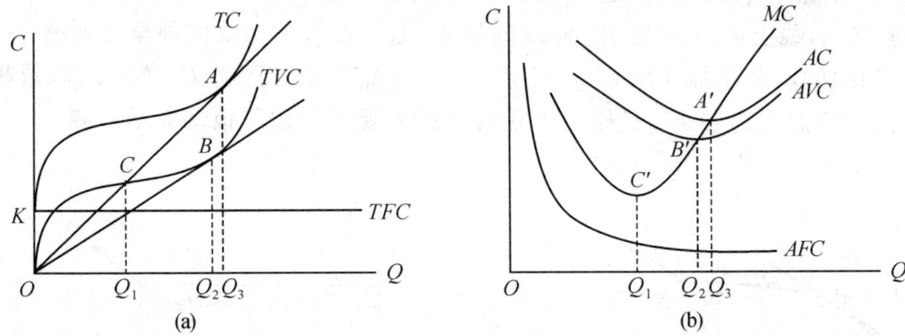

图 5-7 短期平均成本和边际成本曲线

1. AC 、AFC 和 AVC 曲线之间的关系

由于 $AC = AVC + AFC$,AC 曲线的位置在 AVC 曲线之上,两条曲线之间的垂直距离为平均不变成本。由于平均不变成本随产量的增加而逐渐减小。所以,AC 曲线与 AVC 曲线之间会越来越近,但不会重合。

AVC 曲线比 AC 曲线先达到最低点,而且,AVC 曲线的最低点与 AC 曲线的最低点不在同一条垂直线上。在图 5-7(a)中,当产量等于 Q_2 时,对应 TVC 曲线上的点 B 与原点的连线和 TVC 曲线相切,此时,平均可变成本最小;当产量等于 Q_3 时,对应 TC 曲线上的点 A 与原点的连线和 TC 曲线相切,此时,平均成本最小。因为 $Q_2 < Q_3$,所以 AVC 曲线先达到最低点,AC 曲线后达到最低点。

2. MC 和 AVC 曲线之间的关系

在图 5-7(a)中,当产量等于 Q_2 时,对应 TVC 上的点 B 与原点的连线和 TVC 曲线相切。在该产量水平上,平均可变成本等于边际成本,而且平均可变成本最小。所以,在图 5-7(b)中,MC 曲线通过 AVC 曲线的最低点。当 $Q < Q_2$,$MC < AVC$,AVC 曲线下降;当 $Q = Q_2$,$MC = AVC$,AVC 曲线达到最低点;当 $Q > Q_2$,$MC > AVC$,AVC 曲线上升。

3. MC 和 AC 曲线之间的关系

在图 5-7(a)中,当产量等于 Q_3 时,对应 TC 上的点 A 与原点的连线和 TC 曲线相切。在该产量水平上,平均成本等于边际成本,而且平均成本最小。所以,在图 5-7(b)中,MC 曲线通过 AC 曲线的最低点。当 $Q < Q_3$, $MC < AC$, AC 曲线下降;当 $Q = Q_3$, $MC = AC$, AC 曲线达到最低点;当 $Q > Q_3$, $MC > AC$, AC 曲线上升。

MC 曲线和 AVC 、AC 曲线都是 U 形的,其背后的原因都是由于可变投入要素的边际报酬先增后减。而且,MC 曲线比 AVC 曲线和 AC 曲线更早到达最低点。

【案例 5-1】

客源不足的航空公司如何维持

维拉女士是某航空公司的股东,她坐本公司的飞机时发现 120 个座位的机舱内也就 40 人左右。这一时期,她碰到了好几个这样的情况,对公司前途颇为忧虑,于是,她去请教一位经济学家朋友杰米是否把该公司股票抛出。

杰米的分析是从经济学中短期与长期的区分开始的。在经济学中,短期与长期不是一般所说的时间长短概念,是指生产要素的变动性。在短期中,生产要素是不随产量变动的生产要素,如民航公司的飞机、工作人员等,无论飞行次数、乘客人数多少,这些生产要素是不变的。可变生产要素是随产量变动而变动的生产要素,如民航公司所用的汽油以及随飞行次数与乘客人数而变动的生产要素(如乘客的食物、饮料)。在长期中,一切生产要素都是可变的,飞行次数与乘客人多可以多买飞机多雇工作人员,难以经营也可以卖飞机或解雇工作人员,所以,无固定与可变生产要素之分。每个企业由于所用固定生产要素与可变生产要素多少不同,调整的难易程度不同,短期与长期的时间长度也不同。民航公司增加或减少飞机与专业人员都不容易,所以长期的时间会长一些。

与此相应,长期中成本都是可变的,但短期中成本分为固定成本与可变成本。用于固定生产要素的支出(如民航公司的飞机折旧维修费、工作人员的工资)是固定资本,用于可变生产要素的支出(汽油费等)是可变成本。这两者之和为短期总成本。分摊到每位顾客的成本为平均成本,包括平均固定成本与平均可变成本。

航空公司和任何一个企业一样,从长期来看如果收益大于成本,就有利润;如果收益小于成本,就会破产;只要收益与成本相等就可以维持下去。这个道理谁都懂,但关键是短期中,航空公司能维持下去的条件是什么。

当然,短期中也是考虑收益与成本之间的关系,但特别要注意的是,短期中用于固定生产要素的固定成本是不能变动的。所以,只要收益能弥补可变成本,就可以维持下去。这就是说,短期固定成本已经支出了,无法挽回,只要经营能弥补可变成本就可以经营。经济学家把平均可变成本等于价格这一点称为停止营业点。

杰米告诉维拉,她的公司仍在经营说明票价肯定高于(至少等于)平均可边成本。公司买的飞机短期内无法卖出去,雇佣的工人也不能解雇。即使不飞行,飞机折旧费和工资仍然是要付的。尽管乘客不多,但这些乘客带来的收益大于飞行时汽油及其支出,就可以继续营业。

这就是说,当企业在经营状况不良时是否停止关键在于可变成本。可以不考虑固定成本。固定成本已经支出,可以说是覆水难收。应该采取的原则是:过去的就让它过去。只要价格等于平均可变成本就可以维持。当然这个原则只适用于固定成本不变的短期。在长期中,无所谓固定成本与可变成本,还要考虑总收益与总成本与平均成本的关系。

(来源:《微观经济学纵横谈》,梁小民/著,2000年第一版,在编辑过程中作了适当删改。)

第三节 长期成本理论

在长期内,企业可以调整其全部生产要素,一切生产要素都是可变的。这样,长期成本中没有不变成本,所有成本都是可变的。长期成本分为三种:长期总成本(*LTC*)、长期平均成本(*LAC*)和长期边际成本(*LMC*)。

为了区分短期成本和长期成本,从本节开始,在短期成本前加上字母"*S*"。

一、长期总成本(LTC)

(一)长期总成本(LTC)含义

长期总成本(LTC)是指在长期中厂商生产一定量产品所需要的成本总和。公式:

$$LTC = LTC(Q) \tag{5.7}$$

可以由短期总成本曲线得到长期总成本曲线。在图 5-8 中,有三条短期总成本曲线 STC_1 、STC_2 和 STC_3 ,它们分别代表三个不同的生产规模。由于短期总成本曲线的纵截距表示相应的总不变成本 TFC 的数量,因此,从三条短期总成本曲线的纵截距可知,STC_1 曲线所表示的总不变成本小于 STC_2 曲线,STC_2 曲线所表示的总不变成本又小于 STC_3 曲线,而总不变成本的多少(如厂房、机器设备等)往往表示生产规模的大小。因此,从三条短期总成本曲线所代表的生产规模看,STC_1 曲线生产规模最小,STC_2 曲线居中,STC_3 曲线最大。

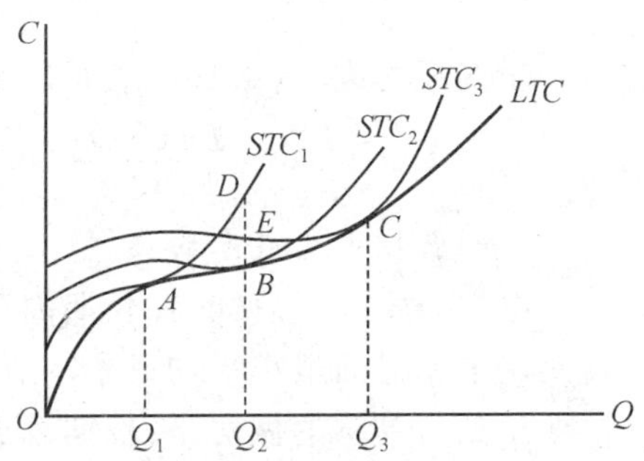

图 5-8 长期总成本与短期总成本

在长期,厂商可以变动全部的要素投入量,厂商生产某一产量水平的最优选择就是寻找最低成本的生产规模。假定厂商生产的产量为 Q_2 ,那么厂商应该如何调整生产要素的投入量以降低总成本呢?厂商为生产 Q_2 的产出必然会选择 STC_2 曲线所代表的生产规模(STC_2 曲线上的点 B)进行生产,从而将总成本降低到所能达到的最低水平。类似地,在长期内,为生产 Q_1 的产量,厂商会选择 STC_1 曲线所代表的生产规模;为生产 Q_3 的产量,会选择 STC_3 曲线所代表的生产规模。这样,厂商就在每一个既定的产量水平都实现了最低的总成本。

在理论分析上可以假定有无数条短期总成本曲线。这样一来,厂商可以在任何一个产量水平,都找到相应的一个最优的生产规模,都可以把总成本降到最低水平。也就是说,可以找到无数个类似于 A、B 和 C 的点,用平滑的曲线连接这些点就形成了图中的长期总成本曲线 LTC 。

长期总成本曲线是短期总成本曲线的包络线。厂商在所有投入都可变的情况下,每一产量水平下都可以选择某个最低的短期总成本进行生产。LTC 曲线与无数条 STC 曲线相切,把无数条短期总成本曲线包围起来。

从图 5-8 我们看到:一是 LTC 曲线是从原点出发,而 STC 曲线不是,这是因为,在长期,不存在不变成本,当厂商退出该领域的生产即产量为零时,长期总成本也为零;二是 *LTC* 曲线和 *STC* 曲线的形状的决定因素是不同的。*STC* 曲线的形状是由于可变投入要素的边际报酬先递增后递减决定的,而在长期,由于所有的投入要素都是可变的,因此,*LTC* 曲线的形状是由规模报酬先递增后递减决定的。

二、长期平均成本

长期平均成本(*LAC*)表示厂商长期中平均每单位产品的成本。公式:

$$LAC(Q) = \frac{LTC(Q)}{Q} \tag{5.8}$$

(一)长期平均成本曲线

根据公式 5.8 可知:在长期内厂商实现每一产量水平的最小总成本,同时也就实现了相应的最小平均成本。所以,长期平均成本曲线可以根据长期总成本曲线得到。具体的做法是:长期总成本 *LTC* 曲线上任意一点与原点的连线的斜率就是该产量水平上的的长期平均成本。如图 5-9 所示。从原点开始,随着产量越来越大,*LTC* 曲线上的点与原点连线的斜率越来越小,*LAC* 的数值越来越小;当产量等于 Q_3 时,对应的 *LTC* 曲线上的点 C 与原点的连线是 *LTC* 曲线的切线,*LTC* 曲线上的点 C 与原点连线的斜率最小,*LAC* 的数值最小;当产量大于 Q_3 时,*LTC* 曲线上的点与原点连线的斜率越来越大,*LAC* 数值越来越大。

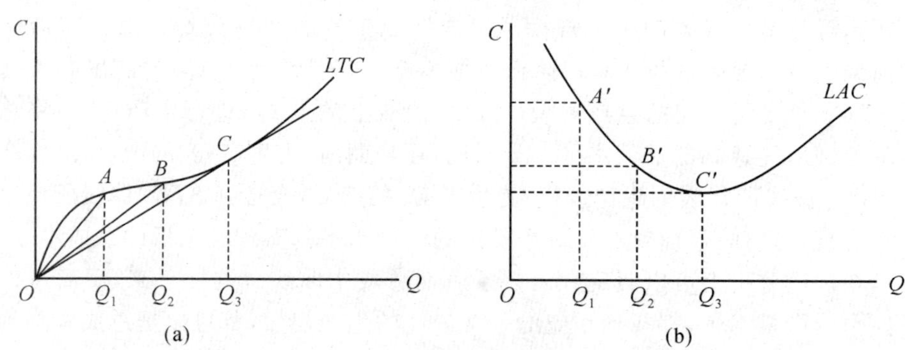

图 5-9 长期总成本和长期平均成本

我们可以从长期总成本曲线得到长期平均成本曲线,也可以从短期平均成本曲线得到长期平均成本曲线。

在图 5-10(a)中,有五条短期平均成本曲线 SAC_1、SAC_2、SAC_3、SAC_4 和 SAC_5,它们各自代表了五个不同的生产规模。在长期,厂商可以根据产量要求，选择短期平均成本最低的生产规模进行生产。例如，如果厂商生产的产量为 Q_1，则厂商既可选择 SAC_1 曲线所代表的生产规模，理性的厂商不会选择 SAC_2 曲线或者 SAC_3 曲线所代表的生产规模，因为 SAC_1 生产规模生产该产量水平时的平均成本最低。如果要生产 Q_2 的产量，厂商会选择 SAC_2 曲线所代表的生产规模。在理论分析中，可以假定生产规模可以无限细分，从而可以有无数条 *SAC* 曲线，于是，用平滑的曲线连接代表生产某一产量的最低的短期平均成本的点（如 A、B、C 等点），便得到图 5-10 中的长期平均成本 *LAC* 曲线。

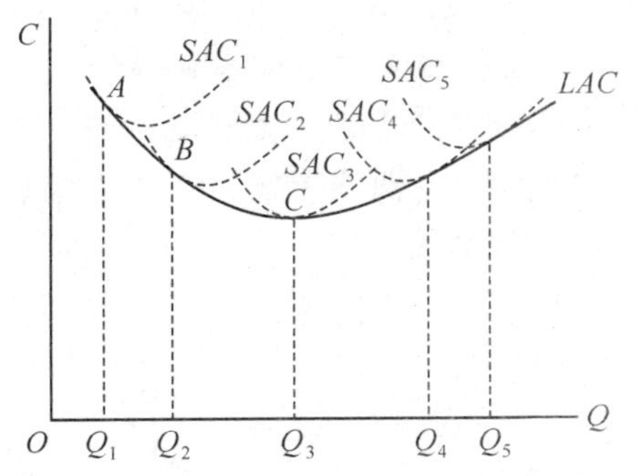

图 5-10 长期平均成本与短期平均总成本

（二）长期平均成本曲线的特点

1. 长期平均成本曲线是无数条短期平均成本曲线的包络线

厂商在所有投入都可变的情况下，为生产既定的产量，可以选择最低的某个短期平均成本进行生产。因为是最低，所以 LAC 曲线与无数条 SAC 曲线相切，长期平均成本曲线把无数条短期平均成本曲线包围起来。

2. *LAC* 曲线呈现出 *U* 形的特征

长期平均成本曲线呈先降后升的 *U* 形，是由长期生产中的规模报酬递减规律所决定。一般来说，在企业的生产规模由小到大的扩张过程中，规模报酬先是递增的，然后是递减的。规模报酬的这种变化规律，是造成长期平均成本曲线先降后升的原因。

3. 一般来讲，切点并不是 SAC 曲线的最低点

一般来讲，切点并不是 SAC 曲线的最低点（当且仅当 $Q=Q_3$ 时）。在 *LAC* 曲线的下降段，*LAC* 曲线相切于所有相应的 *SAC* 曲线最低点的左面；在 *LAC* 曲线的上升段，*LAC* 曲线相切于所有相应的 *SAC* 曲线最低点的右面；只有当 $Q=Q_3$，*LAC* 曲线才相切于相应的 *SAC* 曲线（在图 5. 10 中，即位置最低的 SAC_3 曲线）的最低点。

三、长期边际成本

长期边际成本简称（*LMC*）是厂商在长期内每增加 1 单位产量所增加的总成本。公式为：

$$LMC = \Delta LTC/\Delta Q = \mathrm{d}LTC/\mathrm{d}Q \quad (5.9)$$

(一)长期边际成本曲线

根据公式5.9,长期边际成本(LMC)曲线可以由长期总成本(LTC)曲线得到。LTC 曲线上任一点的切线的斜率就是该产量水平上的长期边际成本。如图5-11所示。

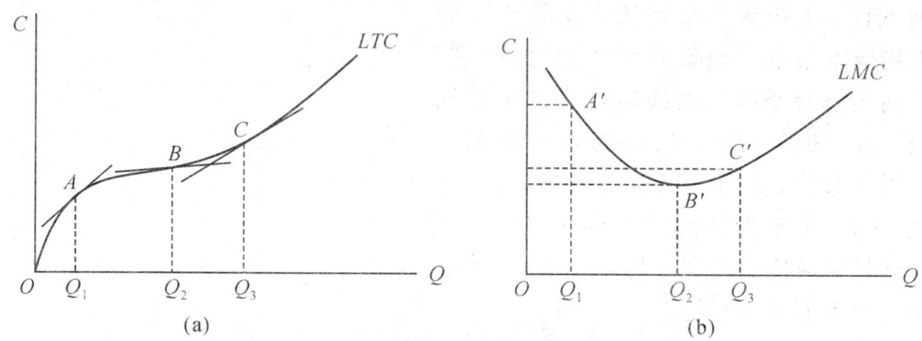

图5-11 长期总成本与长期边际成本

从原点开始,随着产量越来越大,LTC 曲线上的点的切线的斜率越来越小,LMC 的数值越来越小;当产量等于 Q_2 时,对应的 LTC 曲线上的点B是 LTC 曲线的拐点,LTC 曲线上的点的切线的斜率最小,LMC 的数值最小;当产量大于 Q_2 时,LTC 曲线上的点的切线的斜率越来越大,MC 的数值越来越大。

长期边际成本 LMC 曲线也可以由短期边际成本 SMC 曲线得到。长期边际成本曲线不是短期边际成本曲线的包络线。如图5-12所示。

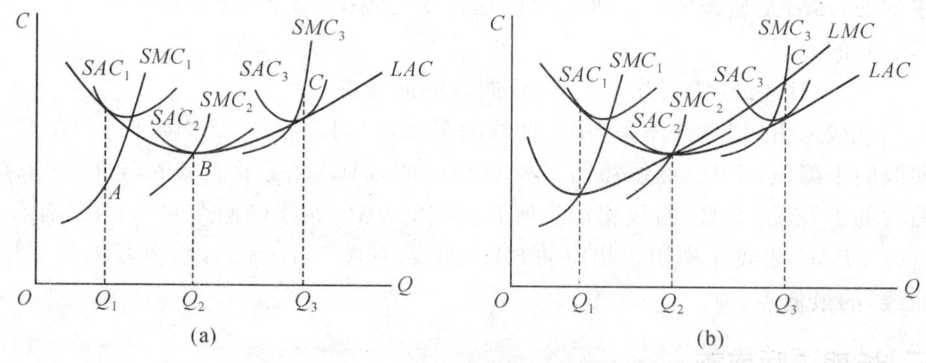

图5-12 长期边际成本与短期边际成本

在图5-9的基础上,首先要找到和短期平均成本对应的短期边际成本。如

图 5-12(a)所示。在每一个产量水平上，生产该产出的最优生产规模的 SAC 曲线都有一条相对应的 SMC 曲线，每一条 SMC 曲线都过相应的 SAC 曲线的最低点。首先要找到和各最优生产规模的 SAC 曲线对应的短期边际成本曲线。例如，在 Q_1 的产量上，生产该产量的最优生产规模是 SAC_1 曲线。而 SMC_1 通过 SAC_1 曲线的最低点。此时，产量等于 Q_1 的短期边际成本是多少？很显然，是点 A 的纵坐标对应的数值大小，即 $\overline{Q_1A}$ 。$\overline{Q_1A}$ 既是最优的短期边际成本，同时又是最优的长期边际成本，即有 $LMC = SMC_1 = \overline{Q_1A}$ 。或者说，在 Q_1 的产量上，长期边际成本 LMC 等于最优生产规模的短期边际成本 SMC_1 ，它们都等于 $\overline{Q_1A}$ 。同理，在 Q_2 的产量上，有 $LMC = SMC_2 = \overline{Q_2B}$ 。在 Q_3 的产量上，有 $LMC = SMC_3 = \overline{Q_3C}$ 。在生产规模可以无限细分的条件下，可以找到无数个类似于 A、B 和 C 的点。如图 5-12(a)所示。

用平滑的曲线将这些点连结起来便得到 LMC 曲线。如图 5-12(b)所示。

(二)长期边际成本曲线的特点

1. 长期边际成本曲线(LMC)呈 U 形，先下降后上升，但变动的幅度比短期成本曲线(SMC)要小。LMC 呈 U 形主要是由于长期生产中的规模报酬先递增后递减所决定的。

2. 长期边际成本曲线(LMC)与长期平均成本曲线(LAC)曲线相交于长期平均成本曲线的最低点。在图 5-12(a)中，当产量等于 Q_2 时，长期平均成本等于长期边际成本，而且平均成本最小。当 $Q<Q_2$，LMC < LAC，LAC 下降；当 $Q=Q_2$，LMC = LAC = SAC = SMC，LAC 为最低点；当 $Q>Q_2$，LMC > LAC，LAC 上升。

第四节　企业收益与利润

一、企业收益

收益是厂商生产并销售产品所得到的收入。收益的计算公式为：$R=P\times Q$。与收益有关的概念是：

总收益（简称 TR ）。总收益是厂商销售一定量的产品所得到的全部收入。总收益的计算公式为：$TR = P \times Q$ 。

平均收益（简称 AR ）。平均收益是厂商销售每一单位产品所得到的收入。

平均收益的计算公式为：$AR = \frac{TR}{Q}$ 。

边际收益（简称 MR ）。边际收益是厂商增加(或者减少)销售一单位产品所增加(减少)的收入。边际收益的计算为：$MR = \frac{\Delta TR}{\Delta Q} = \frac{\mathrm{d}TR}{\mathrm{d}Q}$ 。

一般情况下，市场需求曲线是一条直线，方程为 $P = a - b \times Q$ (b>0)，那么：

$$TR = P \times Q = (a - bQ) \times Q$$
$$= aQ - bQ^2$$

所以，TR 曲线为抛物线，如图 5-13 所示。从原点开始，随着产量变大，总收益越来越大，产量等于 Q_3，总收益最大。

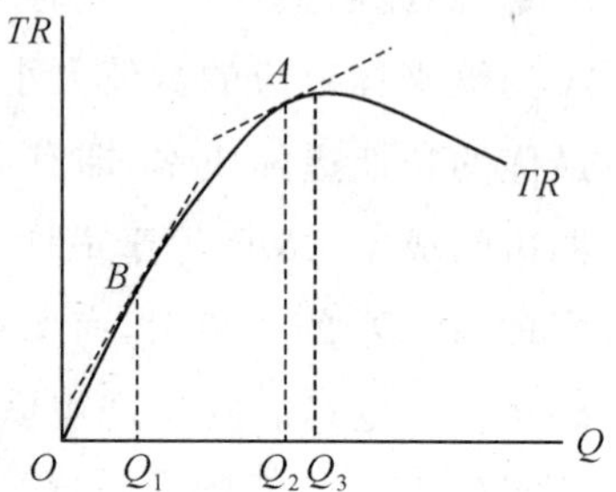

图 5-13　厂商的总收益和边际收益

通过 TR 曲线可以得到 MR 曲线。TR 曲线上任何一点的切线的斜率是该产量水平上的边际收益。从图 5-13 可以看出，由原点开始，随着产量越来越大，TR 曲线上的点的切线的斜率越来越小，边际收益越来越小；产量等于 Q_3，TR 曲线上的点的切线的斜率等于零，边际收益等于零；产量大于 Q_3，TR 曲线上的点的切线的斜率小于零，边际收益小于零。

二、利润最大化及其条件

在第四章第三节分析生产要素的合理投入时，曾指出当资本不变时，只有劳动量的投入可变，在第Ⅱ阶段(平均产量达到最大和总产量达到最大之间的阶段)是生产的最佳阶段，但究竟应在哪个产量水平上组织生产，要看厂商什么时候利润最大。

微观经济学所说的利润，实际上有两种：经济利润和正常利润。

(一)经济利润

经济利润又称超额利润或纯粹利润，是指总收益与总成本的差。一般情况下所说的利润就是指经济利润。经济利润函数为：

$$\pi = TR(Q) - TC(Q) \tag{5.10}$$

式中 π 表示利润，TR 表示收益，TC 表示成本，Q 表示产量。

如图 5-14 所示，将 TR 曲线与 TC 曲线结合在一起。从数值上讲，利润为 TR 曲线和 TC 曲线之间的垂直距离。通过代表产量水平 Q_0 的点 C 画一条垂线，和 TR 相交于点 A ，和 TC 相交于点 B ，AB 就是点当产量等于 Q_0 时厂商的利润。线段AB的长度最大时厂商利润最大。

根据公式5.10，π对Q的一阶导数等于零利润最大，即：$d\pi/dQ=0$即：

$$\frac{d\pi}{dQ}=\frac{dTR}{dQ}-\frac{dTC}{dQ}=0$$

有

$$\frac{dTR}{dQ}=\frac{dTC}{dQ}$$

由于$\frac{dTR}{dQ}=MR$和$\frac{dTC}{dQ}=MC$，所以，

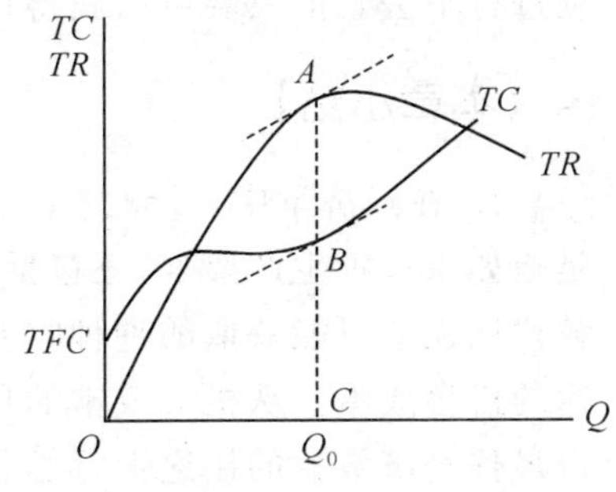

图5-14 厂商利润最大化

利润最大化原则是：

$$MR=MC \tag{5.11}$$

即：厂商利润最大化时，边际收益等于边际成本。它是所有市场条件下厂商利润最大化的原则。

如前所述，TR曲线上任何一点的切线斜率即为该产量水平上的MR；TC曲线上任何一点的切线斜率即为该产量水平上的MC。在图5-14中，当且仅当产量$Q=Q_0$时，TR曲线和TC曲线的切线的斜率相等，$MR=MC$。此时，厂商利润最大。可以看出，厂商获得利润最大化时，总收益并非最大。如果只有一种可变的生产要素投入，那么该生产要素的最佳投入量应该是产量等于Q_0时的生产要素投入量。

(1)如果$MR>MC$，意味着厂商多生产一单位产量所增加的收益大于所增加的成本，理性的选择是继续扩大产量。随着产量越来越大，MR和MC之间的差距越来越小，直到$MR=MC$。

(2)如果$MR<MC$，意味着厂商多生产一单位产品所增加的收益小于所增加的成本，对理性的厂商来讲是不划算的，此时他将降低产量。直到$MR=MC$。

(3)只有在$MR=MC$时，厂商才能实现利润最大化。此时既不会增加生产，也不会减少生产，实现了厂商均衡。

(二)正常利润

正常利润是指企业能够维护经营的最低限度的利润，换句话说，正常利润是作为投入资本的机会成本。正常利润以隐性成本的方式计入成本，是厂商成本的一部分。如果厂商总收益等于总成本，它获得的经济利润就是零。

正常利润的决定类似于工资决定，它是由企业家才能这种生产要素的供给和需求决定的。如果企业家得不到正常利润，他将退出生产过程，生产就无法继

续进行下去。但只要可以获得正常利润,他将继续生产。

【本章小结】

1. 在经济学中,厂商的生产成本应该从机会成本的角度来理解。机会成本是指如果一种生产要素(还包括时间)被用于某一特定用途,它便放弃了在其他替代用途上可能获取的种种收益,所放弃的收益中最大的收益就是这一特定用途的机会成本。从机会成本的角度考虑问题,要求我们把每种生产要素用在取得最佳经济效益的用途上,做到物尽其用,人尽其才。

2. 厂商的生产成本包括显性成本和隐性成本两部分。即:总成本=显性成本+隐性成本。

3. 产品数量和成本之间的关系称为成本函数,记作:$C = C(Q)$,这里的 C 为成本,Q 为产量。如果投入劳动和资本的价格分别为 P_L 和 P_K,劳动数量 L 和资本数量 K,则成本方程是 $C = P_L \times L + P_K \times K$。

4. 在短期,厂商的成本有不变成本和可变成本之分。厂商的短期成本有七种:总成本(TC)、总不变成本(TFC)、总可变成本(TVC)、平均不变成本(AFC)、平均可变成本(AVC)、平均总成本(AC)和边际成本(MC)。

5. 在长期内,企业可以调整其全部生产要素,一切生产要素都是可以变动的。这样,在长期成本中没有不变成本,所有成本都是可以改变的。厂商的长期成本可以分为长期总成本(LTC)、长期平均成本(LAC)和长期边际成本(LMC)。在长期中,厂商通过对最优生产规模的选择,使得每一单位的产量都以最小的成本被生产出来。

6. 厂商实现利润最大化的原则是边际收益等于边际成本。

【复习与思考】

1. 解释下列概念:

机会成本、显性成本、隐性成本、等产量曲线、等成本线、边际成本、收益、利润、正常利润、边际收益

2. 下列说法是否正确:

(1)如果一个人选择上大学而不是参加工作,则她所付出的机会成本是他在学习期间所交的学费。

(2)长期中所有成本都是可变成本。

(3)由于固定成本不随产量的变化而变化,因而 AFC 不随产出变化而变化。

(4)如果产量减少到 0,短期内总成本也将为 0。

(5)企业总是选择最优投入组合,使得所有投入的边际产出为0。

(6)若等产量线的形状为直角形,则生产这种产品的技术为互补技术。

3.张三晚上自习,也可去看电影,电影值10元,票价只要2元,那么他自习的机会成本是多少?

4.假定某企业的短期成本函数是 $TC(Q)=Q^3-10Q^2+17Q+66$ 。

(1)指出该短期成本函数中的可变成本部分和不变成本部分。

(2)写出下列相应的函数:$TVC(Q)$ 、TFC 、$AC(Q)$ 、$AVC(Q)$ 、$AFC(Q)$ 和 $MC(Q)$ 。

5.假设某厂商的边际成本函数为 $MC=3Q^2-30Q+100$ 。若生产10单位产品时总成本是1000。求:

(1)固定成本的值。

(2)总成本函数、总可变成本函数、以及平均成本函数、平均可变成本函数。

6.已知某厂商的生产函数为 $\mathrm{Q}=0.5\mathrm{L}^{\frac{1}{3}}\mathrm{K}^{\frac{2}{3}}$;当资本投入量 $\mathrm{K}=50$ 时资本的总价格为500;劳动的价格 $PL=5$ 。求:

(1) 资本投入数量不变,求劳动的投入函数 $L=L(Q)$ 。

(2) 资本投入数量不变,总成本函数、平均成本函数和边际成本函数。

(3) 当产品的价格 $P=100$ 时,厂商获得最大利润的产量和利润各是多少?

第六章

完全竞争市场

>>> >

迄今为止，我们已经学习了消费者行为理论和生产者行为理论，本章将两者结合起来，进一步研究它们之间的交易行为怎样共同决定市场的均衡价格和均衡产量。

第一节　市场的类型

厂商进行生产的目的在于获取最大的利润。厂商的利润取决于厂商的收益和成本。厂商的成本是由生产中的诸多因素所决定的。厂商的收益决定于市场上的消费者对厂商的产品需求状况。在不同的市场条件下，厂商所面临的需求状况是有差异的，即厂商所面临的需求曲线的形状是不同的。这种差异直接影响厂商所获得的利润量。在此，有必要区分不同类型的市场和厂商。

微观经济学中的市场是指从事某一种商品买卖的交易场所。市场可以是一个有形的买卖商品的场所，也可以是一个利用现代化通讯工具进行商品交易的接触点。任何一种商品都有一个市场，有多少种商品就有多少种市场。譬如，这种市场可以是大米市场、自行车市场、袜子市场等。

与市场这一概念紧密相联系的另一个概念是行业。行业是指为同一个商品市场生产和提供产品的所有厂商的总体。同一种商品的市场和行业的类型是一致的。例如，完全竞争的市场对应的是完全竞争的行业，等等。

市场竞争程度的强弱是微观经济学划分市场类型的标准。影响市场竞争程度的具体因素主要有以下四点：第一，市场上厂商的数目；第二，厂商之间各自提供的产品的差别程度；第三，单个厂商对市场价格的控制程度；第四，厂商进入或退出一个行业的难易程度。根据以上四点，微观经济学中的市场被划分为四个类型，它们是完全竞争市场、垄断竞争市场、寡头垄断市场和完全垄断市场。关于这四个类型的市场和相应的厂商的区分及其特点可以用下表来说明。

表 6-1　市场和厂商类型的划分和特点

市场和厂商的类型	厂商的数目	产品差别的程度	对价格控制的程度	进出一个行业的难易程度	接近哪种市场情况
完全竞争	很多	完全无差别	没有	很容易	一些农产品
垄断竞争	很多	有差别	有一些	比较容易	香烟、糖果等
寡头垄断	几个	有差别或无差别	相当程度	比较困难	钢铁、汽车等
完全垄断	一个	唯一的产品，没有接近的替代品	很大程度，但经常受到管制	很困难，几乎不可能	公用事业，如水、电等

第二节　完全竞争市场简介

一、完全竞争市场的特点

完全竞争市场有以下四个特点。

1. 市场上有无数的买者和卖者

市场上有大量相互独立的买者和卖者，他们的供求总量决定市场的价格。但就个别家庭或厂商来说，任何一个买者或卖者的行动对市场价格的影响都是微不足道的，他们都面临着一个既定的市场价格，都是价格的接受者。所谓价格的接受者(*price taker*)是指任何单个买者或卖者都不影响商品的市场价格，商品的市场价格是由众多买者所形成的需求与众多卖者所形成的供给所决定的。

2. 产品同质

所有厂商都提供标准化的产品，也就是同质的、无差异的产品。它们不仅在原料、加工、包装、服务等方面一样，而且对买者来说，根本不在乎是哪家厂商的商品。由于产品无任何差别，厂商无法利用产品的特征通过销售方面的策略(比如通过做广告)影响消费者。各个厂商的产品可以完全替代。

3. 要素自由流动

企业所投入的各种资源可以自由流动。比如,劳动力的流动不存在任何限制。劳动力不仅可以在地区间自由流动,而且可以在不同的职业间自由流动。任何阻碍劳动力流动的障碍都是不存在的。资本也可以自由地流入或流出某一行业。

4. 信息充分

所有的顾客和厂商都具有充分的知识,完全掌握现在和将来的价格信息,因而不会有任何人以高于市场的价格进行购买,以低于市场的价格进行销售。

显然,这样理想的完全竞争市场实际上是几乎不存在的。通常,农产品市场被认为是接近于完全竞争。以小麦为例,世界小麦市场对每个参与小麦交易的买者与卖者来讲是完全竞争的市场。因为就单个买者或卖者而言,其买卖的数量都只占整个世界小麦交易量的一个很小的比重。因此每一个交易者都是价格的接受者,而无法对价格施加影响。另外,所有小麦生产者所生产的小麦可以认为是同质的。而且在许多小麦主要生产国,农业实行自由经营,意味着生产农产品的资源可以自由流动。可见,世界小麦市场基本满足上述四个条件,接近完全竞争。

虽然完全竞争市场在我们生活中是罕见的,但我们不能据此否认完全竞争市场理论分析的重要意义。完全竞争市场由于资源利用最优,经济效益最高,可以作为经济政策的理想目标。同时,完全竞争市场理论又是其他类型市场理论的基础,因此必须首先加以研究。

二、完全竞争市场的需求曲线和完全竞争厂商的需求曲线

对于单个厂商而言,其所面临的需求曲线非常简单,就是一条水平线。我们来看看这条水平的需求曲线是如何确定的。

在图 6-1(a)中,行业需求曲线是在对单个消费者需求曲线加总的基础上得到的,同样,把所有厂商的供给曲线加总就得到行业供给曲线。需求曲线和供给曲线的交点 E 是市场均衡点,对应的均衡价格和均衡产量分别为 P 和 Q。

就一个厂商来说,由于市场上的产销者成千上万,即使他把产销量增加一倍,对市场的总销售量的影响也微乎其微,可以忽略不计。这就是说,在完全竞争市场上,他可以不用降价,而按照当前市场价格出售他愿意出售的产品数量,即他面临的是一条水平的、弹性无穷大的需求曲线。如图 6-1(b)所示,厂商需求曲线是一条价格水平为 P 的水平线,且与平均收益和边际收益曲线重合。

由于技术进步等原因,整个行业的供给曲线会向右移.并在 E' 处达到均衡,此时的均衡价格为 P',相应地,厂商需求曲线会下移,如图 6-1(b)所示。

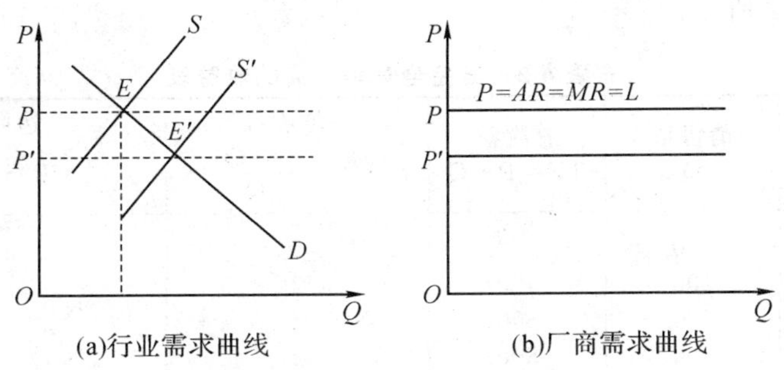

图 6-1 行业和厂商的需求曲线

三、完全竞争厂商的收益曲线

(一)厂商的收益

厂商的收益就是厂商的销售收入。厂商的收益可以分为总收益、平均收益和边际收益,分别用 TR、AR、MR 表示。

总收益指厂商按一定价格出售一定量产品时所获得的全部收入,用 Q 表示销售总量,则有:

$$\mathrm{TR(Q)=P\times Q} \tag{6.1}$$

平均收益指厂商在平均每一单位产品销售上所获得的收入。即:

$$\mathrm{AR(Q)=\frac{TR(Q)}{Q}} \tag{6.2}$$

边际收益指厂商增加一单位产品销售所获得的收入增加。即:

$$\mathrm{MR(Q)=\frac{\Delta TR(Q)}{\Delta Q}} \tag{6.3}$$

或者 $$\mathrm{MR(Q)}=\lim_{\Delta \mathrm{Q}\to 0}\mathrm{\frac{\Delta TR(Q)}{\Delta Q}=\frac{dTR(Q)}{dQ}} \tag{6.4}$$

显然,每一销售量水平上的边际收益值就是相应的总收益曲线的斜率。

(二)完全竞争厂商的收益曲线

厂商的销售收入即收益与市场上消费者对该厂商所生产的产品的需求状况有着直接的联系,所以,分析厂商收益曲线必须以该厂商所面临的需求曲线为依据。

在完全竞争条件下厂商所面临的需求曲线是一条水平线。它表示单个厂商无法通过改变销售量来影响市场价格,而只能被动地接受市场价格。在这样的前提下,假定某厂商所面临的既定的市场价格为 P=2,则由此编制的该厂商的收益如表 6-2 所示。

表 6-2 某完全竞争厂商的收益表

价格 P	销售量 Q	总收益 TR=P·Q	平均收益 $AR=\frac{TR(Q)}{Q}$	边际收益 $MR=\frac{\Delta TR(Q)}{\Delta Q}$
2	100	200	2	2
2	200	400	2	2
2	300	600	2	2
2	400	800	2	2
2	500	1000	2	2

从表中可见,在每一个商品销售量水平上,厂商都按既定的市场价格 P=2 出售商品。随着商品销售量的增加,厂商的总收益 TR 是不断增加的。但由于商品的单位销售价格是不变的,这就不仅使得厂商的平均收益 AR 必然保持不变,且等于商品的单位价格 2。这表明完全竞争厂商在任何商品销售量水平上都有:

$$AR=MR=P$$

假定市场上消费者的需求量总能得到满足,单个厂商的销售量总是等于他所面临的市场上对他产品的需求量,且商品的数量和价格可以无限分割,则可以根据表 6-2 绘制出相应的完全竞争厂商的收益曲线,如图 6-2 所示。

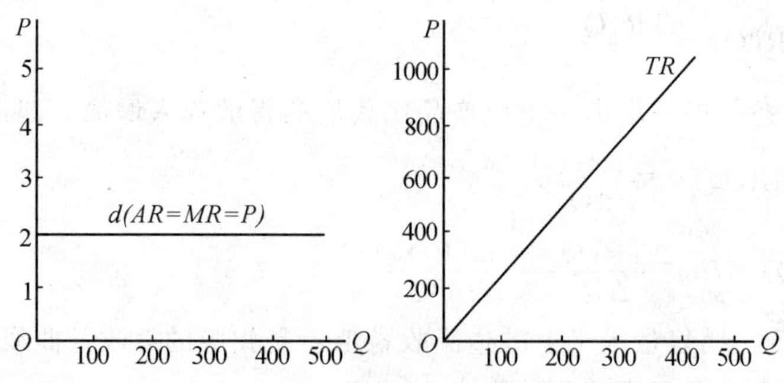

图 6-2 完全竞争厂商的收益曲线

图 6-2 中的横轴表示厂商所面临的商品需求量即销售量 Q,纵轴表示商品的价格 P。图中的收益曲线具有以下的特征:第一,完全竞争厂商的平均收益曲线 AR、边际收益曲线 MR 和需求曲线 d 这三条线是重合的,它们都用同一条水平线 d 来表示。这是因为对于完全竞争厂商来说,在既定价格下的任何需求量上都有 AR=MR=P,而完全竞争厂商所面临的需求曲线本身就是一条由既定

的市场价格水平出发的水平线。第二，完全竞争厂商的总收益 TR 曲线是一条由原点出发的呈上升趋势的直线。其之所以呈斜率不变的直线型，是因为每一销售量上边际收益值是相应的总收益曲线的斜率，即 $MR=\frac{dTR(Q)}{dQ}$，而完全竞争厂商的边际收益是不变的，它等于既定市场价格。

第三节　完全竞争市场的短期均衡

一、完全竞争厂商的短期均衡

首先我们必须明白“短期”的定义。在短期中，市场具有如下特点：其一，市场中的现有企业数目给定，即企业在短期内不可能进入或者退出该行业；其二，每个现有企业的机器、设备和厂房是固定不变的，企业只能通过增加劳动力，提高劳动技能，提高管理水平来充分利用现有设备进而提高产量。因此，所谓短期是指现有给定的企业充分利用现有设备提高产量的一段时期。为了便于用生产函数说明问题，经济学家认为，在短期内资本的数量固定不变，而劳动的数量则可变，这两种短期的定义实质上是一致的。

那么，短期均衡就是指在企业数目给定、企业设备给定的情况下的市场均衡。

给定一个完全竞争企业的成本和所面临的市场需求，以及获得最大利润的愿望，它如何决定它所愿意供给的数量呢？显然，厂商愿意供给的产量必然取决于生产成本。如果一辆自行车的市场价格是 1 元，那么没有厂商愿意提供这种产品，因为这个价格甚至连车座的成本也弥补不了。反过来，如果一辆普通自行车在市场上可以卖到 10000 元，那么会有许多人抢着去开新的自行车厂了。在正常的情况下，企业的产量决策并不是如此轻而易举，它涉及到产品生产的成本和销售收益。我们可以从总收益与总成本和边际收益与边际成本的角度来分析追求利润最大化的厂商将如何确定其实际的产量水平。

（一）总收益与总成本分析

我们首先分析一个来自现实生活中的例子。某厂商生产布鞋，市场售价是 12 元一双，厂商在短期内生产一定数量的布鞋的成本和收益情况如表 6-3 所示：

表 6-3 完全竞争厂商的短期成本和收益(元)

产量(1)	价格(2)	TR(3)	TC(4)	TVC(5)	总利润(6)	MC(7)	MR(8)	
0	12	0	15	0	−15	—	—	MR＞MC
1	12	12	25	10	−13	10	12	
2	12	24	33	18	−9	8	12	
3	12	36	40	25	−4	7	12	
4	12	48	46	31	2	6	12	
5	12	60	54	39	6	8	12	
6	12	72	63	48	9	9	12	
7	12	84	73	58	11	10	12	MR≈MC
8	12	96	84.9	69.9	11.1	11.9	12	MR＜MC
9	12	108	98	83	10	13.1	12	
10	12	120	113	98	7	15	12	
11	12	132	132	117	0	19	12	
12	12	144	155	140	−11	23	12	
13	12	156	185	170	−29	30	12	
14	12	168	225	210	−51	40	12	

表 6-3 中的第(3)栏表示该厂商从不同单位产量的销售中得到的总收益 TR,它等于销售量乘以单位产品的价格。既然假定价格是不变的,那么,总收益 TR 将和销售量同比例变化。第(4)栏表示该厂商的总成 TC,它随着产量的增加而不断上升,而且增长的速度越来越快,这是因为工厂越来越被充分地利用从而边际成本提高。第(6)栏表示总利润,它等于厂商在各个产量水平下总收益与总成本之间的差额。

从表 6-3 中可以看出,在产量较高和较低的时候,利润可能是负的,就是说,该厂商会蒙受亏损。在中间阶段的产量水平上,利润是正的。厂商总是追求利润的最大化,从表 6-3 可以看出,当产量为 8 单位时,利润为 11.1 元,是厂商利润最大化的产量。

我们用图 6-3 的总收益 TR 和总成本曲线 TC 来确定利润最大化的产量水平。在图 6-3 中,厂商希望选择使总收益最大可能地超过总成本从而使利润最大的产量水平,就是 Q_1。与 Q_1 相对应的总收益为 AQ_1,总成本为 BQ_1,二者之间的垂直距离 AB 就是总利润。显然,无论是在较高的产量水平上还是在较低的产量水平上,总利润都小于 AB。这是因为,在产量为 Q_1 时,TR 与 TC 曲线分离得最远(TR 曲线位于 TC 曲线之上),TR 曲线的斜率和 TC 曲线的斜率(TC 曲线上 B 点的斜率等于 bb′的斜率)相等,这说明此时的边际收益与边际成本相等。

在图 6-3 中，除了 Q_1 之外，还存在着两个转折点，一个是 Q_0，另一个是 Q_2，在这两个产量水平下，总收益曲线和总成本曲线相交，表明利润为 0，体现在总利润曲线上是与横轴相交的两个点，在 Q_0 的左边和 Q_2 的右边，利润都为负，说明在产量水平过高或者过低的时候，总收益都无法弥补所发生的总成本。

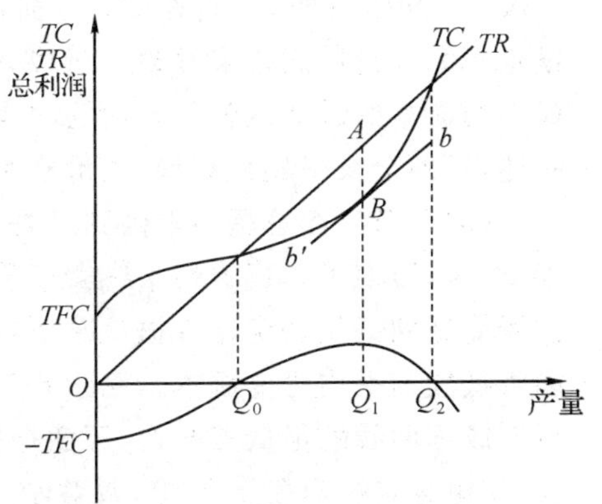

图 6-3 短期利润最大化：TR、TC 和总利润曲线

（二）边际成本和边际收益曲线分析

总收益与总成本分析可能是商人所喜欢使用的考察成本、收益和利润的方式，经济学家一般并不使用 TR 和 TC 曲线来分析厂商的产量决策，而是使用边际成本和边际收益曲线（分别是从 TR 曲线和 TC 曲线推导出来的），因为这些曲线能更明确地表示单个厂商的最有利可图的产量。

图 6-4 是根据表 6-3 中的数字绘制的，或者说，其中的单位成本（AC、AVC 和 MC）曲线是由图 6-3 中的总成本曲线推导出来的。下面，我们利用边际成本和边际收益来分析完全竞争厂商的短期均衡。一般地说，任何追求利润最大化的厂商，都将根据边际收益等于边际成本的原则来确定其产量，具体到完全竞争厂商的短期产量决策，这里主要有三种典型情况：

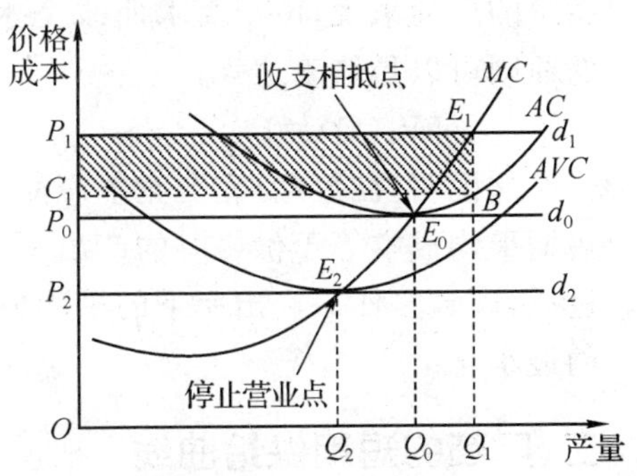

图 6-4 短期利润最大化：边际成本和边际收益曲线分析

（1）市场价格为 P_1 时，需求曲线 d_1 高于平均成本曲线的最低点，厂商能够获得最大利润的产量为 Q_1，在这一点上，厂商的边际收益等于边际成本。此时，平均成本为 BQ_1，总成本为 $OQ_1 \times BQ_1$，即 OQ_1BC_1 的面积，总收益是 $OP_1 \times OQ_1$，即 $OQ_1E_1P_1$ 的面积，从图中可以看到此时厂商获得的利润是阴影部分的面积。

（2）市场价格为 P_0 时，需求曲线 d_0 与平均成本曲线的最低点相切，厂商根据 MR＝MC 的原则，生产 Q_0 单位产量。在与 Q_0 相对应的均衡点 E_0 上，MC_0

$=AC_0=MR_0=P_0$,厂商既没有亏损,也没有超额利润,任何高于或低于 Q_0 的产量水平都会给厂商带来亏损。所以,平均成本曲线与边际成本曲线的交点 E_0,即平均成本的最低点就是所谓的收支相抵点。当价格水平高于这一点时,如上所述,厂商会获得超额利润,当价格水平低于这一点时,厂商会蒙受亏损。

(3)尽管厂商总是力求做到最好,但不一定总能获利。例如,当市场价格低于 P_0 时,短期平均成本将始终大于价格。短期下,厂商无法改变工厂的规模,他们所能做的只是决定在亏损状况下继续生产,还是停产。这要取决于产品价格能否抵偿其平均可变成本。在图 6-3 中,市场价格为 P_2 时,需求曲线 d_2 与平均可变成本曲线的最低点相切,厂商根据 MR=MC 的原则,生产 Q_2 单位产量。在与 Q_2 相对应的均衡点 E_2 上,收益刚好弥补了平均可变成本,如果需求水平高于 AVC 曲线的最低点,厂商应该继续营业;如果需求水平低于 AVC 曲线的最低点,厂商应停止营业。这是因为,厂商在短期内无论是否生产,都必须为固定投入支付固定成本,如果它停止营业,就要损失全部固定成本。因此,E_2 也是一个关键的转折点,我们称之为停止营业点。

从上面分析的三种情况可以看出,以利润最大化为目标的厂商将根据 MR=MC 的原则确定其均衡产量,这一点对任何厂商都是适用的,只不过对于完全竞争的厂商来说,由于需求曲线是水平的,MR=AR=P,所以上述利润最大化的原则可以具体表述为:

$$MC(Q)=P \tag{6.5}$$

这说明,在短期,完全竞争厂商要想让其利润最大化或损失最小化,它应在短期平均成本等于价格时的产出率下生产。但是,这一原则也有例外:如果价格过低,以致在任一产出率下的平均成本均高于价格,则厂商不生产才能实现损失的最小化。

二、厂商的短期供给曲线

假定某完全竞争企业的成本曲线如图 6-5 所示。现在我们有意识地改变市场价格,看看该企业相应的产量决策,以便得到价格和产量一一对应的一条曲线——供给曲线。

首先给定三条成本曲线 AC、AVC 和 MC。如果市场价

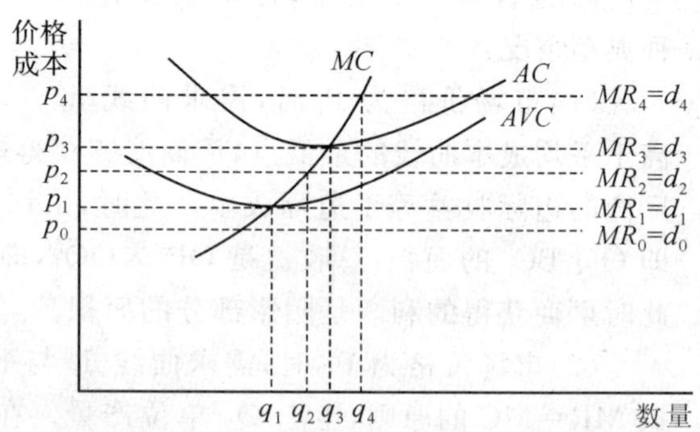

图 6-5　竞争企业的短期供给曲线

格为 p_4 企业的最佳产量为 q_4，价格为 p_3，产量为 q_3，价格为 p_2，产量便为 q_2；价格为 p_1，企业生产与停产无差异；如价格低于 p_1（如 p_0），企业的产量为 0。很容易观察到以下价格和供给量的对应关系：(p_4,q_4)，(p_3,q_3)，(p_2,q_2)，$(p_1,q_1$（或 0）$)$，$(q_0,0)$，因此，企业的短期供给曲线，就是高出 AVC 曲线最低点的 MC 曲线本身。

三、完全竞争行业的短期供给曲线

所谓产业供给曲线是指这一商品在整个市场的供给曲线，亦可称为市场供给曲线。

市场供给曲线和企业供给曲线的关系极为密切。事实上，市场供给曲线就是该完全竞争市场中所有企业供给曲线的水平和。为了更好地理解这一点，我们简单地假设市场中存在着 1000 个完全相同的企业，其中某一代表性企业的供给曲线如图 6-6(*a*)所示。那么，市场供给曲线就是所有企业在任一价格上的供给量总和点的轨迹，参见图 6-6(*b*)。

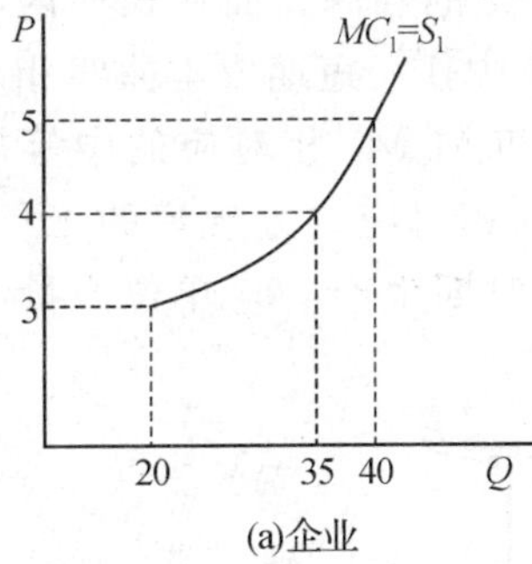

(a)企业

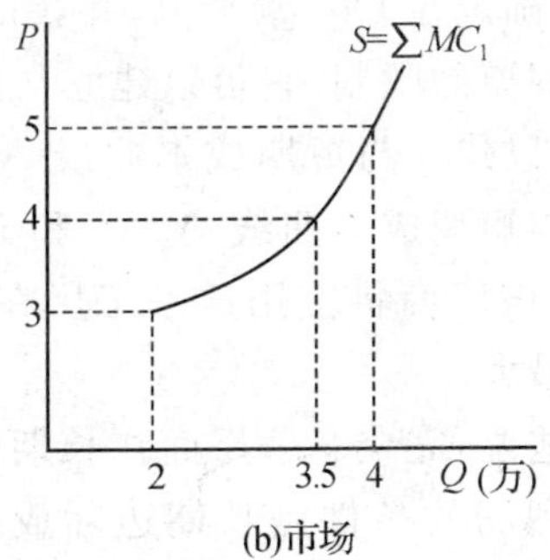

(b)市场

图 6-6 市场供给曲线的推导

图 6-6(*a*)中的 S_1 曲线为该完全竞争市场中 1000 个相同企业中的一个代表性企业的供给曲线。特别地，当价格为 3 时，该企业的供给量为 20 个单位，那么，该市场的供给量为 $20\times1000=2$ 万个单位。因此，我们可以得到市场供给曲线中的一个点：$(P,Q)=(3,20000)$。类似地，我们可以得到其他点，连接这些点便可以得到一条市场供给曲线 S，它是所有企业供给曲线的水平和。当然，即便是市场中的企业不完全相同，也不会影响到我们的一般结论：完全竞争中的市场短期供给曲线是所有企业供给曲线的水平和。

行业的短期供给曲线也是向上倾斜的。而且，行业短期供给曲线上的每一点都表示在相应价格水平下能够使全体厂商获得最大利润（或最小亏损）的行业短期供给量。

第四节 完全竞争市场的长期均衡

一、长期内的调整过程

当原有的厂商既可以调整其生产规模,又可以离开原行业,新的厂商也可以进入该行业时,我们的分析便由短期进入到长期。

假定某厂商现有生产规模的短期平均成本曲线和边际成本曲线分别为图6-7中的A_0A_0'和M_0M_0',产品的价格为OP。由于在短期内,厂商只能在现有的生产规模下经营,所以,它将根据短期边际成本与边际收益(价格)相等的原则,把产量确定在Oq_0水平上,并获得较少量的利润。而在长期内,厂商则不受现有生产规模的限制,它可以建立与图6-7中任一短期成本曲线相对应的工厂。例如,它可以建立与短期成本曲线A_1A_1'和M_1M_1'相对应的中等规模的工厂,或者建立与短期成本曲线A_2A_2'和M_2M_2'相对应的大规模的工厂。在上述假定条件下,该厂商将使用这一工厂在每一时期生产Oq_2单位产量,以使可能得到的利润最大。

一般地说,完全竞争厂商在长期内实现最大利润的条件是长期边际成本与价格相等,而在同一点上,厂商所用工厂的短期边际成本也与价格相等。显然,在图6-7中,上述条件只能在使用与短期成本曲线A_2A_2'和M_2M_2'相对应的工厂并在产量为Oq_2水平上才能实现。因为正是在这一产量水平上,厂商的边际成本等于价格,同时,厂商所用工厂的边际成本也与价格相等。

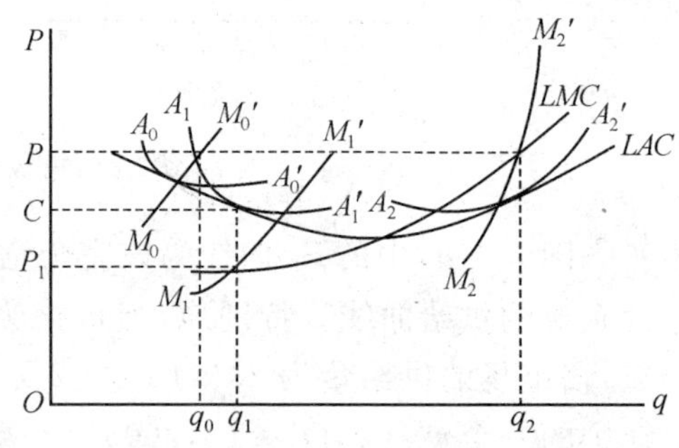

图6-7 厂商长期内生产规模的变化

如果行业内除该厂商外,所有厂商都建立了最佳规模的工厂,则该厂商的扩张不会对价格产生重要影响。这样,由于OP高于产量为Oq_2时的平均成本,所有厂商都将获得利润,既然经济学家所规定的成本已经包含了厂商的资源从其他最有利可图的用途中所能获得的收益,那么,这里所说的利润即经济利润意味着厂商得到的收益大于它将资源用于其他行业时所能获得的收益。这种高于平均水平的利润的存在会吸引新的厂商进入该行业，而当新厂商进入时，调整过程必将继续进行。

显然，新厂商的进入将使行业的供给曲线向右移动，就是说，在既定的价格下，行业的供给量将比以前增加。例如，假定图 6-8 中的行业供给曲线从 SS′移到 S_1S_1'，由此引起价格由 OP 下降到 OP_1，而行业的产量由 OQ 增加到 OQ_1。尽管由于新厂商的进入使行业总产量增加了，但每个厂商的产量却比以前减少了。现在，如图 6-8 所示，当价格为 OP_1 时，每个厂商的最佳产量为 Oq_1，不再是 Oq_2 了。而最佳的工厂是与短期成本曲线 A_1A_1' 和边际成本曲线 M_1M_1' 相对应的工厂。这样，已经建立起与短期成本曲线 A_2A_2' 和边际成本曲线 M_2M_2' 相对应的工厂的那些厂商，将损失一大笔收益。即使那些建立了最佳规模工厂（与短期成本曲线 A_1A_1' 和边际成本曲线 M_1M_1' 相对应）的厂商，每单位产量也损失 P_1C。

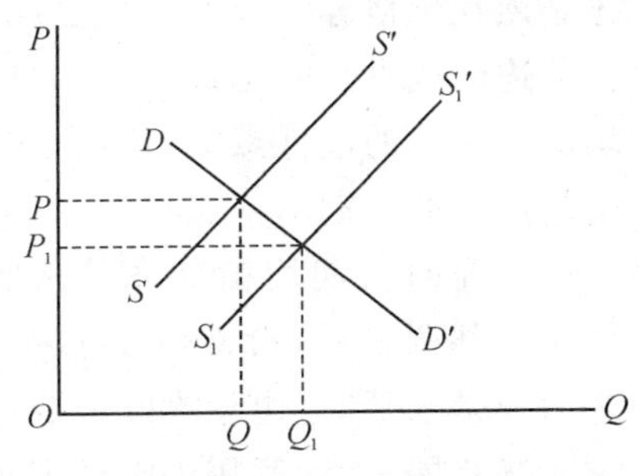

图 6-8　新企业进入的影响

达并不意味着拥有最佳规模工厂的厂商没有实现利润最大化，图 6-7 表明，在价格为 OP_1 时，如果厂商使用与短期成本曲线 A_1A_1' 和 M_1M_1' 相对应的工厂并生产 Oq_1 单位产量，则厂商的长期边际成本等于短期边际成本并等于价格。显然，这就是该厂商实现利润最大化或使亏损最小的途径。只不过问题在于，即使厂商尽了最大努力，它也不能获得经济利润。其结果，一些厂商将退出该行业。既然在其他行业中的厂商的资源所得到的收益更大些，企业家将把这些资源转移到其他行业。而由于厂商的退出使行业供给曲线向左移动，所以，调整过程还将继续下去。

二、厂商的长期均衡

上述调整过程将一直持续到有足够的厂商离开该行业，从而既消除了经济亏损、又不存在经济利润时才能最终结束。这时，行业中留下来的厂商将达到均衡。换句话说，厂商的长期均衡是在其长期平均总成本与价格（即平均收益）相等的那一点上实现的。如果价格超过了任一厂商的平均总成本，该厂商就会得到经济利润，这将吸引新厂商进入该行业，如果价格低于任一厂商的平均总成本，该厂商最终将退出该行业。

进一步说，厂商在达到长期均衡时，价格必须等于最低的长期平均总成本，或者说，厂商必须在其长期平均总成本曲线的最低点进行生产。这是因为，厂商要实现其利润最大化，必须在价格等于长期边际成本的那一点上经营，同时，它还必须在价格等于长期平均总成本的那一点上经营，而要同时满足这两个条件，长期边际成本必须与长期平均总成本相等。但正如第四章所述，只有在长期平均成本曲线的最低点上，长期边际成本才与长期平均成本相等，所以，这一点一定是厂商的长期均衡点。

厂商的长期均衡如图 6-9 所示。当作了全部调整后，价格等于 OB。既然需求曲线是水平的，边际收益曲线也就与需求曲线相同，二者都用 BB′来表示。厂商的均衡产量为 OV，与其所用工厂相对应的短期平均成本和边际成本曲线分别为 AA′和 MM′。在这一生产规模和产量水平上，长期边际成本与短期边际成本和价格都相等，这保证厂商实现利润最大化。另一方面，在同一产量水平上，厂商的长期平均成本与短期平均成本和价格相等，这又使得厂商的经济利润等于零。既然长期边际成本必须等于长期平均成本，均衡点就一定在长期平均成本曲线的最低点或底部。

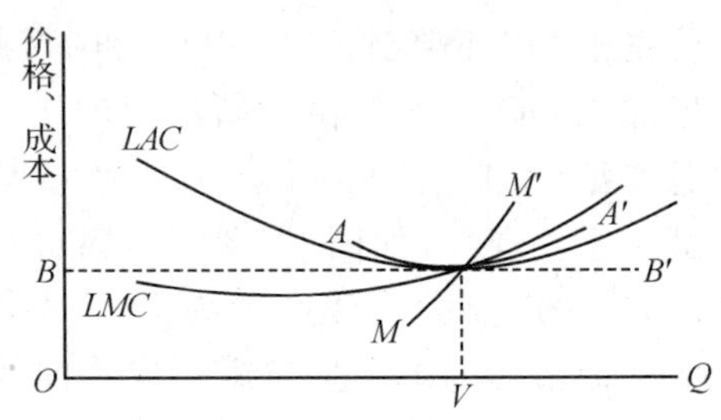

图 6-9　完全竞争厂商的长期均衡

由于价格对于行业内所有厂商来说必须是一样的，所以，所有厂商长期平均成本曲线的最低点一定是相同的。尽管有些厂商的成本看起来比同行业中的其他厂商低，但实际上，这些厂商通常都拥有与众不同的优等资源或具特殊才能的管理人员。这些优等资源的所有者若把其资源投入其他可供选择的用途中，本来就可取得比普通资源更高的价格。所以，使用较优等资源厂商的替换成本或隐含成本，高于那些使用普通资源的厂商。如果把这一点考虑进来，并假定这些优等资源是被恰当地耗费的，那么，表面上看成本较低的厂商，其成本并不低。

总之，完全竞争厂商长期均衡的条件是：

$$AR(P)=LMC=LAC=SMC=SAC$$

或者说，完全竞争厂商的长期均衡点，位于长期平均成本曲线最低点。

三、行业的长期均衡

在长期内，完全竞争行业的成本可能是不变的，也可能是递增或递减的，下面分别讨论这三种情况下行业的长期供给曲线和长期均衡。

(一)成本不变行业的长期均衡

成本不变行业是指随着行业的扩张或收缩不会引起厂商成本变化的行业。这可能是因为这个行业对生产要素的需求量，只占生产要素市场需求量的很小的一部分。在这种情况下行业的长期供给曲线是一条水平线，如图 6-10 所示。

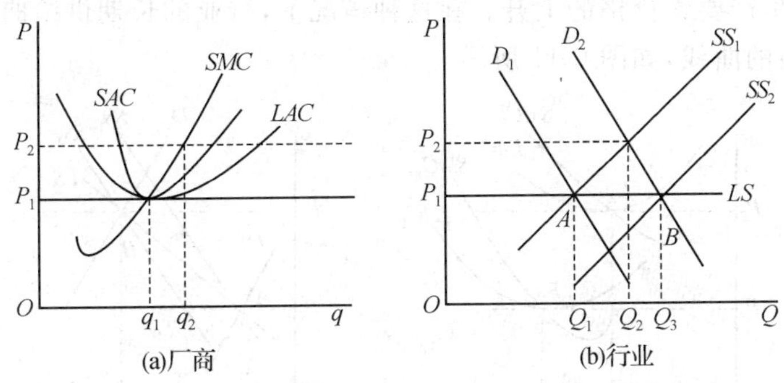

图 6-10　成本不变行业的长期供给曲线

完全竞争厂商和行业的长期均衡点是分析行业长期供给曲线的出发点，图 6-10 中，单个厂商在 LAC 曲线的最低点 E 实现长期均衡，单个厂商的利润为零。相应地，图(*b*)表示市场供求相等的市场需求曲线 D_1 和短期供给曲线 SS_1 的交点 A，是行业的一个长期均衡点。在长期均衡状态中，市场均衡价格为 P_1，它等于单个厂商的最低长期平均成本；行业的均衡产量为 Q_1，单个厂商的均衡产量为 q_1。

现假定市场需求增加，图 6-10 中，市场需求曲线由 D_1 移到 D_2 形成新的均衡价格为 P_2。在短期内，在价格为 P_2 时，厂商按照现有的生产规模，沿着短期供给曲线 SMC 将产量调整到 q_2，单个厂商的供给量 q_2 之和便构成了行业的总供给量 Q_2，它满足市场增加的需求，同时单个厂商获得了利润。

从长期看，由于利润的存在，会将新的厂商吸引到该行业的生产中来，行业的供给会进一步增加。随着新厂商的加入所引起的行业供给的增加，行业短期供给曲线将不断向右下方平移，这个过程一直要持续到市场均衡价格下降到使单个厂商的利润消失为止，即市场短期供给曲线移到 SS_2 的位置。于是整个行业在 SS_2 曲线与 D_2 曲线的交点 B 实现长期均衡。市场长期供给量由原来的 Q_1 增加 Q_3，而行业内的每个厂商的供给量仍为 q_1。

将图 6-10(*b*)中 A、B 两个行业的长期均衡点连接的直线 LS，就是行业的长期供给曲线。它是水平的，表明在长期内，成本不变行业是在不变的均衡价格水平上提供产量，这个均衡价格水平等于单个厂商不变的最低长期平均成本，整个行业的均衡产量,会因为市场需求的增减而增减,而长期的均衡价格却不会发生变化。

(二)成本递增行业的长期均衡

成本递增行业是这样一种行业,它的产量增加所引起的生产要素需求的增加,会导致生产要素价格的上升。在这种情况下,行业的长期供给曲线是一条向右上方倾斜的曲线,如图 6-11 所示。

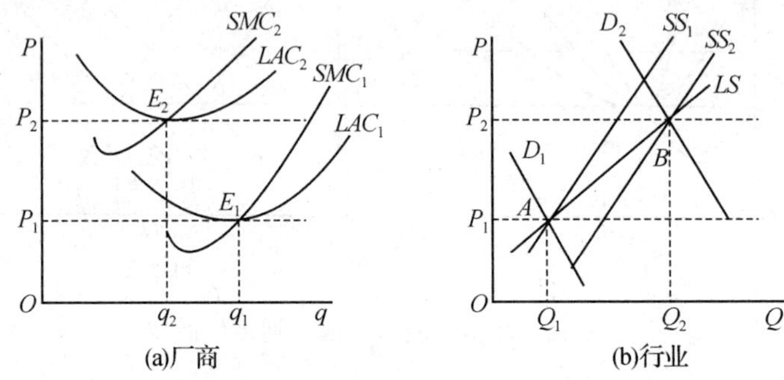

图 6-11 成本递增行业的长期均衡

最初,完全竞争厂商的生产成本以 LAC_1 和 SMC_1 曲线表示。图 6-11(*a*)中的 LAC_1 曲线的最低点 E_1 和图 6-11(*b*)中的市场供求曲线 D_1 和 SS_1 的交点 A,分别是完全竞争厂商和行业的长期均衡点。此时,市场的均衡价格为 P_1,它等于厂商的长期平均成本 E_1q_1;市场的均衡产量为 Q_1,它等于行业内每个厂商提供的均衡产量 q_1 之和,行业内每个厂商的利润为零。

如果市场需求增加,市场需求曲线移到 D_2,市场的均衡价格水平上升,从而给单个呈上升趋势的厂商带来了利润,并将新的厂商吸引进该行业的生产中来。由于行业产量的增加,使得生产要素的价格上升,于是,厂商生产每一产量水平的要素成本支出增加,企业的整个成本曲线将向上移动。最后行业的短期供给曲线移到 SS_2,单个厂商的成本曲线上升到 LAC_2 和 SMC_2,单个厂商在 LAC_2 曲线的最低点 E_2 实现长期均衡。整个行业在 SS_2 曲线和 D_2 曲线的交点 B 实现长期均衡。此时市场的长期均衡价格为 P_2,等于企业的最低长期平均成本 E_2q_2,行业的供给量为 Q_2,行业内每个厂商的利润为零。

将图 6-11(*b*)中的 A、B 连接,直线 LS 就是行业的长期供给曲线。它表明:随着成本递增行业长期供给量的增加,长期供给价格是不断上升的。市场需求的变化不仅引起行业长期均衡产量的同方向的变化,还引起市场长期均衡价格的同方向变化。

（三）成本递减行业的长期供给曲线

成本递减行业就是这样一种行业，它的产量增加所引起的生产要素需求的增加，反而会使生产要素的价格下降。行业成本递减的原因是外在经济的作用。这主要可能是因为从事生产要素生产的行业的产量增加，使得行业内单个企业的生产效率提高，从而使得所生产出来的生产要素的价格下降。成本递减行业的长期供给曲线是向右下方倾斜的。它表明：成本递减行业的长期供给价格会随着行业长期供给量的增加而下降。市场需求的变化会引起行业长期均衡产量的同方向变化和市场长期均衡价格的反方向变化。

【案例 6-1】

大型养鸡场为什么赔钱

在 20 世纪 80 年代，许多大城市为了保证居民的菜篮子，由政府投资修建了大型养鸡场，结果失败者多，一些大型养鸡场甚至竞争不过农民养鸡专业户，最后以破产而告终。这其中的原因很多，重要的一点在于鸡蛋市场是一个完全竞争的市场结构。

从经济学的角度看，这首先在于鸡蛋市场的市场结构。鸡蛋市场有三个显著的特点。第一，市场上买者和卖者都很多，没有一个买者和卖者可以影响市场价格。即使是一个大型养鸡场，在市场上占的份额都是微不足道的，难以通过产量来控制市场价格。用经济学术语说，每家企业都是价格接受者，只能接受整个市场供求决定的价格。第二，鸡蛋是无差别产品，企业不能以产品差别形成自己的垄断地位。大型养鸡场的蛋和老太太的鸡蛋没有什么不同，消费者也不会为大型养鸡场的蛋多付钱。第三，自由进入与退出，任何一个农民都可以自由养鸡或不养鸡。第四，买者和卖者都了解相关信息。这些特点决定了鸡蛋市场是一个完全竞争市场，即没有任何垄断因素的市场。

在鸡蛋这样的完全竞争市场上，短期中，供小于求，价格高，养鸡可获得超额利润。如果供大于求，价格低，养鸡可能亏本，但在长期中，养鸡企业（包括农民和大型养鸡场）在确定产量规模或在作出进入还是退出的决策时，一定要考虑价格和平均成本的关系。如果价格大于平均成本，原有的养鸡企业就会扩大生产规模，其他的人也会进入该行业。如果价格小于平均成本，企业就会作出减产或退出养鸡业的决策。当价格等于平均成本时，鸡蛋市场实现了长期均衡，这时企业的总成本等于总收益，企业可以得到正常利润。

政府建立的大型养鸡场在完全竞争市场上没有什么优势。它的规模不足以大到控制市场,产品也没有特色。在鸡蛋市场竞争激烈,产品价格很低的情况下,养鸡的农户可以把成本压得很低,因为农民几乎没有什么固定成本,也不向自己支付工资,成本支出主要是购买种鸡和饲料。而大型养鸡场的成本则压不下来,养鸡场要建大鸡舍,采用机械化方式,具有一批管理人员,还要向工人支付工资。这使养鸡场的成本大大高于行业平均成本。而农民则以低成本占领了鸡蛋市场。农民的市场份额决定了他们的成本就是平均成本,养鸡场的成本高于农民的养鸡成本,也就是高于行业平均成本,当价格等于行业平均成本时,养鸡场的破产就是必然的。

政府出资兴办大型养鸡场的动机或许是好的,但是,鸡蛋市场不需要大型养鸡场这样的"庞然大物",即使农民养鸡也实现了现代化,也难以有大型养鸡场的地位。鸡蛋市场的行业技术特点决定了小规模、低成本是该市场合理的企业组织方式。政府花钱建养鸡场是出力不讨好。这些年政府不再干预鸡蛋市场,市民们反而吃到了物美价廉的鸡蛋。

(资料来源:梁小民著:《微观经济学纵横谈》,生活·读书·新知三联书店2002年第二版。在引用过程中作了适当删改。)

第五节　资源配置过程

一、短期和长期内的调整

以前,我们提到资源在各种用途之间的配置是经济系统的主要功能之一。现在,我们进一步描述完全竞争经济是怎样随着消费者需求的变化来配置资源的。

具体而言,假定消费者的偏好发生了变化:消费者现在更喜欢喝咖啡,而不再喜欢以前曾普遍流行的喝茶。在短期内会出现什么情况呢?在短期内,对咖啡的需求增加(需求曲线向右移动)并使其价格上涨。伴随着制造商向上移动边际成本曲线和市场向上移动短期供给曲线,咖啡的产量会有某种程度的提高。然而,咖啡的产量的增幅不可能太大,因为这一产品的生产者具有固定的生产能力,在短期内无法实现扩张。同样,对茶叶的需求减少(需求曲线向左移动),价格将会下降(或者说,至少是库存增加),结果,会使茶叶的产量下降。但是,茶叶的产量不会下降很多,因为企业只要能够抵补可变成本,他们就将继续生产。然而,咖啡和茶叶价格上的相对变化向生产者表明,在长期内有必要对资源进行重新配置。这一信息是怎样向各企业传递的呢?咖啡较高的价格意味着其生产者赚到了经济利润(即获得了高于正常收益的利润),而茶叶较低的价格意味着其生产者遭受了损失(即得到的是低于正常收益的利润),这将引起资源的再配置。如果用于生产茶叶的某些投入品(如土地、化肥、劳动力等)可有效地转用于生产咖啡,那么,这些投入要素就将从茶叶的生产中退出,转向咖啡的生产。这种调整还将在与这两种饮料的生产相互关联的行业中发生。在这里,调整的结果是,咖啡的生产者把用于生产茶叶所需耗费的资源吸引到自己的生产中来。

尽管通过前面所说的资源调整使咖啡和茶叶这两个市场都已实现了均衡,但在事实上,对于咖啡的生产者来说,尚无足够的时间以形成新的生产能力,而对于茶叶的生产者来说,也尚无足够的时间削减过多的生产能力,因此,这两个行业均未在最低平均成本下运行。即在短期内,咖啡的生产者是在大于最低平均成本点的产量水平下运行,而茶叶的生产者是在小于最低平均成本水平下运行。

在长期会出现什么情况呢?相对于短期而言,消费者需求从茶叶转向咖啡将导致产量的较大调整和价格的较小调整。在长期内,现有的茶叶生产者可以减少一些产量并且会有新企业进入咖啡市场。对于与茶叶生产有关的企业而言,在短期内,与茶叶生产有关的机器设备将会严重滞销,甚至会有一些生产茶叶的企业破产(至少会有一些为茶叶生产提供设备的厂家关门)。但是在长期,随着生产茶叶企业的退出,该种产品的供给曲线将向左移动,价格上升。当价格的上升和成本的减少使亏损为零时,生产茶叶所需资源的退出就将停止。

当然,咖啡的生产者增加了可以使用的资源。但是,咖啡生产者获得的经济利润将会吸引新企业进入。投入要素需求的增加,将会提高投入要素的价格和咖啡生产成本,而咖啡的价格却将因为新企业的进入造成供给曲线的右移而被压低。新企业的进入在咖啡生产者的经济利润消失时停止。在这一点上长期均衡将再次实现。达到长期均衡后,咖啡市场上将有更多地企业并将更多的利用各类资源。

最后,长期均衡在这两个行业中都得以建立,使资源的重新配置得以完成。但是,要着重指出的是,资源再配置的影响并不是仅仅局限在咖啡和茶叶这两个市场。在分析一般均衡时,我们将对行业间资源配置过程中充满了相互影响这一问题再做进一步的讨论。

二、蛛网模型

蛛网模型通过引进时间变化的因素，连续考察属于不同时期的需求量、供给量和价格之间的相互作用，用动态分析的方法论述诸如农产品、畜牧产品这类生产周期较长的商品的产量和价格在偏离均衡状态以后的实际波动过程及其结果。

蛛网模型的基本假定是：商品的本期产量 Q_{ts} 决定于前一期的价格 P_{t-1}，即供给函数为 $Q_{ts}=f(P_{t-1})$，商品本期的需求量 Q_{td} 决定于本期的价格 P_t，即需求函数为 $Q_{td}=f(P_t)$。

根据以上的假设条件，蛛网模型可以用以下三个联立的方程式来表示：

$$Q_{td}=a-bP_t \tag{6.6}$$

$$Q_{ts}=-c+dP_{t-1} \tag{6.7}$$

$$Q_{td}=Q_{ts} \tag{6.8}$$

其中，a、b、c 和 d 均为常数且均大于零。

价格与产量波动的类型取决于供求弹性的大小，这也可以看作是弹性理论的应用。在上述函数关系假定下，当供给、需求弹性不同时，价格和产量的周期波动有三种情况：

(一)收敛型蛛网模型

如图 6-12 所示。这里，供给曲线 S 斜率的绝对值大于需求曲线 D 斜率的绝对值，即从图形上看起来，S 比 D 较为陡峭，或 D 较 S 较为平缓。或者换一种说法，供给的价格弹性小于需求的价格弹性。在这种情况下，当市场由于受到干扰偏离原有的均衡状态以后，实际价格和实际产量会围绕均衡水平上下波动，但波动的幅度越来越小，最后会回复到原来的均衡点。

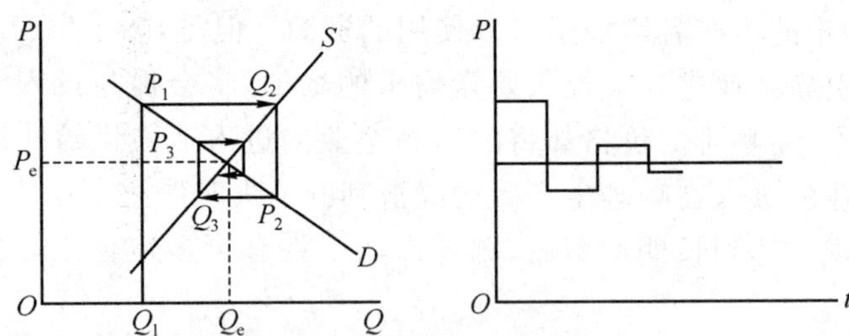

图 6-12　收敛型蛛网模型

假定，在第一期由于某种外在原因的干扰，如恶劣的气候条件，实际产量由

均衡水平减少为 Q_1。根据需求曲线，消费者愿意支付 P_1 的价格购买全部的产量 Q_1，于是，实际价格上升为 P_1。根据第一期的较高的价格水平 P_1，按照供给曲线，生产者将第二期的产量增加为 Q_2。

在第二期，生产者为了出售全部的产量 Q_2，接受消费者所愿意支付的价格 P_2，于是，实际价格下降为 P_2。根据第二期的较低的价格水平 P_2，生产者将第三期的产量减少为 Q_3。

在第三期，消费者愿意支付 P_3 的价格购买全部的产量 Q_3，于是，实际价格又上升为 P_3。根据第三期的较高的价格水平 P_3，生产者又将第四期的产量增加为 Q_4。

如此循环下去，如图 6-12 所示，逐年的实际价格是环绕其均衡价格上下波动的，实际产量相应地交替出现偏离均衡值的超额供给或超额需求，但价格和产量波动的幅度越来越小，最后恢复到均衡点 E 所代表的水平。由此可见，图中的均衡点 E 所代表的均衡状态是稳定的。也就是说，由于外在的原因，当价格和产量偏离均衡数值（P_e 和 Q_e）后，经济体系中存在着自发的因素，能使价格和产量自动恢复到均衡状态。

从图中可以看到，供给曲线与需求曲线相比较为陡峭时，即供给的价格弹性小于需求的价格弹性，才能得到蛛网稳定的结果，所以，供求曲线的上述关系是蛛网趋于稳定的条件，相应的蛛网被称为“收敛型蛛网”。

（二）发散型蛛网模型

如图 6-13 所示。这里，与图 6-12 的情况恰好相反，供给曲线 S 斜率的绝对值小于需求曲线 D 斜率的绝对值，即 S 与 D 相比较，前者较平缓。或者说，供给的价格弹性大于需求的价格弹性，这时，当市场由于受到外力的干扰偏离原有的均衡状态以后，实际价格和实际产量上下波动的幅度会越来越大，偏离均衡点越来越远。

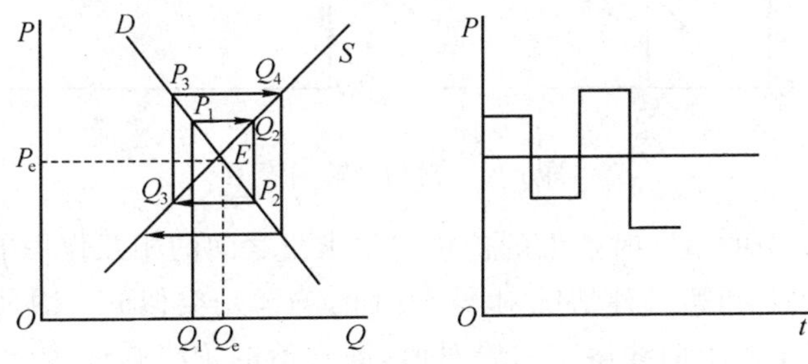

图 6-13 发散型蛛网模型

假定，在第一期由于某种外在原因的干扰，实际产量由均衡水平 Q_e 减少为 Q_1。根据需求曲线，消费者为了购买全部的产量 Q_1，愿意支付较高的价格 P_1，于是，实际价格上升为 P_1。根据第一期的较高的价格水平 P_1，按照供给曲线，生产者将第二期的产量增加为 Q_2。

在第二期，生产者为了出售全部的产量 Q_2，接受消费者所愿意支付的价格 P_2，于是，实际价格下降为 P_2。根据第二期的较低的价格水平 P_2，生产者将第三期的产量减少为 Q_3。

在第三期，消费者为了购买全部的产量 Q_3，愿意支付的价格上升为 P_3，于是，实际价格又上升为 P_3。根据第三期的较高的价格水平 P_3，生产者又将第四期的产量增加为 Q_4。

如此循环下去，实际产量和实际价格波动的幅度越来越大，偏离均衡产量和均衡价格越来越远。图中的均衡点 E 所代表的均衡状态是不稳定的，被称为不稳定的均衡。因此，当供给曲线比需求曲线较为平缓时，即供给的价格弹性大于需求的价格弹性时，得到蛛网模型不稳定的结果，相应的蛛网被称为“发散型蛛网”。

(三)封闭型蛛网模型

如图 6-14 所示。这里，供给曲线 S 斜率的绝对值与需求曲线 D 斜率的绝对值恰好相等，即供给的价格弹性与需求的价格弹性正好相同。这时，当市场由于受到外力的干扰偏离原有的均衡状态以后，实际产量和实际价格始终按同一幅度围绕均衡点上下波动，既不进一步偏离均衡点，也不会逐步地趋向均衡点。

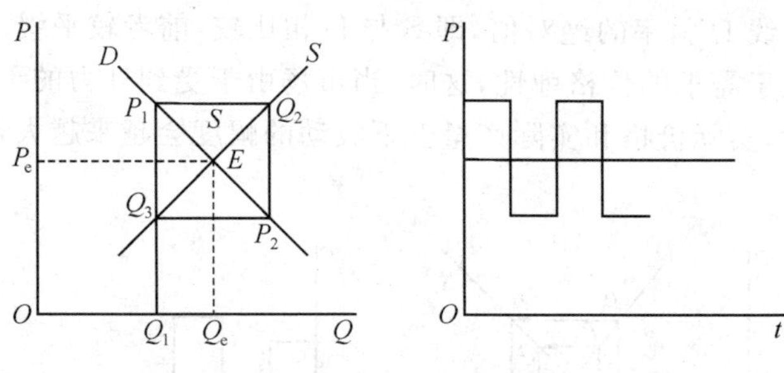

图 6-14　封闭型蛛网模型

对图 6-14 中的不同时点上的价格与供求量之间的相互作用的解释，与第一种情况对图 6-12 和第二种情况对图 6-13 的解释是类似的。因此，供给曲线斜率的绝对值等于需求曲线斜率的绝对值，即供给的价格弹性等于需求的价格弹性，为蛛网以相同的幅度上下波动的条件，相应的蛛网被称为“封闭型蛛网”。

西方经济学家认为，蛛网模型是一个有意义的动态分析模型。但是，这个模型还是一个很简单的和有缺陷的模型。根据该模型，造成产量和价格波动的主要原因是：生产者总是根据上一期的价格来决定下一期的产量，这样，上一期的价格同时也就是生产者对下一期的预期价格。而事实上，在每一期，生产者只能按照本期的市场价格来出售由预期价格（即上一期价格）所决定的产量。这种实际价格和预期价格的不吻合，造成了产量和价格的波动。但是，这种解释是不全面的。因为生产者从自己的经验中，会逐步修正自己的预期价格，使预期价格接近实际价格，从而使实际产量接近市场的实际需求量。关于这一点，西方经济学家阿西玛咖普罗斯(*A. Asimakopulos*)举出了以下事例：

【案例 6-2】

美国农产品供给中的蛛网模型案例

1972 年美国由于暴风雨和恶劣的气候，土豆产量大幅度下降，土豆价格上涨。随着土豆价格的上涨，农场主便扩大土豆的种植面积，使土豆产量在 1974 年达到历史最高水平。结果，导致土豆价格又急剧下降。以缅因州土豆为例，0.4536 千克土豆的价格由 1974 年 5 月的 13 美分降为 1975 年 3 月的 2 美分，该价格比平均生产成本还低。这种现象显然可以用蛛网模型来解释。作为补充，阿西玛咖普罗斯又举了一个特殊的例子来说明蛛网模型的缺陷：当农场主们都因土豆价格下降而缩减土豆的种植面积时，惟有一个农场主不这么做。因为这个农场主根据长期的经营经验，相信土豆价格将上升，而眼下正是自己增加土豆生产的时候。可见，这个农场主的预期和行为与蛛网模型所分析的情况是不吻合的。

（资料来源：*http://www.tjnubbs.com/read.php? tid*＝14403）

【本章小结】

1. 西方经济学把市场的类型分为完全竞争、垄断竞争、寡头垄断和完全垄断四种。

2. 完全竞争市场具备四个特征：参与者众多、产品同质、进退自由、信息充分。完全竞争市场中的厂商面临的需求曲线为一条水平直线，或者说厂商是价格的接受者。

3. 在短期内，厂商面对既定的市场价格，获得最大利润的途径是通过改变其可变投入的使用量来改变其产量。短期内厂商实现利润最大化的条件为 MC

=P。

4. 厂商的短期供给曲线就是平均可变成本曲线最低点以上部分的边际成本曲线。行业的短期供给曲线是所有厂商短期供给曲线的水平加总。把完全竞争行业的短期供给曲线与消费者对该行业商品的需求曲线结合起来，就得到完全竞争行业短期内的均衡价格和均衡产量。

5. 在长期内，厂商不仅可以调整产品的产量，而且可以调整生产规模，甚至离开原行业；新的厂商也可以进入该行业。厂商长期均衡的条件是LAC=LMC=SAC=SMC=P。在长期，完全竞争行业的成本可能是不变的，也可能是递增或递减的。成本不变行业的产量随着需求状况扩大或缩小，但并不改变这一长期均衡价格；成本递增行业的产量扩大时，行业的均衡价格会上升；成本递减行业的产量扩大时，行业的均衡价格会下降。

6. 蛛网模型通过引进时间变化的因素，以动态分析的方法论述诸如农产品、畜牧产品这类生产周期较长的商品的产量和价格在偏离均衡状态以后的实际波动过程及其结果。供给曲线与需求曲线相比较为陡峭时，表现为收敛的蛛网模型；供给曲线与需求曲线相比较为平缓时，表现为发散的蛛网模型；供给的价格弹性等于需求的价格弹性时，表现为封闭的蛛网模型。

【复习与思考】

1. 解释下列概念：完全竞争、收支相抵点、停止营业点、成本不变行业、成本递增行业、成本递减行业。

2. 解释为什么对于完全竞争市场上的厂商而言边际收益曲线、平均收益曲线和需求曲线重合。

3. 请用图说明完全竞争厂商的短期均衡的形成及其条件，并推出厂商的短期供给曲线。

4. 请用图说明完全竞争厂商的长期均衡的形成及其条件。

5. 已知某完全竞争行业的单个厂商的短期成本函数为 $STC=0.1Q^3-2Q^2+15Q+10$。求：当市场上的产品价格为55时，厂商的短期均衡产量及其利润。当市场价格降为20时呢？当市场价格下跌到什么时候企业会选择停产？企业的短期供给曲线是什么？

第七章

完全垄断市场

在前一章，我们学习了完全竞争市场的相关知识，在这一章，我们将学习与完全竞争市场截然相反的另一种市场类型——完全垄断市场。

第一节　完全垄断的性质及成因

一、完全垄断市场的性质

完全垄断，简称垄断或独占(*Monopoly*)。它包括卖方垄断和买方垄断。卖方垄断是指一个厂商独家控制一种产品的生产和销售。这是与完全竞争市场完全相反的市场类型。我们这里所指的完全垄断，在无特殊说明的情况下，都是卖方垄断。具体说，完全垄断的市场包含以下三个条件：

1. 市场上只有一个售卖者；
2. 该厂商所售商品没有非常类似的替代品；
3. 新厂商进入该市场几乎不可能。

上述第一个条件在现实生活中不常见。与对待完全竞争模型的认识一样，西方经济学者认为重要的不是模型的现实性如何，而是通过模型可以得出必要的结论，以解释经济现象。

上述第二个条件的含义是理解完全垄断的关键，它涉及到对市场这一概念的理解。

比如在鸡蛋市场,鸡蛋生产即使全部集中到一个厂商手里,这个厂商也不能控制这个市场而完全摆脱对手的竞争。他与家禽、肉类甚至奶类生产者之间依然存在竞争。当这些产品的价格下降、产量增加时,鸡蛋生产者的产量就会受到影响,垄断价格也将受到威胁。因为肉、蛋、奶之间存在较强的替代关系。一种商品的可替代性越强,来自于替代品生产厂商的竞争就越激烈,这种产品的市场就越不是一个独立的市场而与其他替代品合并于一个市场。只有在某种商品缺乏较好的替代品时,生产销售这种商品的厂商才有可能成为完全垄断者。

实际上,完全不存在替代品的商品是很少的,多数商品都有替代品,只是可替代程度不同而已。一些看起来用途很不一致的商品,在某一用途上却可以互相替代。因此,垄断者对市场并不拥有无限的权力。他虽然没有直接的竞争者,但是他们面临着其他可替代商品的生产者的间接竞争或潜在竞争。即使独处战场,他也感觉到正处在竞争局势之中。这就是垄断者具有的心态。理论上的完全垄断者仍然不能完全为所欲为,其经营活动还要受到市场需求的制约。

二、完全垄断的成因

产生垄断的原因归结起来主要有四个方面:

1. 对生产要素的控制。某个厂商如果控制了制造既定产品所必需的基本生产要素的全部供给,他就可能成为垄断者。最典型的例子是美国铝的生产行业。铝矾土是生产铝的主要原料,在相当长的一段时期内,美国的所有铝矾土都被美国铝业公司控制着,它因此成为美国唯一的铝生产商。

2. 专利权。一个厂商可能由于唯一地具有生产某种产品所必需的技术或生产某种特殊产品的唯一权利而成为垄断者。通常,这种使用某种生产技术或生产一定产品的独占权是由政府以专利的形式赋予的。美国的专利法准许发明人享有某种产品或独特工艺的专有权(目前,从归档之日起,专利生效期为20年)。实行专利法有其经济上的合理性。因为,如果发明成果能够立即被那些对该项发明的开发与研究毫无投资的人所利用,那么,厂商和个人将会减少对发明和创新的投资。

3. 自然垄断。如果某种产品的生产技术及其市场需求状况具有这样的特征,以至于一个大厂商既能够以有利可图的价格,又能以低于分享同一市场的几个小厂商的平均成本供给整个市场,那么,这个大厂商就会成为该行业的唯一生产者。若由两家或两家以上厂商提供相同产品,将导致更高的平均成本,各厂商均无利可图,造成社会资源浪费。这种行业属于自然垄断行业。例如,特定地区内的供电、供水和电话服务等公用事业就是自然垄断行业。

4. 市场特许权。政府往往授予某个厂商经营某种产品的特许权而使该厂商成为经营该产品的垄断者。许多国家的邮政业、某些公用事业都是政府给予某个公司特许的垄断经营权。

三、垄断厂商的需求曲线和收益曲线

(一)垄断厂商的需求曲线

由于垄断行业中只有一个厂商,所以,垄断厂商所面临的需求曲线就是市场的需求曲线,它是一条向右下方倾斜的曲线。如图 7-1 所示,CG 线就是垄断厂商所面临的需求曲线。假定商品市场的销售量等于市场的需求量,那么,垄断厂商所面临的向右下方倾斜的需求曲线表示垄断厂商可以通过改变销售量来控制市场价格:以销售量的减少来抬高价格,以销售量的增加来压低市场价格。也就是说,垄断厂商的销售量和市场价格成反方向的变动。

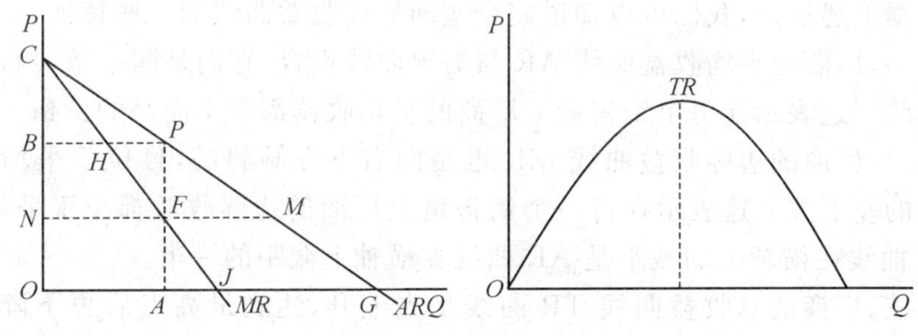

图 7-1　垄断厂商的收益曲线

(二)垄断厂商的收益曲线

完全垄断厂商的总收益(TR)、平均收益 (AR)和边际收益(MR)的含义,与完全竞争厂商相似。但由于完全垄断市场的价格随产量的上升而下降,因而完全垄断厂商的 AR 曲线和 MR 曲线与完全竞争厂商是不同的,即不是完全重合的水平线,而是具有不同负斜率的两条曲线,并且 MR 曲线必然位于 AR 曲线的下方。这是因为,当产量增加后,不仅最后增加的那个单位产品的价格比先前降低了,而且全部销售量的其他各单位的价格也比先前降低了,因而每增加销售一单位产品所带来的总收益的增量(MR),总是小于单位产品的售价 AR。由于完全垄断厂商的 AR 曲线就是他所面临的需求曲线,同理,可以认为垄断厂商的边际收益总是小于其销售价格。据此我们可以利用向右下方倾斜的需求曲线推导出垄断厂商的 MR 曲线。

如图 7-1 所示,完全垄断厂商的总收益曲线是先增后减的。总收益曲线 TR

与边际收益曲线 MR 之间的关系是：在 MR 为正值时，TR 是上升的；在 MR 为负值时，TR 是下降的。

假设完全垄断厂商的需求曲线是线性的，需求曲线(CG)是直线，与 CG 相应的边际收益曲线 MR 可以这样来解释：伴随完全垄断厂商的销售量的增加，在每一具体数量上的 MR 曲线的高度代表了在这一数量上总收益的增加量。当厂商销售量为 OA 时，市场价格为 PA，边际收益为 FA。此时，总收益为四边形 OBPA 的面积。总收益亦可用 MR 曲线下面的面积 OCFA 来表示。由于每个面积都表明同量的总收益，所以 ΔBCH 全等于 ΔHPF，据此可得出 BH＝HP，H 为 BP 线的中点。总之，当需求曲线是直线时，边际收益曲线也是直线，价格轴上任意一点与需求曲线相联结的平行于横轴线段的中点，即为 MR 曲线上的一点。如图 7-1 中的 F 是 MR 曲线上的一点，并位于 NM 线段的中点。同理，J 是 MR 线上的一点，OJ＝JG。

根据上述推论，我们可以知道完全垄断厂商收益曲线的一些特征：

第一，厂商的平均收益曲线 AR 与需求曲线重合，它们是同一条向右下方倾斜的曲线。这表示在每个销售量上厂商的平均收益都等于商品的价格。

第二，厂商的边际收益曲线 MR 也是向右下方倾斜的，且位于平均收益曲线 AR 的左下方。这表示在每一个销售量上厂商的边际收益都小于平均收益。且 MR 曲线在横轴上的截距是 AR 曲线在横轴上截距的一半。

第三，厂商的总收益曲线 TR 曲线是先上升，达到最高点后再下降的。因为，在每一个销售量上的 MR 值都是相应的 TR 曲线的斜率，当 MR 为正时，TR 曲线的斜率为正(即 TR 曲线是上升的)；当 MR 为负时，TR 曲线的斜率为负(即 TR 曲线是下降的)；当 MR 为零时，TR 曲线的斜率为零(即 TR 曲线达到极值点)。

第二节　垄断厂商的短期均衡

在完全垄断市场上，厂商可以通过对产量和价格的调整来实现利润最大化。但是完全垄断厂商并不能任意确定产品价格。垄断厂商的产品价格不可能脱离消费者能够承受的限度。如果价格太高，消费者会转向购买其他替代品。短期内厂商对产量的调整也要受到限制，因为短期内厂商无法改变固定要素的投入量，厂商只能在既定的生产规模下调整产量和价格。垄断厂商在短期内的经营可能有三种情况:获得净利润,净利润为零或盈亏相抵(只获得正常利润),蒙受损失。垄断厂商的处境如何取决于需求的状况和平均成本的状况,也就是取决于需求曲线和平均成本曲线的相对位置。

一、获取经济利润时的短期均衡

如图 7-2 所示,AC、MC 分别为垄断厂商的短期平均成本与边际成本曲线。为简单起见,假设需求曲线 D,也就是平均收益曲线 AR 呈线性,MR 为边际收益曲线。垄断厂商将根据边际收益等于边际成本的原则将产量确定在 Q_1 点,与此相对应的价格为 P_1,此时平均成本则为 C_1,所以,厂商获得经济利润。从图中可以看出,垄断厂商的总经济利润就是阴影部分 P_1C_1BA 的面积。

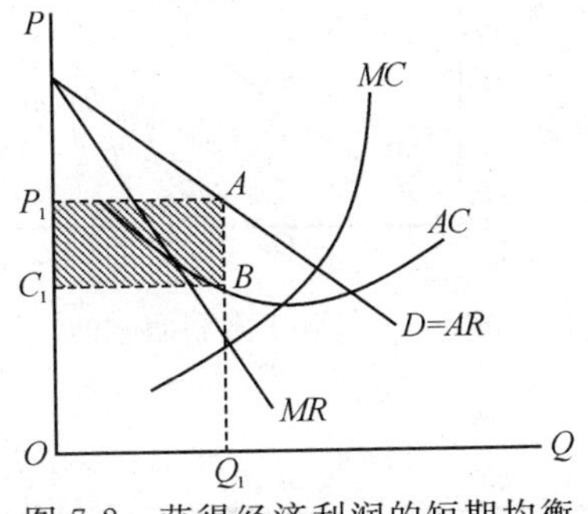

图 7-2　获得经济利润的短期均衡

二、获取正常利润时的短期均衡

图 7-3 说明了垄断厂商获得正常利润的短期均衡。垄断厂商根据产品边际成本等于边际收益的利润最大化原则,将均衡的产量确定在 Q_2,与此相对应的均衡价格为 P_2,这时平均成本水平也为 P_2。不难看出,垄断厂商处于收支相抵点,即厂商只能获得正常利润,没有经济利润。

三、亏损状态下的短期均衡

如图 7-4 所示,当垄断厂商所面临的需求曲线低于平均总成本曲线 ATC,但高于平均可变成本曲线 AVC 时,在任何产量水平上,厂商都会蒙受亏损。为使亏损降到最低限度,厂商仍将根据边际收益等于边际成本的原则,把产量定在 Q_3 上,与此相对应的均衡价格为 P_3,这时,平均成本水平为 C_3,因为平均成本 C_3 大于平均收益(价格)P_3,所以,厂商处于亏损状态。或者从另一角度分析,厂商的总收益为 OQ_3AP_3,总成本为 OQ_3BC_3,后者比前者多 P_3ABC_3,所以,厂商处于亏损状态,亏损额为 P_3ABC_3。

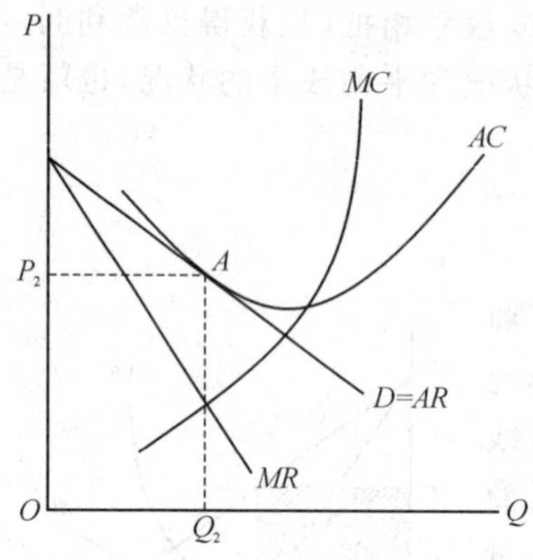

图 7-3　获取正常利润时的短期均衡

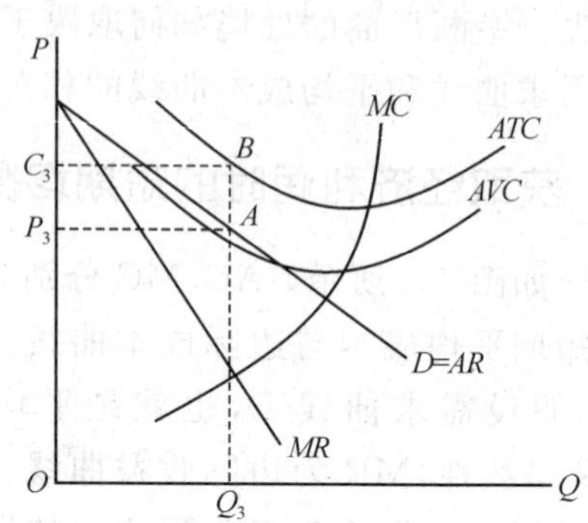

图 7-4　亏损状态下的短期均衡

第三节　垄断厂商的长期均衡

我们在上一节的基础上分析垄断厂商的长期均衡。

一、短期内存在经济利润时的情况

与完全竞争的长期均衡不同，垄断行业的长期均衡并不一定以经济利润的消失为标志。如果垄断厂商在短期内能获得经济利润，只要需求曲线不向左移动，它在长期内就仍然能够获得经济利润，因为它无论是在短期还是在长期，都不会遇到竞争对手，除非该行业不再是垄断行业。

获得短期经济利润的垄断厂商，在长期内不仅可以利用原有的生产规模维持原来的利润水平，而且可以通过调整生产规模以获得比原来更多的利润。例如，如图 7-5 所示，假定垄断厂商的需求曲线为 DD′，边际收益曲线为 MR，长期平均成本曲线和长期边际成本曲线分别为 LAC 和 LMC，并假定厂商与最初的生产规模相对应的短期平均成本和短期边际成本曲线分别为 SAC_1 和 SMC_1。垄断厂商根据边际成本等于边际收益的利润最大化原则，即根据 $SMC_1=MR$ 确定最初的短期均衡产量为 OQ_0，均衡价格为 OP_0，相应的短期平均成本为 OB，所以，最初可获得的经济利润将是 $OQ_0\times(OP_0-OB)$。

然而，在长期内，厂商可以调整其生产规模以获得大于 $OQ_0\times(OP_0-OB)$ 的利润。显然，当垄断厂商选择长期边际成本等于边际收益的产量水平时，它将获得长期最大利润。如图 7-5 所示，当产量为 OQ_1 时，厂商的长期边际成本曲线 LMC 与边际收益曲线 MR 相交，与此对应的长期平均成本为 OC，价格为 OP_1，与这一规模相对应的短期平均成本曲线为 SAC_2，短期边际成本曲线为 SMC_2。此时的总利润为 $OQ_1 \times (OP_1 - OC)$，这是垄断厂商在长期内所能获得的最大利润。从图中可以看出，这个利润显然大于 $OQ_0 \times (OP_0 - OB)$。由于不存在直接的竞争对手，垄断厂商的经济利润可以长期保持。

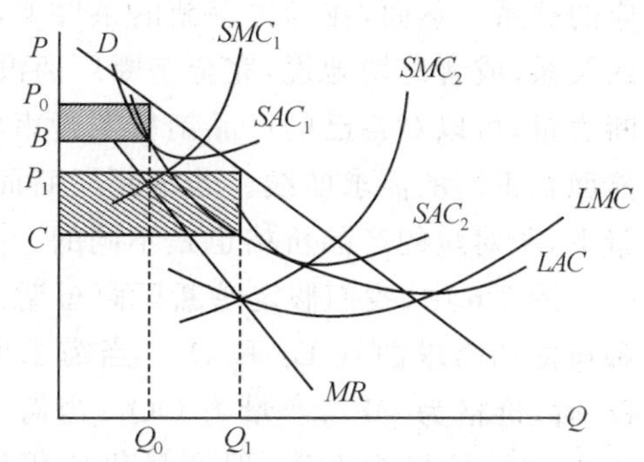

图 7-5　垄断厂商的长期均衡

从以上分析我们可以得出垄断厂商的长期均衡条件是：

MR＝SMC＝LMC

这就是说，只有当垄断厂商产品的长期边际成本 LMC 与短期边际成本 SMC 同时等于边际收益 MR 时，垄断厂商的长期均衡才能达到，而在这一条件得到满足时，短期平均成本 SAC 必定等于长期平均成本 LAC，即长期平均成本曲线与短期平均成本曲线相切。因为如前所述，与短期边际成本曲线和长期边际成本曲线的交点相对应的长期平均成本曲线上的点，同时就是相应的短期平均成本曲线与长期平均成本曲线相切的切点。

二、短期内只获得正常利润时的情况

如果垄断厂商在短期内只能获得正常利润，在长期内，它可能通过调整生产规模以获得利润，也可能会继续处于收支相抵点（尽管其生产规模可以相应地扩大）。究竟是哪一种结果，这要取决于它所面对的需求曲线的位置和形状。

三、短期亏损时的情况

如果垄断厂商在短期内蒙受亏损，那么，在长期内，假如能够通过调整生产规模消除亏损或取得经济利润，它将继续留在这一行业并进行长期的调整；假如无论怎样调整其生产规模都不能避免亏损的话，它在长期内将退出该行业。

四、完全垄断行业价格与产量之间的关系

在完全竞争条件下，将所有厂商短期供给曲线加总就可以得到行业的供给曲线。由于行业供给曲线的存在，产品价格与产量或供给量之间存在着一一对

应的关系。然而,在卖方垄断的条件下,价格和产量之间却不存在这种一一对应的关系,或者确切地说,完全垄断厂商没有供给曲线。由于垄断厂商具有某种垄断力量,可以对自己的产品销售实行市场分割,因此,不同的市场上垄断厂商可能面临不同的需求曲线。若垄断厂商面临的需求曲线形状不同,即使在同一产量下,所对应的产品价格也是不同的。我们用图 7-6 来分析这种情况。

图 7-6 中,我们假定垄断厂商短期面临两种可能的需求曲线 D_1 和 D_2。当需求曲线为 D_1 时,价格为 OP_1,产量为 OQ_1;当需求曲线为 D_2 时,价格为 OP_2,但产量仍然仍保持在 OQ_1 水平上。这就是说,同一产量水平可能会对应不同的价格。同样地,同一价格水平也可对应不同的产量。因此,垄断厂商不存在价格与产量一一对应的关系。

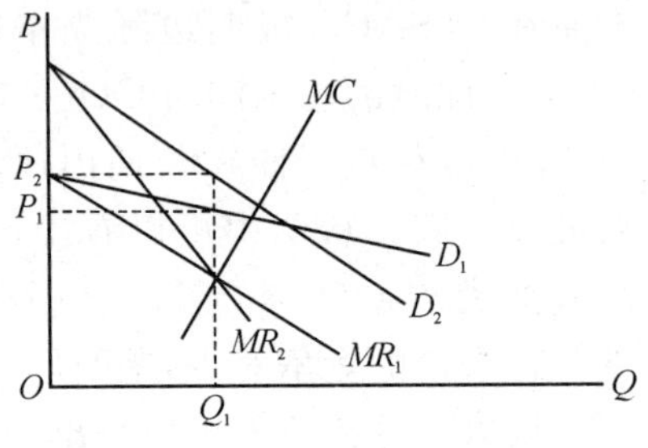

图 7-6 不同价格下的同一产量

第四节 价格歧视

一、价格歧视及其实现条件

在许多情况下,企业会努力把同一种物品以不同的价格卖给不同的顾客,这种做法被称为价格歧视。价格歧视是企业最常用的策略之一。在现实经济生活中,我们也不难发现这样的例子。如电影院对老人和儿童收取的价格低于其他观众。在竞争市场上,价格等于边际成本,为老人和儿童提供一个座位的边际成本与为其他人提供一个座位的边际成本相同。但如果电影院有某种地区性垄断力量,而且,如果老人和儿童对电影院的支付意愿低,就能解释这个事实了。在这种情况下,电影院通过价格歧视能增加利润。

要成功地实行价格歧视,必须满足以下几个条件。

第一,实施价格歧视的厂商必须具有一定的市场力量。在竞争市场中,价格歧视是不可能的:在竞争市场上,有许多以市场价格出售同一种物品的企业,没有一个企业愿意向任何一个顾客收取低价格,因为企业可以以市场价格出售它想出售的所有物品,而如果任何一个企业想向顾客收取高价格,顾客就会向另一个企业购买。因此,对于一个实施价格歧视的企业来说,它应该有某种市场力量。

第二，价格歧视要求厂商能根据消费者的支付意愿划分顾客。这个支付意愿包括不同消费者的支付意愿，以及同一消费者在不同购买量下的支付意愿。厂商可以从地域、年龄、收入、消费习惯等多个方面来划分顾客。

第三，厂商必须能够阻止转售套利现象的发生。如果被厂商索取低价的消费者群体A能够转售产品给被索取高价的群体B，所开出的价格低于垄断厂商向群体B索取的价格，但高于群体A自己购买的价格，那么，群体A就能够转售获利，而群体B中的任一成员都不会直接向垄断厂商购买了。限制转卖是使所有类型价格歧视成立的必要条件。

二、价格歧视的分类

对于价格歧视，传统的分类方法来自于庇古（*Pigou*，1920），根据他的理论，价格歧视可以分为3级，即一级价格歧视，二级价格歧视，三级价格歧视。

（一）一级价格歧视

一级价格歧视又叫做完全价格歧视。在一级价格歧视中，厂商不但要事先了解市场出清价格，而且还要知道每个消费者所愿意支付的最高价格，也就是厂商完全了解每个消费者的需求曲线。厂商此时对每个消费者收取不同的价格，该价格正好等于消费者愿意为每单位产品所支付的最高价格（只要这个价格超过生产的边际成本），这样厂商就攫取了全部的消费者剩余。

如图7-7所示，在实行一级差别价格的场合，垄断厂商的收益即利润有极大提高。厂商的总收益不再像通常那样为其单一的均衡价格和均衡产量的乘积，即图中的 P_0 和 Q_0 的乘积，即 OP_0aQ_0 的面积，而是 $ObaQ_0$ 的面积。这样，实行一级价格差别的厂商就把数量为 P_0ba 的消费者剩余全部据为已有。

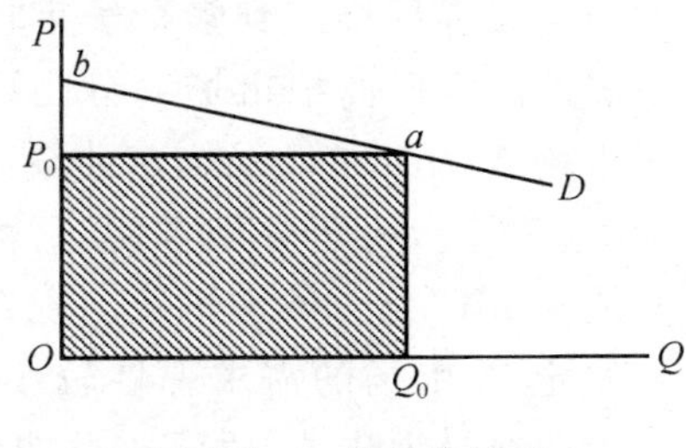

图7-7 一级价格歧视

（二）二级价格歧视

二级价格歧视，也叫做非线性定价。在这里，厂商实行价格歧视的依据不是对不同的消费者收取不同的价格，而是根据消费者所购买的数量的不同而收取不同的价格。二级价格歧视是现实生活中常见的价格歧视。许多企业对购买量大的顾客提供低价格，如面包店可能对每个面包收取0.5美元的价格，但对一打面包总共收取5美元的价格。之所以说这是一种价格歧视，是因为顾客对购买的第一单位付出的价格高于第二单位。这种价格歧视通常被叫做数量折扣。而它流行的原因是卖方往往没有单个消费者的支付意愿水平的确切信息。

如图 7-8 所示，如果消费者购买量少于 Q_0 单位，厂商收取的价格就为 P_0。如果购买量大于 Q_0 单位小于 Q_1 单位，则收取的价格处于中间的 P_1。如果购买量超过 Q_1 单位，厂商收取的价格更低，为 P_2。所以，厂商从每个消费者中得到的收入是所有的阴影部分的面积。而如果厂商不实行这种价格歧视，而只是将价格定于 P_2，产量定为 Q_2，那么它只能获得较少的收益 OP_2EQ_2。显然，实行了价格歧视给厂商带来了更多的收益。

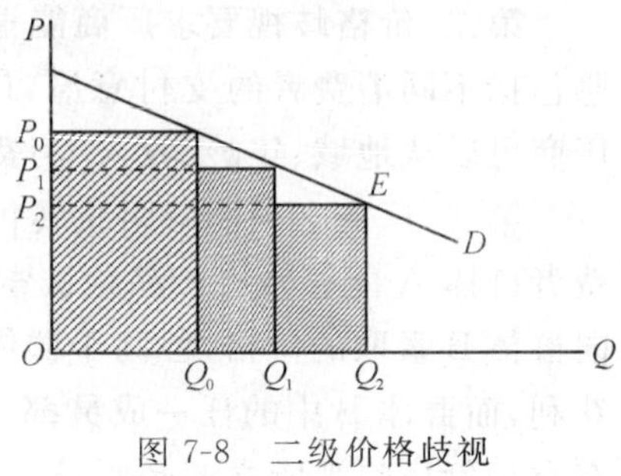

图 7-8　二级价格歧视

（三）三级价格歧视

在三级价格歧视中，消费者被划分为若干不同的群体，也就是整个市场被划分为不同的分市场，厂商对每个消费群体收取不同的价格。在同一个分市场上，消费者支付的价格是相同的，但价格在不同的分市场上是不同的。在现实生活中，如飞机、火车都有专门的学生票，在特定的时间内收取较低的价格，以及优惠券制度等都属于三级价格歧视。

我们用图 7-9 来说明厂商在两个子市场的情况下的定价过程，所得的结论很容易推广到多个子市场的情况。假定厂商把市场划分为两个子市场 A 和 B，它们的需求曲线分别为 D_A 和 D_B，为了分析方便，厂商边际成本 MC 为一条水平线。现在我们假定 A 市场的需求弹性较小，其需求曲线较为陡峭，边际收益曲线 MR_A 也相对陡峭；而 B 市场的需求弹性较大，其需求曲线较为平坦，边际收益曲线 MR_B 也相对平坦。这样，按照边际收益等于边际成本的原则，厂商利润极大化的产量在 A 市场是 Q_A^*，在 B 市场是 Q_B^*，而相应的均衡价格分别为 P_A 和 P_B，在图中，显然 P_A 高于 P_B。从中可以看出，厂商针对不同的市场需求状况制定不同价格，即对需求弹性较小的市场索取较高的价格，而对需求弹性较大的市场制定较低的价格。

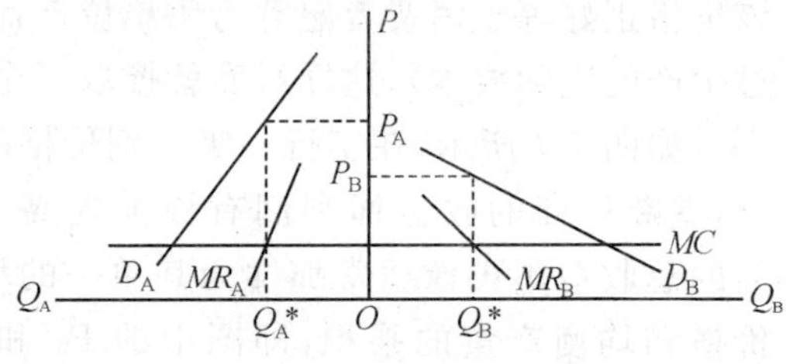

图 7-9　三级价格歧视

【案例 7-1】

歧视价格——机票定价的另一种思路

近年来,关于民航机票打折的争论始终没有平息。以民航公司为代表的一方迫于运力过剩,客源不足,要求并实行过机票打折,有一阵打折之风甚强。以民航管理局为代表的一方担心民航业自相残杀的恶性竞争,三令五申反对机票打折。虽然禁止打折的政令也实施了,但这场争论的是非曲直并没有定论。其实定价并非只有打折与不打折两条路,何不试试其他定价方法呢?

国外民航业常用的一种定价方法是歧视价格。歧视价格是对同一种物品或劳务在同一时间里向不同消费者收取不同的价格。例如,有的民航公司对两城市间的往返机票收取两种价格:全价与折扣价。对周六在所到达城市住一晚的乘客收折扣价,对周六不在所到达城市住的乘客收全价。这种对同一次航班(服务完全相同)收取两种不同价格的做法就是运用了歧视价格的定价方法。

歧视价格得以实行在于消费者分为不同的集团,不同集团的消费者对同一种物品或劳务需求弹性不同。以民航服务而言,消费者大体可分为两个集团:公务出差者和私人旅游者。前者需求缺乏弹性,因为公务有时间性,且由公费支出,出差者只考虑时间的合适性,很少考虑价格变动,价格变动对这部分人坐飞机的需求量影响很小。后者需求富有弹性,旅游者时间要求不严格,但由私人支出,要更多考虑价格因素,价格变动对这部分人坐飞机的需求量影响很大。

如果民航公司不实行打折,私人旅游者难以增加,但如果实行打折,本来不打折需求量也不会减少的公务出差也沾了光,民航公司又是一种损失。于是就对这两类乘客实行歧视价格。

但如果民航公司简单地列出两种价格,恐怕没有一个公务出差者愿意出高价,公司以这两种价格售票时,乘客都会以旅游者自称。所以,实行歧视价格的关键是要能用一种客观标准区分这两类乘客。民航公司用的方法就是周六是否在所到达的城市住一个晚上。对公务出差者来说,周六与周日无法办理公务,为省几个钱而在所去的城市呆两天,放弃了周末与亲人团聚,实在不合适,何况省的又不是自己的钱。对私人旅游者来说,反正是去玩,呆多长时间,什么时候去关系不大,而买便宜机票省自己的钱还是重要的。这样就可以方便地对两类乘客实行歧视价格。

实行歧视价格增加了民航公司的收益。这就是说，公务出差者仍以原价购买机票，乘客不会减少(需求缺乏弹性)，来自这部分乘客的收益不会减少。私人旅游者以折扣价格购买机票，由于需求富有弹性，乘客增加的百分比大于原降价的百分比，来自这部分乘客的收益增加。这样，总收益增加了。而且，这种方法还使客源在时间分布上趋于稳定：公务出差者在工作日外出者多，而私人旅游者为了省钱会选择休息日外出。这样就不会出现乘客过多或过少的现象，也有利于民航业的正常运行。

歧视价格的形式也很多。例如，美州航空公司1992年将纽约至伦敦间的经济舱分为五种价格：2084美元、918美元、599美元、439美元、379美元。各种价格的限制条件不同，2084美元无任何限制，而379美元有三个限制条件：提前21天购买，不适用于周末，不退票。这两者之间的价格限制条件又不同。这种方法把乘客分为不同收入的集团，高收入者购买方便的高价票，低收入者也可买低价票到伦敦一游。

其他行业中也实行不同歧视价格，如电力部门对工业用电和民用电收不同价格，电影院对老人和儿童实行优惠，许多公司在报纸杂志上向公众提供的折扣券，对购买不同数量的顾客实行不同价格，等等。这些歧视价格的做法相当普遍、灵活，也颇有效。

也许是我们许多人在计划经济下生活得太久了，对价格总不外两种做法。或者削价竞争，或者用行政力量限制降价(也有时限制提价)。这就形成“一收就死，一放就乱”的结果。市场经济中的定价权应该在企业，政府以行政力量干预定价不符合市场经济原则。但企业也不应该滥用定价权，或一味降低价格，不惜血本地竞争，或勾结起来定价。价格由供求决定，随供求而变动。企业必须适应市场调整自己的价格，并采用包括歧视价格在内的多种定价方式，灵活地经营。

商战是战场，不过在这个战场上所需要的不是那种“跳楼”、“出血”的玩命精神，而是灵活的头脑。经济学正是使你的头脑更灵活。

(资料来源：*http://finance.sina.com.cn/view/market/*2000—03—10/22880.*html*)

第五节 完全竞争与完全垄断的比较

一、两种市场条件下的资源利用

在完全竞争条件下，每个厂商都在长期平均成本最低点（它同时也是短期平均成本的最低点）上经营，如图 7-10(*a*)所示。而在垄断条件下，虽然厂商所经营的工厂是以最低平均成本生产其长期均衡产量的，但这并不是以可能最低的平均成本进行生产的那种工厂。一般地说，如果垄断厂商扩大其长期均衡产量，它可以利用具有更低平均成本的工厂。这一点在图 7-10(*b*)中得到了清楚的说明。从图 7-10(*b*)中可以看出，垄断厂商的长期均衡产出为 OQ_m，它低于与长期平均成本曲线最低点相对应的产量。所以说，社会的资源在完全竞争行业中比在完全垄断行业中得到了更有效的利用。

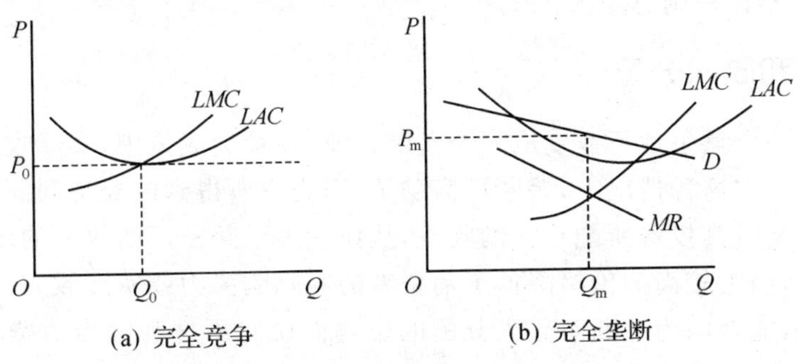

(a) 完全竞争　　(b) 完全垄断

图 7-10　长期均衡中的资源利用

二、价格和产量

要比较完全竞争与完全垄断条件下的价格和产量，我们假定某行业最初是一个成本不变的完全竞争行业，如图 7-11 所示，该行业的需求曲线和长期供求曲线分别为 D 和 LS，这样，竞争的结果是价格为 P_c，产量为 OQ_c，与行业需求曲线相联系的边际收益曲线为 MR。但在完全竞争条件下，既然每个厂商都只盯住它自己的边际收益曲线，所以，MR 在产量决定中不起作用。在完全竞争条件下，如前所述，单个厂商所面对的是一条与市场决定的价格相一致的水平的边际收益曲线。

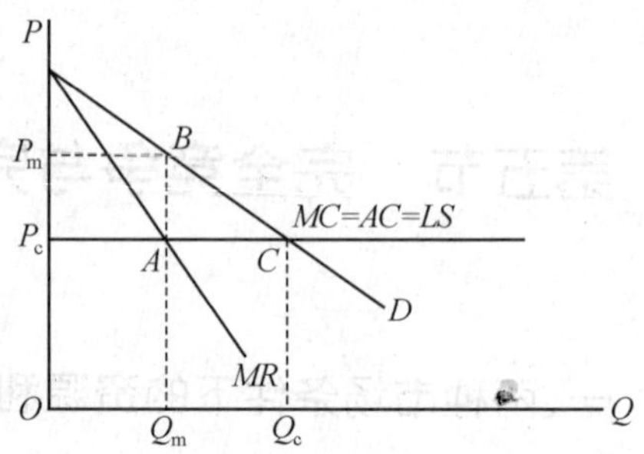

图 7-11　完全竞争与完全垄断的比较:价格和产量

现在假定该行业变成了一个垄断行业并假定垄断厂商能够以那些单个竞争性厂商相同的成本操作各自分离的工厂,这样,原来的竞争性供给曲线就成了垄断者的平均成本曲线,因为它是水平的,所以,它同时又是垄断者的边际成本曲线,显然,垄断厂商将根据 MC=MR 的原则把产量缩减到 OQ_m 水平上,并相应地索取 P_m 的价格,从而获得 P_cP_mBA 的垄断利润或经济利润。由此可见,在需求和成本条件都相同的情况下,与完全竞争行业相比,垄断行业的价格要高些,而产量要低些。在以上所假定的特殊条件下,垄断产量恰好是竞争产量的 1/2,这是因为假定的边际成本曲线是一条水平线.而边际收益曲线将平分任意一条从价格轴到需求曲线之间的水平线。一般来说,根据成本曲线的不同形状,垄断产量与竞争产量的比率可能大于 1/2,也可能小于 1/2,但总是小于 1,而价格比率则总是大于 1。

三、垄断和收入分配

如果一个竞争性行业变成一个垄断行业,在社会成员中,实际收入的分配将发生变化。在这种情况下,垄断厂商赚了,因为它所得到的经济利润超过了不存在垄断力量时其投资所能获得的收益,从而代表了垄断厂商收入的增加;而消费者则亏了,因为较高的价格降低了消费者的实际购买力或实际收入。

但是,能否因为垄断对收入分配的影响而说它不好呢?当消费者支付高于成本的价格时,他们是受到损害了,但是,价格高于成本的余额成了垄断厂商的利润。一个阶层的所失,正是另一个阶层的所得。经济学家不想把这一结果说成是不好的,因为做出这样的价值判断,即一个阶层(消费者)的福利比另一个阶层(垄断厂商)的福利更重要。这并不是说我们中的每个人都不能对这种收入分配的好坏做出判断,而只是说经济学作为一门科学,不能证明一种收入分配比另一种好。此外,垄断厂商可能是有钱的大公司的所有者,也可能是某些穷苦农民或渔民的销售代理人;反过来说,消费者可能是一帮穷人,也可能是一些富人。所以,垄断所造成的收入再分配,可能是将穷人的收入转给富人,也可能是在将富人的收入转给穷人。而在不同的场合,大多数人会对垄断的影响作出不同的价值判断。

四、消费者剩余的净损失

从图 7-11 中可以看出，当竞争价格 P_c 变为垄断价格 P_m 时，消费者剩余的损失为 P_mBCP_c。但从社会全体成员的角度看，P_mBCP_c 还不都是福利损失。因为其中的一部分即 P_mBAP_c 作为利润被垄断厂商获得了。当然，消费者所损失的大于垄断厂商所得到的，二者的差额即三角形 ABC 的面积，就是消费者剩余的净损失，或者叫做由垄断所造成的福利损失，经济学上有时也称之为福利三角形。

从另一个角度看，由于垄断使产量由 OQ_c 减少到 OQ_m，这就释放出一部分资源，其价值为 ACQ_cQ_m，若将这部分资源用于其他竞争性行业，所增加的其他产品量对消费者来说，价值亦为 ACQ_cQ_m（因为在完全竞争条件下，P＝MC）。然而，消费者损失的商品量即 Q_cQ_m 对消费者来说，价值为 BCQ_cQ_m，所以，三角形 ABC 的面积为福利损失。或者再换一个角度说，由完全竞争而增加的产量的价值对社会来说为 BCQ_cQ_m，而由此增加的成本对社会来说等于 ACQ_cQ_m，所以，由于垄断条件下产量的减少而造成的净损失为三角形 ABC 的面积。

【案例 7-2】

"钻石恒久远，一颗永流传"

"钻石恒久远，一颗永流传"这句广告词相信大家都听说过，这是德比尔斯公司的经典广告。

我们根据三条标准把市场结构分为四种类型。正如我们指出的，这仅仅是基本市场结构类型。在现实中，有的市场介于两种市场结构之间，有的生产即使属于某种市场结构，也有相当大的差异。企业在根据市场结构决定自己的竞争战略时特别要注意这种特殊性。我们用德比尔斯公司的例子来说明这一点。

德比尔斯公司控制了全世界钻石矿的 80% 以上（其他不足 20%，分散于斯里兰卡和俄罗斯，形不成规模），凭借这种资源优势，该公司成为世界市场的垄断者。我们知道，垄断者成功的关键在于寻找一种正确的定价原则。由于该市场上只有惟一的企业，不用做广告，即不用通过广告来介绍和创造自己的产品特色。但德比尔斯公司每年都要花巨资在各国做广告，它的广告词"钻石恒久远，一颗永流传"已经家喻户晓。作为垄断者的德比尔斯公司为什么还要做广告呢？

我们说过，形成垄断的条件是进入限制，即其他企业无法进入该行业,二是没有相近替代品。如果没有第一个条件就不能成为垄断,但没有第二个条件,垄断只是一种无保障的垄断。垄断地位随时可以被替代品打破。钻石的替代品是宝石,作为装饰品,钻石与宝石有相当大的替代性。如果宝石可以替代钻石,德比尔斯的垄断地位就被打破了。

那么,宝石能否代替钻石呢?这就取决于消费者的偏好。如果消费者认为,钻石和宝石作为装饰品是相同的,钻石和宝石就可以相互代替,这时,德比尔斯公司的垄断地位就不存在了。在装饰品市场上,德比尔斯公司只是一个寡头,要与其他经营宝石的公司进行竞争。如果消费者认为钻石和宝石不能互相替代,德比尔斯公司就可以保持其垄断地位,无保障的垄断就能成为有保障的垄断。

影响消费者偏好的重要因素正是广告。消费者容易受广告的影响形成自己的偏好。无论广告说得是对还是不对,狂轰滥炸、持之以恒的广告还是能左右消费者的偏好的。德比尔斯公司做广告的目的正是让消费者认识到,宝石不能代替钻石。因为只有钻石才有"永恒"的含义,人们都追求婚姻的完满,只有送钻戒才吉祥。如果消费者接受了这种宣传,宝石不能替代钻石,德比尔斯公司的垄断就有保障了。

从现实情况来看,德比尔斯公司的这个广告是成功的,因为它在展销会上对自己的钻石实行一口价,不许讨价还价。这显然是垄断者的做派。

(资料来源:*http://www2.shtvu.edu.cn/hwgjjx/chapter5/sbjjx5.htm*)

第六节 对垄断的公共管制

在前面几节的分析中,我们都隐含了一个假定,即垄断厂商不受政府的管制,这样,垄断厂商便可以根据利润最大化的定价原则,或通过各种价格歧视策略,剥夺消费者剩余,而获取垄断利润。但事实上,由于垄断市场低效率的存在,各国政府都纷纷采取了各种管制措施,对垄断市场加以调节,以达到优化资源配置效率、增进社会福利的目的。

一、边际成本定价

在需求和成本状况引起自然垄断的情况下,政府通常采取管制垄断价格的方法。通过对垄断实行管制可以避免垄断的一些缺点，或者至少减轻这些缺点。

我们以一个自然垄断的厂商比如天然气输送公司为例。如图 7-12 所示，需求曲线为 D，边际收益曲线为 MR，平均总成本曲线为 ATC，以及边际成本曲线为 MC。

企业的边际成本为 10 美分不变，但平均总成本曲线随产量增加而减少，原因是天然气公司对管道有大量的投资，从而固定成本较高。这种固定成本是公司平均总成本的一部分，从而反映在 ATC 曲线上。平均总成本曲线向右下方倾斜是因为随着出售的量的增加，固定成本分摊在更大量的单位上，因此，平均成本逐渐降低。

首先，假设天然气公司不受管制，而且可以实现利润最大化，如图 7-12 所示，公司每天生产 200 万立方英尺天然气，即边际成本等于边际收益的数量。每立方英尺天然气价格为 20 美分，获得经济利润 2 美分，或每天 4 万美元。

这个结果对天然气公司是好的，但无效率。当边际成本只是每立方英尺 10 美分时，价格是 20 美分。天然气公司获得了巨额利润。

管制者如果想要达到资源的有效利用，它就必须要求天然气公司生产的煤气量能使消费者愿意支付的价格与边际成本相等。消费者愿意支付的价格由需求曲线表示。边际成本用企业的边际成本曲线表示。可以在图 7-12 看出，如果受管制的价格为每立方英尺 10 美分，而且，如果每天生产 400 万立方英尺天然气，就会出现这个结果。引起这种结果的管制称为边际成本定价规则。边际成本定价规则使价格等于边际成本。它使受管制行业的剩余最大化。在这个例子中，剩余是全部消费者剩余，而且，它等于需求曲线以下和边际成本曲线以上三角形的面积。

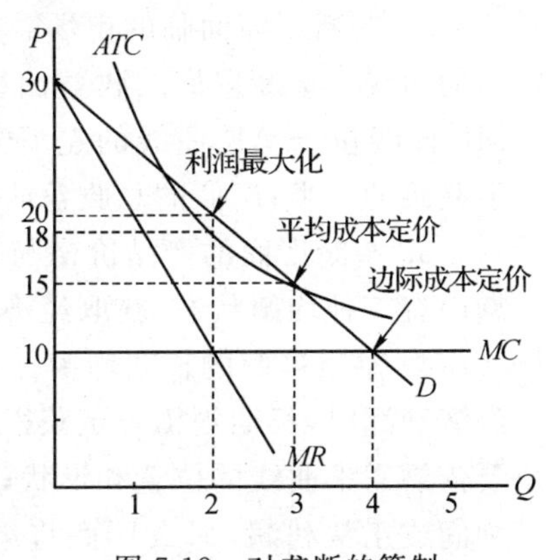

图 7-12 对垄断的管制

边际成本定价规则是有效率的，但它使自然垄断企业有经济亏损。因为平均总成本随产量增加而下降，边际成本低于平均总成本。而且，由于价格等于边际成本，价格也低于平均总成本。平均总成本减价格是平均每单位的亏损。显而易见，被要求用边际定价规则的天然气公司在长期中无法经营。

二、平均成本定价

管制者几乎从不实行有效率的定价，因为结果是企业有亏损。相反，他们通过允许企业弥补自己所有的成本并赚得正常利润来补偿。正常利润是生产的成本,而且,我们把平均总成本曲线中的其他固定成本包括在其中。因此,弥补成本和正常利润的定价意味着确定的价格等于平均总成本——称为平均成本定价规则。

仍以图 7-12 为例,天然气公司收取每立方英尺 15 美分的价格,每天生产 300 万立方英尺。这种结果对消费者来说好于无管制的利润最大化结果:每立方英尺价格低了 5 美分,而每天的消费量增加了 100 万立方英尺。而且,这种结果对生产者来说优于边际成本定价规则的结果,企业赚到了正常利润。

【本章小结】

1. 完全垄断市场是与完全竞争市场完全相反的一种市场类型。具有以下三个特征:市场上只有一个售者;该厂商所售商品没有非常类似的替代品;新厂商进入该市场几乎不可能。产生垄断的原因有:对生产要素的控制、专利权、自然垄断和市场特许权。

2. 垄断厂商面临的市场需求曲线就是行业的需求曲线,是一条向右下方倾斜的曲线。垄断厂商的收益曲线有以下几个特征:厂商的平均收益等于价格;MR 曲线位于 AR 曲线的左下方;MR 曲线在横轴上的截距是 AR 曲线在横轴上截距的一半;厂商的总收益曲线先上升后下降。

3. 垄断厂商的产品价格与产量之间不存在一一对应关系。垄断厂商在短期内有三种均衡状态:获取经济利润,获取正常利润和亏损。

4. 垄断厂商的长期均衡并不一定以经济利润的消失为标志。短期内获得经济利润时,长期均衡一定获得经济利润;短期内只获得正常利润时,长期均衡要依靠需求曲线的位置和形状;短期内亏损时,长期内如果通过调整能获得经济利润或正常利润,那么厂商将继续留在该行业,如果继续亏损,厂商将退出该行业。

5. 对同一种商品收取不同的价格时,就产生了价格歧视。有三种类型的价格歧视。一级价格歧视:垄断者对每一个消费者收取不同的价格,攫取所有消费者剩余;二级价格歧视:垄断者根据消费者购买数量的不同收取不同的价格,攫取部分消费者剩余价格;三级价格歧视:垄断者对具有不同需求弹性的市场中的消费者收取不同的价格,攫取部分消费者剩余价格。垄断会产生消费者福利的净损失。

6. 对垄断的管制有两种。边际成本定价法:将价格定在边际成本水平,这种定价法是有效率的,但是会使垄断厂商产生亏损;平均成本定价法:将价格定在平均成本水平，这种定价法对厂商来说优于边际成本定价法。

【复习与思考】

1. 解释下列概念：完全垄断、价格歧视、消费者剩余的净损失（或福利三角）、边际成本定价、平均成本定价。

2. 用图说明完全垄断厂商短期均衡和长期均衡的形成和条件。

3. 分别说明三类价格歧视的含义。

4. 某垄断厂商的市场需求函数和成本函数分别为：$P=208-2Q$；$TC=500+8Q+8Q^2$。试求此厂商利润最大时的产品价格、产量以及利润各为多少？

第八章

垄断竞争市场理论

通过本章的学习，大家应掌握垄断竞争市场的短期和长期价格和产量的决定，了解垄断竞争市场上的非价格竞争方式，并就不同市场组织的经济效果进行比较。

第一节　垄断竞争概述

符合完全竞争或垄断的严格条件的市场是极为罕见的，现实中的市场主要是介于完全竞争和垄断之间的市场结构，我们称之为垄断竞争和寡头垄断的市场。

垄断竞争是指许多厂商生产和销售有差别的同类产品，市场中既有竞争因素又有垄断因素存在的市场结构。它兼有完全竞争和完全垄断这两种市场结构的特点，是一种介于完全竞争和完全垄断之间的市场组织形式。

一、垄断竞争的特征

垄断竞争市场一般具有以下基本特征：

1. 市场中存在着较多数目的厂商，彼此之间存在着较为激烈的竞争。

由于市场中存在着大量的厂商，每个厂商的产量在整个市场中只占一个很小的比例，因而厂商会认为自己改变产量和价格，不会招致其竞争对手的报复行动。

2. 行业中厂商所生产的产品是有差别的，而这些产品彼此之间又存在很好的替代性。产品差别是指同一产品在价格、外观、性能、质量、品牌、服务以及广告等方面的差别。产品差别的产生一方面在于产品本身的物质或物理属性的差别，如两件衬衫，即使面料、款式和颜色完全相同，只要商标或包装不同，那么也是有差别的产品；另一方面在于销售条件的差别，如商标包装完全相同的同种衬衫，在不同的零售店出售，由于服务态度的好坏会影响顾客的偏好，也应看成是不同的产品。这种产品差别的存在使得厂商对自己独特产品的生产销售数量以及价格具有一定的垄断能力，而垄断能力的大小则取决于厂商之间产品的差别程度。产品差别程度越大，垄断程度也就越高。此外，由于有差别的产品之间又存在着一定程度的替代性，它们之间存在着激烈的竞争，因此，市场中又具有竞争因素。产品差别是造成垄断竞争市场上垄断因素与竞争因素并存的决定性原因。

3. 厂商进入或退出市场的障碍较少，资源流动性较强。因为每个厂商的生产规模都比较小，厂商进入或退出一个市场比较容易。垄断竞争广泛存在于零售业、服务业和一些生产性行业中。例如百货商店、餐馆以及服装市场、书籍、药品市场等大都属于垄断竞争市场。

二、垄断竞争厂商的需求曲线和收益曲线

（一）垄断竞争厂商的需求曲线

由于垄断竞争厂商可以在一定程度上控制自己产品的价格，即通过改变自己所生产的有差别的产品的销售量来影响商品的价格，所以，如同垄断厂商一样，垄断竞争厂商所面临的需求曲线也是向右下方倾斜的。但是，由于各垄断竞争厂商的产品相互之间都是很接近的替代品，市场中的竞争因素又使得垄断竞争厂商所面临的需求曲线具有较大的弹性。因此，垄断竞争厂商面对的需求曲线既不像完全竞争厂商那样是水平的，也不像完全垄断厂商那样陡峭，而是比较平坦的向右下方倾斜的曲线。

垄断竞争市场结构的特点使每一个厂商面临着两条需求曲线，如图 8-1 所示，一条是厂商预期的需求曲线 d，另一条是厂商实际的需求曲线 D。

1. 厂商预期的需求曲线 d

d 曲线表示在垄断竞争市场中的单个厂商改变产品价格，而其他厂商的产品价格保持不变时，该厂商的产品价格与销售量之间的对应关系。因为在市场中有大量的厂商存在，因而单个厂商会认为自己的行动不会引起其他厂商的反应，于是它可能认为自己可以像垄断厂商那样，独自决定价格。这样，单个厂商在主观上就有一条斜率较小的需求曲线，也称之为主观需求曲线。

2. 厂商实际的需求曲线 D

D 曲线表示在垄断竞争市场中的单个厂商改变产品价格,而其他所有厂商也使产品价格发生相同变化时,该厂商的产品价格和销售量之间的关系。在现实中,一个垄断竞争厂商降低价格时,其他厂商为了保持自己的市场份额,势必也会跟着降价,该厂商因而会失去一部分顾客,需求量的上升不会如厂商想象的那么多,因而还存在着另外一条需求曲线,也称之为客观需求曲线。

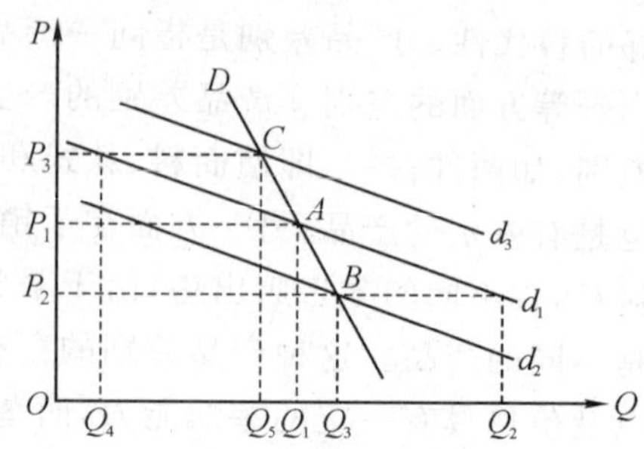

图 8-1　垄断竞争厂商面临的需求曲线

在图 8-1 中,垄断竞争厂商的主观需求曲线为 d_1,厂商最初的产量为 Q_1,最初的价格为 P_1,因而位于主观需求曲线上的 A 点。当该厂商将产品的价格由 P_1 下调至 P_2 后,按照其主观需求曲线 d_1,厂商预期其销售量将提高至 Q_2。但是,由于该厂商降价时,其他厂商也将采取同样的措施,以维护自己的市场占有率,因此,该厂商的销售量实际只有 Q_3,即介于 Q_1 和 Q_2 之间,厂商实际只能移动到 B 点。当厂商意识到这点之后,厂商的主观需求曲线就会做出相应的调整,改为通过点 B 的 d_2。相反,如果厂商将它的价格由 P_1 提高至 P_3,厂商按照主观需求曲线 d_1 会预期自己的需求量将降低至 Q_4,但由于其他厂商也同样采取提价措施,该厂商需求量的下降并不像预期的那么多,实际的需求量为 Q_5,即厂商实际移动到 C 点,厂商的主观需求曲线也将随之调整至通过 C 点的 d_3。根据客观需求曲线的定义,连结 A、B、C 三点的曲线 D 即是客观需求曲线。

3. d 曲线与 D 曲线的关系

(1)当垄断竞争市场中的所有厂商都以相同方式改变产品价格时,整个市场价格的变化会使得单个垄断竞争厂商的 d 需求曲线的位置沿着 D 需求曲线上下移动。如果市场价格下跌,则 d 需求曲线沿 D 需求曲线向下平移;如果市场价格上升,则 d 需求曲线沿 D 需求曲线向上平移。

(2)由于 d 需求曲线表示单个垄断竞争厂商单独改变价格时所预期的产量,而 D 需求曲线表示每个垄断竞争厂商在每一市场价格水平实际所面临的市场需求量,所以,d 需求曲线和 D 需求曲线相交意味着垄断竞争市场的均衡点。

(3)d 需求曲线和 D 需求曲线都向右下方倾斜,但客观需求曲线 D 更缺乏弹性,所以更陡峭一些,而主观需求曲线 d 则弹性较大,所以较平坦一些。

(二)垄断竞争厂商的收益曲线

由于厂商的平均收益 AR 总是等于销售价格 P,因此垄断竞争厂商的平均收益曲线和需求曲线重合并向右下方倾斜；平均收益递减，则边际收益必定也是递减的，并且小于平均收益。所以与垄断厂商类似，垄断竞争厂商的边际收益(MR)曲线也是位于平均收益曲线 AR 之下且较 AR 曲线更为陡峭。

第二节 垄断竞争企业的行为

一、垄断竞争厂商的短期均衡

短期内，垄断竞争企业的均衡与垄断企业的均衡非常相似。因为在短期内，新企业不容易进入该市场，每一个企业对自己所生产的产品都具有垄断性。企业也是按照边际收益等于边际成本的原则确定产量水平，然后对应其需求曲线找出与这种产量相一致的价格。垄断竞争厂商在短期内会通过调整产量和价格来实现它利润最大化的目标。

如图 8-2 所示，SMC 是代表性厂商的边际成本曲线，d_1 是厂商的主观需求曲线，D 是厂商的客观需求曲线。假定厂商一开始处于 A 点，此时产量是 Q_0，价格为 P_0。厂商为了实现利润最大化，会按照 $MR_1=MC$ 的原则来调整其价格和产量，即沿着主观需求曲线调整至 B 点，此时价格是 P_1，产量为 Q_1。由于在行业中的其他厂商也面临着相同的情况，每个厂商都在假定其他厂商不改变产量和价格的条件下根据自己的利润最大化原则降低了价格。于是，当其他厂商都降低自己产品的价格时，代表性厂商实际的需求量不能增加到 Q_1，而只能是 Q_0 和 Q_1 之间的一点 C，需求量只有 Q_2。厂商的主观需求曲线也要修正到通过 C 点的 d_2，边际收益曲线也相应调整至 MR_2。这样该厂商在 P_1 的价格下无法实现最大利润，必须进一步做出调整。按照厂商利润最大化的条件 $MR_2=MC$，厂商将会把价格进一步降低至 P_2，厂商预期自己的需求量将会增加至 Q_3。但是由于其他厂商采取同样的行动，该厂商的需求量实际只能沿着客观需求曲线增加到 Q_4，厂商在 P_2 价格下仍无法实现最大利润。依次类推，厂商的价格还需做出进一步的调整，其主观需求

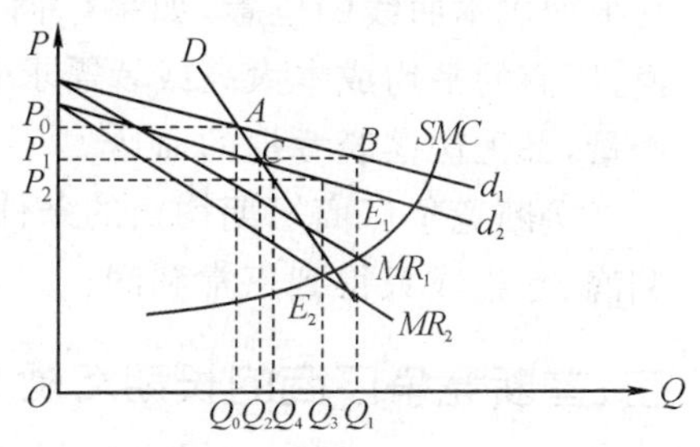

图 8-2 垄断竞争厂商在短期内的生产调整过程

曲线也将沿着客观需求曲线不断移动。

上述调整过程实际是一个“试错”的过程，这一“试错”过程不断进行，一直持续到实现短期均衡状态为止。如图 8-3 所示，厂商实现短期均衡时，必须满足如下条件：

①厂商的产量 Q_E 符合 MR＝MC 的原则，厂商实现了利润最大化，因而厂商没有动力改变目前的状态。

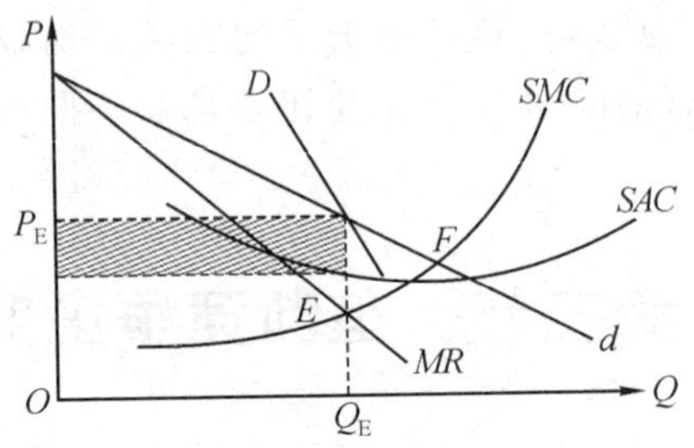

图 8-3　垄断竞争厂商的短期均衡

②厂商此时的产量和价格决策恰位于主观需求曲线与客观需求曲线的交点 F，亦即厂商按自己能够感觉到的主观需求曲线所做出的价格产量决策恰和其他厂商做出同样调整的价格产量决策相一致。

垄断竞争厂商实现短期均衡时的利润如图 8-3 中阴影部分所示。当然，和垄断厂商、完全竞争厂商一样，垄断竞争厂商也可能获得经济利润，也可能经济利润为零，甚至是亏损，经济利润为负。这主要取决于厂商所面临的需求曲线与其平均成本曲线的位置，如果厂商的平均成本曲线位于需求曲线之上，也就是说，厂商的平均成本太高或者需求太低，则厂商在短期内无论如何调整其价格和产量，都无法摆脱亏损的命运。

垄断竞争厂商短期均衡的条件是：MR＝SMC，d＝D，此时，厂商可能有超额利润、亏损或只得到正常利润。

二、垄断竞争厂商的长期均衡

在长期内，垄断竞争厂商可以通过扩大或缩小其生产规模来与其他企业进行竞争，也可以根据自己能否获得经济利润来选择是进入还是退出一个行业。假设垄断竞争厂商在短期内能够获得经济利润，在长期内所有的厂商都会扩大生产规模，也会有新的厂商进入该行业进行生产，在市场总的需求不变的情况下，代表性厂商的市场份额将减少，虽然主观需求曲线不变，但客观需求曲线将向左下方移动，从而厂商的产品的实际需求量低于利润最大化的产量。厂商为了实现长期均衡必须降低其价格提高其产量来适应这种变化，从而主观需求曲线和客观需求曲线都会向左下方移动。这一过程会一直持续到行业内没有新的厂商进入，也没有企业愿意扩大生产规模为止，此时厂商的利润为零。

厂商实现长期均衡时所处的状态如图 8-4 所示。在长期均衡时，厂商的主观需求曲线 d 与长期平均成本曲线 LAC 相切于 E 点，客观需求曲线也与 d 和

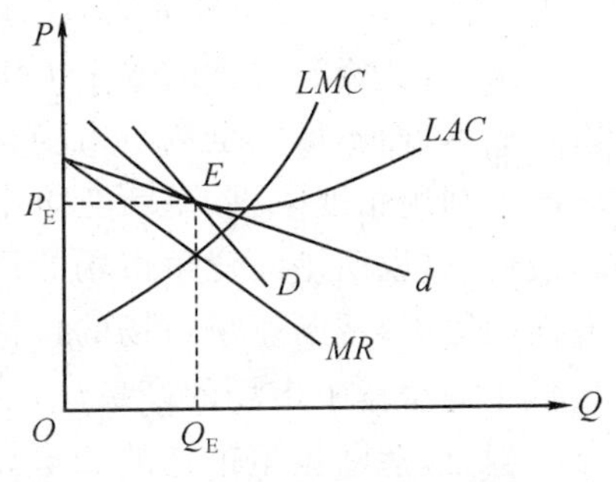

图 8-4　垄断竞争企业的长期均衡

LAC 曲线相交于 E 点，此时厂商的均衡产量 Q_E，满足厂商利润最大化的要求 MR＝LMC＝SMC。而此时的 P＝AR＝LAC，所以厂商的利润为零。如果考虑行业内厂商亏损，厂商退出行业或者减少产量的过程，与上述的分析过程类似，只不过两条需求曲线的移动方向相反而已，最终均衡的结果都是主观需求曲线与 LAC 曲线相切，利润为零。

和垄断市场相同，垄断竞争市场的价格大于边际成本，这是因为利润最大化要求边际收益等于边际成本，而向右下方倾斜的需求曲线使边际收益小于价格。和竞争市场相同，垄断竞争市场的价格等于平均成本，这是因为企业的自由进入和退出使超额利润为零。所以，垄断竞争市场是一种既有垄断又有竞争，既不同于完全垄断又不同于完全竞争的市场结构。

垄断竞争厂商长期均衡的条件是：

MR＝LMC＝SMC

AR＝LAC＝SAC

d＝D

从长期均衡的条件看，垄断竞争厂商与完全竞争厂商相同，但实际上却存在着很大不同，其差别在于：

第一，完全竞争厂商 D、AR 、MR 曲线三线合一，都为平行线。垄断竞争厂商 D、AR 重合，且向右下方倾斜，并且 MR＜AR。

第二，完全竞争下长期均衡时，平均成本处于最低点。垄断竞争下长期均衡时，平均成本高于最低点。

第三，完全竞争下长期均衡时价格低于垄断竞争下的均衡价格，且 P＝LMC。垄断竞争下长期均衡时价格较高，且 P＞LMC。

第四，完全竞争下长期均衡的产量高于垄断竞争时的均衡产量。

三、垄断竞争市场的效率

垄断竞争市场的经济效率介于完全竞争市场和垄断市场之间。在垄断竞争厂商处于长期均衡时，市场价格高于厂商的边际成本，市场价格等于厂商的平均成本但高于平均成本最低点。这就决定了垄断竞争市场的经济效率低于完全竞争市场。但从程度上来看，垄断竞争市场又比垄断市场有效率。

与完全竞争的市场相比,垄断竞争市场是缺乏效率的。主要表现在两个方面。第一,从资源配置的效率上讲,垄断竞争市场在达到长期均衡时,价格高于边际成本,而不像完全竞争市场长期均衡时那样价格等于边际成本。第二,从生产能力利用角度来讲,垄断竞争市场达到长期均衡时没有把生产推进到平均成本最低点,说明垄断竞争市场的厂商存在着一部分闲置的生产能力。由于这两方面的原因,垄断竞争市场的价格高于完全竞争市场的价格,垄断竞争市场的产量低于完全竞争市场的产量。

但是,垄断竞争市场的效率高于完全垄断市场的效率。由于垄断竞争市场上各个厂商的产品相互间都是非常相近的替代品,因此,每一个厂商产品的需求曲线价格弹性都很大。这说明垄断竞争市场产品的价格低于完全垄断市场产品的价格,垄断竞争市场产品的产量水平高于完全垄断市场产品的产量水平。垄断竞争市场资源配置效率高于完全垄断市场资源配置效率;垄断竞争市场条件下厂商生产能力利用程度高于完全垄断市场条件下厂商生产能力利用程度。

垄断竞争市场对消费者和生产者都各有利弊。

对消费者而言:一方面,由于垄断竞争市场的产品存在差别,因而可以满足消费者多样化的市场需求,充分体现消费者的消费个性。此外,由于产品的差别还体现在销售条件如品牌、售后服务等方面,所以厂商会不断地提高产品的质量,改善售后服务;另一方面,价格高于边际成本,与完全竞争相比消费者要支付更高的市场价格。

对生产者而言:一方面,由于长期均衡时厂商不能在平均成本的最低点实现最大利润,因而其资源利用效率,比完全竞争市场要低,存在着一定的资源浪费;另一方面,垄断竞争市场被认为是最有利于技术进步的,在完全竞争市场上,由于缺乏对技术创新的保护,因而不存在厂商进行技术创新的动力,在完全垄断的市场结构中,由于没有激烈的竞争,所以缺乏技术创新的压力,在垄断竞争的市场结构中,既存在对技术创新的保护(如专利等),又存在着同类产品的竞争,具有较大的外在压力,所以最有利于技术进步。

第三节　广告与品牌

垄断竞争厂商除了可以通过调整销售价格即采取价格竞争策略来实现利润最大化,还可以通过展开品质竞争和广告竞争等非价格竞争手段来谋取更多利润。

1. 品质竞争:是通过产品自身的品质变异(*Product Variation*)来增加其差异性,以更好地吸引消费者。品质竞争的手段主要有提高产品质量、改进产品性能、精心设计包装、改善售后服务、随产品赠送礼品等方式。品质竞争的结果是能够提高产品的差异性,减轻竞争对手的威胁。一旦自己的产品有了明显的特色,消费者会对其产生一定的忠诚和信赖,其他产品难以替代它,从而使需求曲线变陡峭。当提高产品品质的边际收益等于提高产品品质的边际成本时,厂商达到最佳产品品质。

2. 广告竞争:通过产品的广告宣传来影响消费者对产品的偏好,从而促进产品销售,以实现利润最大化。广告分为信息类广告和说服类广告。前者能让更多的消费者了解自己的产品,增加了潜在消费者的数量,将需求曲线向外移动。后者的一个主要目的是培养消费者对某种品牌的忠诚(*Brand Loyalty*),使得需求弹性变小,需求曲线变陡峭。当广告的边际收益等于广告的边际成本时,达到最适广告费用。

【案例 8-1】

饮料行业的广告战

可口可乐和百事可乐早期都曾经采取过价格竞争的形式。30年代时,百事可乐饮料便在世界上首次通过广播宣布,将当时最高价为10美分的百事饮料降价一半,使顾客用5美分就能买到10美分的饮料,从而拉开了美国软饮料工业中首场价格争夺战的序幕。在以后的几十年中,两家公司虽经过了多次的价格较量,但为了保持各自饮料在消费者心目中的地位,双方在价格上的较量是相当谨慎的。可以预见得到,价格竞争对于双方都是有强大的负效应的。由于双方都没有明显的成本优势,价格竞争的结果是两家企业的利润都下降了,但都没有退出这一行业。在意识到价格竞争的结果是双方都没好处时,非价格竞争逐步提上了日程,而广告则是现代社会中非价格竞争的最重要途径之一,最终,百事和可口可乐的竞争转移到了广告竞争上。

正如可口可乐公司的前老板伍德拉夫的一句名言:“可口可乐99.61%是碳酸、糖浆和水。如果不进行广告宣传,那还有谁会喝它呢?”从历史上看,可口可乐公司一向在广告上投入巨额资金。如今可口可乐在全球每年广告费超过6亿美元。而百事可乐公司也从早期广告竞争不得力的泥淖中走了出来,在广告竞争的道路上迎头赶上。

百事可乐作为世界饮料业两大巨头之一,100多年来与可口可乐上演了一场蔚为大观的两乐之战。战争之初,百事可乐一直惨淡经营,甚至有出售公司的计划,由于其竞争手法不够高明,长期以来一直被可口可乐远远抛在后头。

1963年,百事和可口可乐广告大战拉开序幕:百事推出了印象深刻的新广告:“动起来!动起来!你是百事一代!”百事利用贴近生活的广告,赢得了7500万婴儿潮一代的支持。

1979年6月,面对百事可乐增长近3个百分点的严峻现实,可口可乐掀起了一场新广告运动:兴奋的年轻人唱道:“它给我美好的感觉,它让我神清气爽,喝杯可口可乐笑一笑。”他们跳起了劲舞,可口可乐也嘶嘶地应和,广告获得巨大成功。

与可口可乐强调本土化的道路不同,在全球的扩张中百事可乐的“明星”策略和本土化的广告线路明晰,从“*ASK FOR MORE*(无限渴望)”到“*DARE FOR MORE*(突破渴望)”,百事可乐始终将产品定位在国际品牌上,百事可乐无时无刻不在宣扬自己的新潮、流行,暗示可口可乐的老化、腐朽。百事在全球长期推行的“体育+音乐”广告模式,也正逐渐成为世界性品牌广告的未来趋势。

从口味到价格、从定位到广告、从营销活动到明星代言、从商业文化到包装变化……两大可乐巨头燃起的这场硝烟似乎永无宁日。

历经了百余年的努力,百事可乐终于可以不再仰视它高傲的对手——可口可乐,取而代之的是——今天的百事可乐不再被对手小看,它成了可口可乐高度关注的对象,它的每一个举动都受到竞争者的密切关注。

2005年6月,可口可乐携手《魔兽世界》掀起红色旋风,百事可乐联盟《梦幻国度》刮起蓝色风暴……同一个行业的两个巨头,几乎在同一段时间不约而同地采用了网络游戏作为广告的主要载体,两巨头的最新广告甚至在同一个电视频道次第登场。新一轮“两可乐广告战”爆发,持续至今。

(资料来源:节选自李光斗《“两可乐广告战”背后玄机》,载于《世界经济学人》*http://economist.icxo.com*,2005—07—20)

【本章小结】

1. 垄断竞争市场介于完全竞争和完全垄断市场之间。它由许多家厂商构成，这些厂商的产品可互相替代，又有一定的差别，因此，这类市场有完全竞争和完全垄断市场的特点，产品需求曲线向下倾斜，但比完全垄断厂商的需求曲线平坦些。垄断竞争市场上既有竞争的因素，又有垄断的因素。垄断竞争厂商有两条向右下方倾斜的需求曲线：d需求曲线是单个厂商独自变动价格时的主观需求曲线；D需求曲线是市场上所有的厂商都以相同的方式改变价格时的单个厂商的实际需求曲线。d需求曲线和D需求曲线的相交点意味着商品市场均衡点。

2. 在短期，当垄断竞争厂商实现MR＝SMC短期均衡时，其利润可以大于零，或者小于零，或者等于零。当厂商的利润小于零(即亏损)时，厂商同样需要根据平均收益AR与平均可变成本AVC的比较，来决定是否继续生产。此外，在垄断竞争厂商的短期均衡产量上，一定存在着d需求曲线和D需求曲线的一个相交点，以表示商品市场的均衡点。

3. 在长期，垄断竞争厂商通过选择最优的生产规模来实现MR＝LMC的利润最大化原则。由于在垄断竞争市场上，厂商进出行业是比较容易的，所以，长期均衡时厂商的利润一定等于零，即垄断竞争厂商的d需求曲线与LAC曲线相切。此外，在垄断竞争厂商的长期均衡产量上，同样一定存在着d需求曲线和D需求曲线的一个相交点，以表示商品市场的均衡点。

【复习与思考】

1. 试述垄断竞争厂商的两条需求曲线的含义及其相互关系，并进一步用图说明垄断竞争厂商的短期均衡和长期均衡的形成及其条件。

2. 为什么需求的价格弹性较高，导致垄断竞争厂商进行非价格竞争？

3. 某垄断竞争厂商的实际需求曲线与主观需求曲线在10元处相交。这时，该厂商的产品价格能否在12元的水平上达到均衡？

4. 已知某垄断竞争厂商的长期成本函数为$LTC=0.001Q^3-0.51Q^2-200Q$；如果该产品的生产集团内的所有厂商都按相同的比例调整价格，那么，每个厂商的实际需求曲线为$P=238-0.5Q$。求：

(1)该厂商长期均衡时的产量与价格。

(2)该厂商长期均衡时主观需求曲线上的需求的价格点弹性值(保留整数)。

(3)如果该厂商的主观需求曲线是线性的，推导该厂商长期均衡时的主观需求函数。

5. 试比较不同市场组织的经济效率。

第九章

寡头垄断市场理论

通过本章的学习，大家会了解寡头垄断市场的基本特征，掌握寡头垄断市场均衡价格与产量决定的各种模型，如古诺模型、伯特兰德模型和斯塔克伯格模型等，并对卡特尔组织和博弈理论具有初步的认识。

第一节　寡头垄断概述

一、寡头垄断的定位

寡头垄断又称寡头(oligopoly)，是指少数几家厂商垄断了某一行业的市场，控制了这一行业的供给。它是介于垄断竞争与垄断之间的一种市场结构。在这种市场上，几家厂商的产量在该行业的总供给中占了很大的比例，每家厂商的产量都占有相当大的份额，从而每家厂商对整个行业价格与产量的决定都有举足轻重的影响，而这几家厂商之间又存在着不同形式的竞争。寡头垄断是很普遍的市场结构形式。寡头垄断行业的例子包括汽车、钢铁、石油化工、电子设备和计算机等。在一个寡头垄断市场可以有也可以没有产品差别。关键是要有几个厂商占有大部分或者全部总产量。

在有些寡头垄断市场，某些或全部厂商都在长期中赚到可观的利润。因为进入的障碍(barriers to entry)使得新厂商加入该市场很困难，或者完全不可能。规模经济可能会使得厂商数目过多时该市场无利可图；专利或特定技术也可以排除掉潜在的竞争者；以及需要花大价钱让消费者认同和获得商誉，也会使新厂商不敢进入。这些都是自然的进入障碍。另外，已有厂商也可能采取“策略性的行动(strategic actions)”，阻止进入。例如，它们可能会威胁一旦新厂商进入就会向市场倾销并将价格压低，并且为了使威胁可信，它们还可以制造过剩生产能力。

一般用集中率作为测定寡头垄断程度的标准。集中率是指一定数量厂商(如四个)的销售量(或产量、雇佣人数、资产等)占全行业的比率，集中率越大，垄断程度也就越高。美国的很多行业都属于寡头市场，如打印机、茶叶、剃须刀和运动鞋市场，惠普(49%)、立顿(37%)、吉列(70%)和耐克(47%)的市场占有率都比其他竞争者高出几倍，如表 9-1 表示。

表 9-1 美国寡头行业中最高的市场份额

行业(年份)	寡头(市场份额)		
剃须刀和刀片(2002)	吉列(70%)	希克(20%)	比克(5%)
数字打印机(2001)	惠普(49%)	施乐(10%)	IBM(4%)
运动鞋(1998)	耐克(47%)	锐步(16%)	阿迪达斯(7%)
汽车(2001)	通用(28%)	福特(25%)	戴姆勒-克莱斯勒(16%)
茶(2001)	立顿(37%)	Celestial Seasonings(10%)	Bigelow(10%)
个人电脑(2000)	戴尔(20%)	康柏(17%)	惠普(11%)

资料来源：“Industry Surveys”，Net Advantage Database，Standard & Poor's and Market Share Reports，Gale Research，annual issues.

(一)寡头市场的特征

1. 行业中厂商数目屈指可数。只有少数几家大厂商，并在一定程度上控制着产品价格和绝大部分的市场份额。

2. 不受产品差别的影响。生产无差别产品的寡头称为纯粹寡头，如钢铁、水泥、石油、有色金属、橡胶等行业的寡头；生产有差别产品的寡头称为差别寡头，如汽车、飞机、铁路运输、电信服务等行业的寡头。

3. 存在进入障碍，其他厂商很难进入该行业。寡头市场不存在自然或法律的进入限制，但存在规模经济和范围经济的进入限制，大企业不断发展壮大，而小企业则无法生存，最终形成少数几个厂商竞争的局面；寡头厂商之间相互勾结，构筑进入的壁垒，阻止其他厂商进入；寡头厂商为了减少其竞争压力，也会采用收购、兼并一些小企业等形式来减少厂商的数目；寡头市场的形成也可能是由于政府的产业政策所导致。

4. 寡头厂商之间的相互依存性。在寡头市场上,每家厂商各自在价格或产量方面决策的变化都会影响到整个市场和其他竞争者的行为。因此,在做出价格或产量决策时,不仅要考虑到自身的成本与收益情况,而且还要考虑到这一决策对市场的影响,以及其他厂商可能做出的反应。寡头厂商的依存性使寡头市场上价格和产量的决定相当复杂,具有不同于其他市场的特点。按厂商行动方式可分为勾结寡头和独立行动寡头。

形成寡头市场的主要原因有:(1)生产必须在相当大的规模上进行才能达到最好的经济效益;(2)行业中几家企业对生产所需的基本生产资源供给的控制;(3)政府的扶植和支持等等。可见,寡头市场的成因和垄断市场是很相似的,只是在程度上有所差别而已,寡头市场是比较接近垄断市场的一种市场组织。

(二)寡头厂商价格和产量的决定

在完全竞争、完全垄断市场上,厂商的行为是相互独立的,每个厂商在做出决策时都无须考虑其他厂商会做出什么反应。而在寡头市场上,少数几个厂商生产一个行业的全部或绝大部分产量,每一个厂商的行为都会对其他寡头产生举足轻重的影响,厂商之间的竞争行为也是不确定的。一个厂商的价格和产量变动,不仅影响到它自己的市场份额和所得利润,而且会直接影响到其他厂商的市场份额和利润,因而厂商所做的价格一产量决策也很容易遭到其竞争对手的报复。一个厂商通过降价来扩大自己的市场份额可能会导致对手如法炮制;一个寡头通过广告战争夺市场,也会引起对手用相同手法来遏制它的行为。当一个企业的经营者估计他们的决策的潜在后果时,必须假设他们的竞争对手是像他们一样理性和聪明的,然后,必须将自己放在竞争对手的位置上,考虑这些竞争者会如何反应。因此,寡头厂商在做出决策的时候必须把其竞争对手可能采取的对策考虑进去,而竞争对手的可能对策又是难以推测的。所以既无法推导出寡头厂商的有规律的供给曲线,而且无法确定寡头厂商的有规律的需求曲线。寡头厂商价格和产量的决定是一个很复杂的问题,很难对产量与价格的决定做出确切和肯定的答案,这一点与其他市场是不同的。此外,价格和产量一旦确定后具有相对的稳定性,寡头一般不会轻易变动价格和产量。而且寡头企业的相互依存性也使他们之间更容易形成某种形式的勾结。寡头厂商的价格一产量决策过程就是该寡头厂商与其他寡头厂商之间相互博弈的过程,价格的确定实际上是一个搜寻的过程。我们知道,完全竞争厂商是价格的被动接受者,垄断厂商则是价格的主动制定者,而寡头厂商则只能是“价格搜寻者”。正是由于寡头厂商之间价格决策的不确定性,厂商之间往往尽力避免打“价格战”。在寡头行业中除价格竞争之外，更经常进行的是非价格竞争，比如广告竞争、品牌竞争、服务竞争等。

寡头厂商之间相互影响的复杂关系，使得寡头理论复杂化。不知道竞争对手的反应方式，就无法建立寡头厂商的模型。或者说，有多少关于竞争对手的反应方式的假定，就有多少寡头厂商的模型，就可以得到多少不同的结果。因此，在西方经济学中，还没有一个寡头厂商模型可以对寡头市场的价格和产量的决定做出一般的理论总结，也没有一个理论或模型能解释在寡头市场上所观察到的所有不同的行为。

二、折弯的需求曲线

某些寡头市场中的一个非常明显的特点就是价格刚性(price rigidity)。也就是说，在这种市场上，一旦价格决定之后，就具有一定的相对稳定性。例如，钢轨的价格在1901—1916年间一直保持为每吨28美元，在1922—1933年间保持为每吨43美元。与此类似，硫磺的价格除了有两年出现2%～3%的变化以外，从1926—1938年间保持为每吨18美元。

价格刚性是寡头垄断行业的一个特征。由于寡头厂商之间价格战的结果往往是两败俱伤，竞争的双方利润都趋向于零，所以在寡头垄断市场上，产品的价格往往比较稳定，厂商比较喜欢采用非价格竞争方式，即便采用价格战的方式也是非常慎重的。寡头厂商不愿轻易地变动产品价格，使价格能够维持一种比较稳定的状态。美国经济学家斯威齐在1939年提出了斯威齐模型，也称为折弯的需求曲线模型，用来解释寡头垄断市场上所存在的价格刚性现象。该模型的基本假设是：即使成本或者需求改变了，厂商也不大愿意改变价格。如果成本下降或者市场需求下降，厂商因为担心这会给它的竞争者以错误信息并引发一轮价格战，所以不愿降低价格；而如果成本或者需求上升，厂商不愿意提价是因为它们担心它们的竞争者可能不会跟着提价。根据这个模型，各厂商面临一条在当前通行价格 P^* 处折弯的需求曲线，如图9-1所示。

如图9-1所示，各厂商都相信如果它将价格提高到当前价格 P^* 之上，没有一个竞争者会跟上，所以它就会损失大部分销量。各厂商也相信如果它降价，则每一家都会跟进，因而它的销量将只能增加市场需求增加的幅度。结果是该厂商的需求曲线在价格 P^* 处是折弯的，而它的边际收益曲线 MR 在此点不连续。如边际成本从 MC_3 增加到 MC_1，该厂商将仍然生产相同的产量水平 Q^* 和定同样的价格 P^*。

也就是说，如果一个寡头厂商削减其价格，竞争者将很快就会感觉到它们的销售量在下降,并且不得不相应降低价格。相反,如果一家厂商提高价格,竞争者就会通过保持其原价不变而迅速赢得消费者,因此寡头垄断厂商缺乏或没有随之提高价格的积极性。在这种情况下,单个寡头厂商将面对一条价格提高时要比价格下降时更富有弹性的需求曲线。如果一家寡头厂商提高价格而其他公司并不跟随提价,那么价格的提高将导致市场份额的下降。需求曲线上的 KD' 部分就是市场份额需求曲线,在此范围内所有的竞争对手都会相应同样地调整价格,此厂商的市场份额保持不变,比如为 20%。当价格提高到 P^* 之上,若竞争对手不做相应调整,那么此厂商面对的需求曲线的弹性更为充足。价格增加,其市场份额下降。

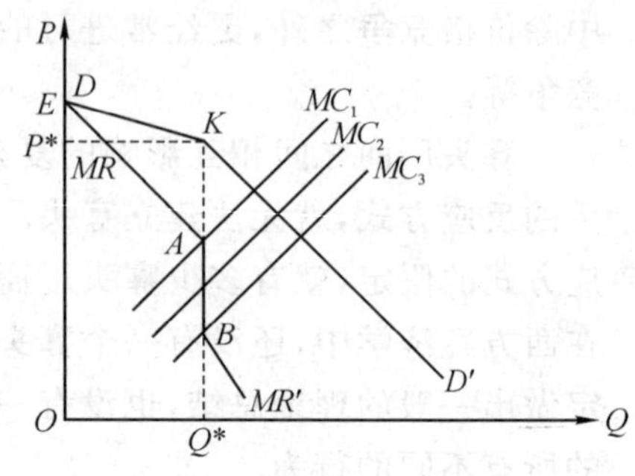

图 9-1 折弯的需求曲线

寡头厂商的需求曲线是由 DKD' 表示的,市场通行价格为 P^*,产量为 Q^*。由于需求曲线在 K 处弯折,所以边际收益曲线是不连续的。边际收益曲线要用两条直线来表示,即 MR 和 MR'。如果边际成本曲线 MC 穿过边际收益曲线上的缺口 AB,那么利润最大化的选择就是实施保持目前的价格与产量的政策。对于那些认为自己面对一条折弯需求曲线的厂商来说,即使成本可能在相当大的范围内变化(如 MC_1 和 MC_3),利润最大化的价格和产量水平也会保持不变。同样,需求曲线不管是向右移动(需求增加),还是向左移动(需求减少),都可能不会改变厂商的价格决策。因为需求曲线的弯折点是由通行价格决定的,所以需求曲线的移动也会使边际收益曲线的缺口 AB 左右移动。如果 MC 仍从缺口穿过,尽管产量将会增加或减少,但通行价格保持不变。

虽然斯威齐模型有助于说明寡头市场的价格刚性现象,但也有很多的经济学家提出了批评意见。这些批评主要集中在两点:第一,如果按照斯威齐模型,寡头市场应该具有比垄断市场更为刚性的价格,但是实证的结论与此正好相反;第二,斯威齐模型只是解释了价格一旦形成,则不易发生变动,但这个价格是如何形成的,却没有给出说明。

【案例 9-1】

皮革制品的价格刚性

在丹麦的皮革制品行业中有一个价格刚性的有趣例子。在与丹麦企业的经理们就他们的价格政策进行访谈时,一位经济学家发现,有一家企业对染色的制鞋用革的定价要比黑色皮革高。这种价格差别自1890年以来就一直存在，因为当时染色皮革的制作成本比黑色皮革要高。但是，在访谈时，染色皮革的成本已经下降。在问到为什么定价政策一直未变时，企业经理答道："也许我们应适当提高黑色皮革和降低染色皮革的价格，但我们不敢这样做。因为如果这样做，我们的竞争者也会降低染色皮鞋的价格，我们就会冒卖不出黑色皮鞋的风险。"经理的解释与折弯的需求曲线模型是一致的。他认为，黑色皮鞋涨价，竞争者不跟着涨价，就有可能失去大量销量。相比之下，染色皮鞋降价预期会导致竞争者也降价，因此，销售量只能增加极少一点。因此，黑皮鞋和染色皮鞋之间的价格差别一直保留下来，即使相对成本已经变化。

第二节　寡头间的竞争:静态到动态

由于寡头之间对策的不确定性，因此要想建立一个理想的模型解释寡头的行为几乎是不可能的。实际上存在多种解释寡头行为的模型，模型的结论依赖于对寡头行为的假定。对寡头行为做出的假定不同，模型的结论也就不同，下面介绍几种常见的模型。

一、古诺模型

古诺模型(Curnot model)是由法国经济学家奥古斯丁·古诺(Augustin Cournot)于1838年首先提出的，它研究的是一个双寡头垄断市场，也称"双头模型"。古诺以"拥有两个零边际成本的矿泉水市场"为例，提出如下假定：

1. 假定一个产业只有1、2两个寡头，它们生产和销售相同的产品，并追求利润最大化。它们的边际成本为零，即$MC_1=MC_2=0$，当每个厂商边际收益等于边际成本时获得最大利润；

2. 两个寡头同时作出产量决策，即寡头间进行的是产量竞争而非价格竞争，产品的价格依赖于二者所生产的产品总量；

3. 每个寡头都把对方的产量水平视为既定，并依此确定自己的产量。

4. 两个厂商面临相同的线性需求曲线。即需求曲线是一条向右下方倾斜的直线，两个寡头分享市场，每个厂商都准确地了解市场的需求曲线；

5. 双方无勾结行为。

假设厂商 1 和厂商 2 所生产的产量分别为 Q_1 和 Q_2，市场需求函数为：

$$P=30-Q$$

由于市场供给量是 Q_1+Q_2，所以需求函数也可以写成：

$$P=30-Q_1-Q_2$$

由于边际成本为零，厂商 1 的总收益可以写成：

$$TR_1=P_1Q_1=(30-Q_1-Q_2)Q_1=30Q_1-Q_1^2-Q_1Q_2$$

假定厂商 2 的产量不变，则厂商 1 要实现利润最大化，必须要满足条件：

$$MR_1=\frac{\partial TR_1}{\partial Q_1}=30-Q_2-2Q_1=MC_1=0$$

可以求出：

$$Q_1=15-0.5Q_2 \tag{9.1}$$

该式称为厂商 1 的反应函数。它表示了在厂商 2 的各种产量水平上，厂商 1 在最大利润原则下所要生产的产量组合。也可以说，对于厂商 2 的每一个产量 Q_2，厂商 1 都会做出最优反应，确定自己能够带来最大利润的产量 Q_1。

同样的方法，可以求得厂商 2 的反应函数为：

$$Q_2=15-0.5Q_1 \tag{9.2}$$

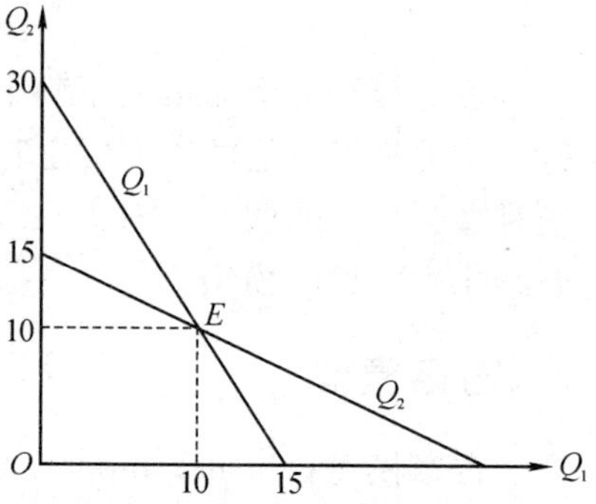

可以看出，只要一个厂商变动产量，另一个厂商也必须跟着变动自己的产量。所以市场实现均衡时就意味着两家厂商的产量引起对方的反应是相容的，这时两个厂商都没有变动产量的意愿。所以上述两个反应函数必须同时成立。将两个反应函数联立，即可解得厂商的均衡为：

图 9-2　古诺均衡

$$Q_1=Q_2=10$$

由于市场总容量是 30，也就是说，两个厂商均衡的产量都是市场容量的 1/3，两个寡头厂商的总产量实际只有市场总容量的 2/3。剩余的 1/3 的市场容量是寡头垄断的市场所无法满足的，因而可以看作是寡头垄断给社会所造成的损失。

古诺模型的结论：双寡头竞争的最终结果是厂商 1 和厂商 2 的均衡产量都等于市场最大需求量的 1/3，两个厂商的总产量等于市场最大需求量的 2/3。

双寡头条件下的古诺模型可以推广为一般性的结论。在行业中寡头厂商数

量为 n 的情况下，每个厂商的均衡产量为市场最大需求量的 $\frac{1}{n+1}$，总产量则为市场最大需求量的 $\frac{n}{n+1}$。

古诺模型的缺陷是，在模型中企业以产量为决策变量，但经验告诉我们，企业常以价格为决策变量，伯特兰德模型弥补这一缺陷，从价格的角度分析了寡头垄断厂商的决策。

二、伯特兰德模型

古诺模型是一种数量竞争模型，对于那些生产同质产品的寡头来说，所进行的数量竞争，例如石油生产者之间的竞争就是如此。如果寡头们所生产的是有差别的同类产品，例如汽车生产者，则它们之间所进行的竞争大多是价格竞争。例如，对通用、福特和克莱斯勒来说，价格是一个关键的策略变量，各厂商在考虑到它的竞争对手的前提下选择它的价格。

伯特兰德模型是由法国经济学家约瑟夫·伯特兰德(Joseph Bertrand)于1883年建立的。如古诺模型一样，各厂商生产一种相同的产品，不过，现在它们所选择的是价格而不是产量。这会对结果产生极大的影响。

让我们仍以前面的双寡头模型为例，其中市场需求曲线为：

$$P=30-Q$$

式中 $Q=Q_1+Q_2$，假设两厂商都具有3美元的边际成本：

$$MC_1=MC_2=3$$

由前面双寡头模型的分析可以得知，在两个厂商同时选择产量时，能得出的古诺均衡是：$Q_1=Q_2=9$，市场价格为12美元，所以各厂商能赚到81美元的利润。

现在假设这两个双寡头是通过同时选择价格而不是产量相互竞争的。各厂商将选择什么价格，各自将赚到多少利润？为了回答这个问题，注意因为产品是相同的，消费者将只会从价格最低的卖方那里购买。因此，如果两厂商定不同的价格，价格较低的厂商将供给整个市场，而价格较高的厂商将什么都卖不出去。如果两厂商定价相同，则消费者对于从哪个厂商那里购买是无差异的，所以我们可假定此时两厂商各供给市场份额的一半。

由于双方都存在削价的冲动，所以两厂商都会将价格定在等于边际成本：

$$P_1=P_2=3\text{ 美元}$$

因而行业总产量为27单位，其中各厂商都生产13.5单位。并且由于价格等于边际成本,两厂商都赚到零利润。假设厂商1提高价格,那么它就会把它的销售量全输给厂商2,因而不可能有什么得益。如果反过来它降价,它会夺得整个市场,但会在它生产的每个单位上都亏损,所以会有损失。因此,厂商1和2都没有偏离的冲动——它所做的已经是给定它的竞争者的行为时所能做的最好的。

通过将策略选择变量从产量改为价格,我们得到了一种非常不同的结果。在古诺模型中,各厂商只生产9单位,所以市场价格是12美元。现在的市场价格为3美元。在古诺模型中,各厂商都有利润;在伯特兰德模型中,厂商以边际成本定价,利润为零。

伯特兰德模型也受到了一定的批评。第一,当各厂商生产相同的产品时,通过定产竞争而不是定价竞争是更自然的。第二,即使各厂商是定价竞争且选择了相同的价格竞争,各厂商会得到多少份额呢?销售量并不一定在各厂商之间平分。尽管存在这些确定,伯特兰德模型表明了在一个寡头垄断市场中的均衡结果是如何决定于各厂商对策略变量的选择的。

三、斯塔克伯格模型

斯塔克伯格模型(Stackelberg model)是一种先动优势模型,即首先行动者在竞争中取得优势。该模型由斯塔克伯格创立。在古诺模型中,两个寡头同时作决定,任何一个寡头都没有反应的余地。这对于描述那些实力相当的寡头也许较为现实。但是对于描述那些实力悬殊的寡头却不够现实。实力大的寡头在竞争中具有优势,往往领先作出决定,其他小的寡头随后作出决定。斯塔克伯格模型所描述的就是这种情形。

在古诺模型中,我们假设两个寡头是同时做出它们的产量决策的。现在我们来看一下如果两厂商之一能先决定产量会发生什么。我们感兴趣的问题有两个,第一,先决策者是不是有利的?第二,现在各厂商将生产多少?

我们设两厂商都有零边际成本,$MR_1=MR_2=0$,且市场需求曲线为 $P=30-Q$,其中 Q 为总产量,$Q=Q_1+Q_2$。假设厂商1先决定它的产量,然后是厂商2在看到厂商1的产量以后做出它的产量决策。因而在设定自己的产量时,厂商1必须考虑厂商2会如何反应。这与古诺模型是不同的,古诺模型中没有哪个厂商有机会做出反应。

让我们从厂商2开始。由于它是在厂商1之后做出自己的产量决策,因此,它可以将厂商1的产量看作是固定的。因而,厂商2的利润最大化产量由它的古诺反应曲线给出,我们可求得为:

厂商 2 的反应曲线：

$$Q_2 = 15 - 0.5Q_1 \quad (9.3)$$

厂商 1 又会怎样呢？为了使利润最大化，它选择的 Q_1 要使得它的边际收益等于它的零边际成本。回顾厂商 1 的总收益为：

$$TR_1 = PQ_1 = 30Q_1 - Q_1^2 - Q_1 Q_2 \quad (9.4)$$

因为 R_1 取决于 Q_2，所以厂商 1 必须要预计厂商 2 会生产多少。不过，厂商 1 知道厂商 2 将根据反应选择 Q_2。将(9.3)代入(9.4)，我们可得厂商 1 的总收益为：

$$TR_1 = PQ_1 = 30Q_1 - Q_1^2 - Q_1(15 - 0.5Q_1) = 15Q_1 - 0.5Q_1^2$$

所以它的边际收益为：

$$MR_1 = 15 - Q_1$$

令 $MR_1 = 0$，得 $Q_1 = 15$。而根据厂商 2 的反应曲线(9.3)，我们可求得 $Q_2 = 7.5$。因此厂商 1 的产量是厂商 2 的两倍并且赚两倍的利润。

古诺模型和斯塔克伯格模型是寡头垄断行为的不同代表。哪种模型更适宜一些，取决于不同的行业。对于一个由大致相似的厂商构成，没有哪个厂商具有较强的经营优势或领导地位的行业，古诺模型可能更适用一些。另一方面，有些行业是由一个在推出新产品或定价方面领头的大厂商主导的，大型计算机市场就是一个例子，其中 IBM 就是领导者。此时，斯塔克伯格模型可能是更符合实际的。

第三节　寡头间的合作：卡特尔与囚徒困境

一、卡特尔

寡头厂商之间的竞争会使厂商受到损失，甚至导致厂商亏损或者破产。为了避免出现这种情况，寡头厂商经常会相互勾结(或者称串谋)，如组成卡特尔组织，以期获得更大的利润。卡特尔是生产同类产品的垄断厂商就产品的市场价格、产量分配和市场份额而达成的一种公开协议，其目的是限制产量、提高价格、控制市场。卡特尔协议在不少市场经济国家普遍存在，其中最为典型的是石油生产和输出国组织(欧佩克)。

在寡头垄断行业中，厂商出于对各自垄断利润的追求，往往通过正式的或非正式的协议组成卡特尔。卡特尔协议达成后，由卡特尔成员授权的中央机构确定统一的价格，进行产量的分配，划定市场份额。第一，它要将各成员厂商的边际成本曲线相加，获得整个卡特尔的边际成本曲线；然后再根据卡特尔所面临的市场需求曲线，确定边际收益曲线后，由边际成本等于边际收益的原则，找出卡特尔整体的最大的总产量和对应的价格，这一价格即为卡特尔成员的统一定价；最后，还要将卡特尔的总产量分配给各厂商。

卡特尔组织虽然形成了操纵市场、分享利润的协议，但是这一协议并没有法律约束力，各卡特尔成员出于各自的利益，往往违背协议，使得协议的执行非常困难。因此，大多数卡特尔往往是不稳定的，难以长期存在。

二、卡特尔的价格与产量决定

下面我们来研究卡特尔的价格与产量决定问题。

假设行业中只有两个寡头厂商 A 和 B，且两者通过卡特尔协议来瓜分市场。该卡特尔的决策行为将同一个垄断厂商近似。两个厂商具有不同的成本曲线，厂商 A 的平均成本曲线 AC_A 和边际成本曲线 MC_A 见图 9-3 的(a)图，厂商 B 的平均成本曲线 AC_B 和边际成本曲线 MC_B 见图 9-3 的(b)图，行业的边际成本曲线 MC 可由两厂商的边际成本曲线横向加总得到，见图 9-3 的(c)图。该卡特尔组织的价格决策过程可从(c)图得到。根据市场总的需求曲线和边际收益曲线、边际成本曲线，卡特尔组织会按照 $MR=MC$ 的原则，选择使卡特尔组织利润最大化的产量 Q^* 和价格 P^*。在总产量 Q^* 一定的情况下，卡特尔组织会按照边际成本原理来给各个厂商分配产量。图 9-3(c)中 MR 与 MC 的交点，确定了厂商分配产量时的边际成本水平，再由这条虚线与各家厂商的边际成本曲线的交点来确定各自的产量 Q_A 和 Q_B，结果每个厂商均实现了利润最大化。

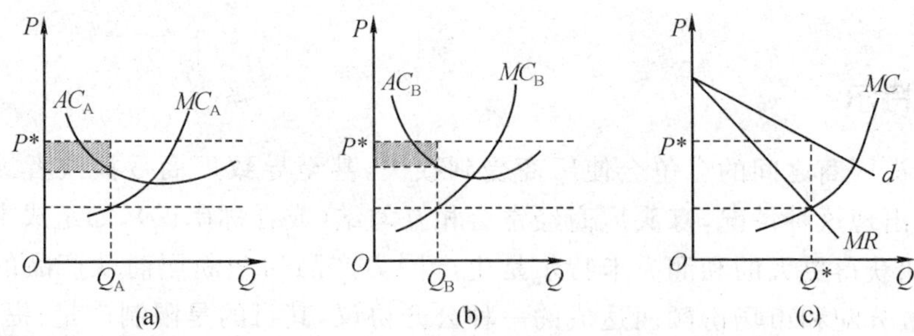

图 9-3　卡特尔的利润最大化决策

如果卡特尔组织并没有垄断整个市场，它的决策行为将稍有不同。以石油输出国组织欧佩克(OPEC)为例。在世界石油市场上，除了欧佩克的石油供给外，还有俄罗斯、美国、中国等国出产石油，因而欧佩克的产量和价格决策必须要把这些因素考虑进去。图 9-4 是欧佩克作为一个卡特尔组织的决策的示意图。图中 TD 是石油市场的总需求曲线，SC 是非欧佩克产油国的供给曲线。以 TD 曲线和 SC 曲线横向相减得到欧佩克所面临的需求曲线 D_{OPEC}。

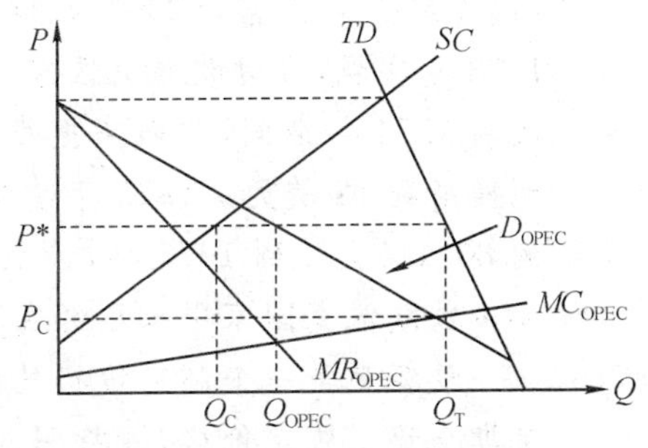

图 9-4 欧佩克卡特尔的价格决定

欧佩克将按照它的利润最大化原则来制定它的价格和产量，产量 Q_{OPEC} 将位于 MC_{OPEC} 和 MR_{OPEC} 的交点，从它的需求曲线知道其价格将是 P^*，在此价格下，非欧佩克的产量将是 Q_C。欧佩克和非欧佩克的总产量将是 Q_T。如果没有像欧佩克这样的卡特尔，厂商之间的竞争将使得价格降到 $P_C = MC$。可以看出 P^* 比 P_C 高很多，这也反映出欧佩克具有相当强的垄断能力，可以把价格抬到竞争性价格以上很多。之所以能做到这一点，是因为世界石油市场的总需求是缺乏弹性的，而非欧佩克成员国的石油供给也是缺乏弹性的。

可以看出，卡特尔要成功地控制价格需要具备三个条件：(1)产品的总需求是缺乏弹性的，否则卡特尔提价的余地很小；(2)卡特尔必须控制大部分市场，非卡特尔的供给也是缺乏弹性的；(3)卡特尔对其成员分配的产量和制定的价格必须能够得到严格遵守。但是要满足这三个条件并不容易，所以并不是所有的卡特尔都能成功。首先一个原因，所有的卡特尔成员都是在价格高于边际成本的条件下运行的，如果某个成员暗中增加产量，它的利润就将增加，所以卡特尔成员有“越轨”的动机；其次，卡特尔成员之间的生产成本不同、经营目标各异、所要求的价格目标也不相同，因此就难以保证所有成员都能严格地履行协议。如果出现一些成员的“越轨”现象，很容易导致卡特尔的瓦解。所以从总体上说，卡特尔协议是不稳定的。

【案例 9-2】

欧佩克(OPEC)石油卡特尔

石油输出国组织(欧佩克)是由沙特阿拉伯、委内瑞拉、科威特、伊拉克、伊朗五大石油生产国在 1960 年创建的。

根据 1968 年欧佩克一份文件制定的长期目标，成员国政府应该：

(1)决定石油价格;(2)拥有和控制它们的石油资源。第一个目标于1973年实现,当时欧佩克国家已经能够单方面提高石油价格。1973年底到1974年期间,欧佩克把石油价格提高至原来的四倍,从每桶3美元提高到12美元。1975年欧佩克的生产量占世界市场中石油贸易量的80%以上。到1975年,涉及政府所有权和控制力的第二个目标在大多数欧佩克国家中也已经实现。

欧佩克是一个制定价格的卡特尔,它要在欧佩克国家石油部长的定期会议上决定价格,沙特阿拉伯是最有影响的欧佩克成员国。因为它的生产能力规模巨大,在欧佩克初期几乎占欧佩克总产量的一半,到1999年时仍占有欧佩克产量的1/3。所有的价格决策都要经过石油部长的投票并要求意见一致。不过在20世纪80年代初,欧佩克成员无法达成统一价格。不同国家之间的石油基准价格应为每桶32—36美元,而实际价格在32—41美元之间。波斯湾沿岸的石油生产者(如沙特阿拉伯和科威特)拥有的巨大储量预期可以延续到下个世纪,它们力求把价格保持在这个范围的下限,以延迟对替代燃料的开发。其他石油储量较少的国家(如伊朗)把它们的油价定在这个范围的上限,为的是在它们的石油枯竭之前能得到最大的收益。

从1987年—2000年,欧佩克的生产量从每天1800万桶上升至3200万桶。由于非欧佩克生产量也从3700万桶增加到4500万桶,而消费的增加不足以吸收所有这些新的供给量,因此,这个时期的原油价格从1987年的24(按1999年价格计算)美元降至1999年的11美元。

欧佩克成员国力求稳定这个不断下降的价格,在1999年3月达成一个生产限额系统。占有欧佩克产量33%份额的沙特阿拉伯同意每天削减585000桶,等于1999年2月平均日产量810万桶的7%。委内瑞拉同意每天削减125000桶,等于它290万桶生产量的4%。上述削减之后再加上非欧佩克成员国墨西哥和挪威的生产量,使全世界每天供给量减少了200万桶,而世界消费量为7600万桶。原油价格几乎立即上升了三倍,达33美元。

目前欧佩克在世界原油供给中所占的比率约为40%。尽管如此,欧佩克仍然能够维持对市场的影响力,其原因在于:欧佩克与挪威、墨西哥、俄罗斯等有影响的非欧佩克产油国建立了协调一致的生产态势。在欧佩克的新战略中,也包括同发达的消费国家进行协调的态度在内。欧佩克吸取了这样的教训:激烈的对立会引起政治关系的恶化,并进一步导致替代能源的开发。

（资料来源：詹姆斯·R.麦圭根等：《管理经济学——应用、战略与策略》，机械工业出版社2006年第九版。）

三、博弈论初步

在厂商之间高度依存的寡头市场上，每一个厂商都必须选择一种策略，厂商在决定采取某一行动之前必须对同行其他厂商可能的反应有自己的估计，并相应地制定下一步的行动。经济学用博弈论的方法来研究既存在冲突又存在合作的情况下（如寡头垄断）的决策行为。

（一）博弈论的基本概念

所谓博弈指的是一种决策，即每一行为主体的利益不仅依赖它自己的行动选择，而且依赖于别人的行动选择，以致它所采取的最好行动依赖于其竞争对手将选择什么行动。在每一个博弈中，都至少有两个参与者，每一个参与者都有一组可选择的策略。作为博弈的结局，每个参与者都得到各自的报酬。每个参与者的报酬都是所有参与者各自所选择的策略的共同作用的结果。

博弈论的基本要素包括：

1. 局中人（Player）

博弈中的每个决策者被称为局中人。在具体的经济模型中，它们可以是厂商，也可能是厂商消费者或任何契约关系中的人。根据经济学的理性假定，局中人同样是以利益最大化为目标。

2. 支付（Payoff Structure）

支付是指博弈结束时局中人得到的利益。支付有时以局中人得到的效用来表示，有时以局中人得到的货币报酬来表示。局中人的利益最大化也就是指支付或报酬最大化。

3. 策略（Strategies）

策略是局中人为实现其目标而采取的一系列行动或行动计划，它规定在何种情况下采取何种行动。

4. 占优策略

无论其他参与者采取什么策略，某参与者都存在唯一的最优策略选择，这一最优策略就是它的占优策略。如果某个参与者具有占优策略，那么，无论其他参与者选择什么策略，该参与者确信自己所选择的唯一策略都是最优的。

（二）博弈均衡

博弈均衡指博弈中的所有参与者都不想改变自己的策略的一种状态。博弈均衡也就是策略均衡,它是指由各个局中人所使用的策略构成的策略组合处于一种稳定状态,在这一状态下,各个局中人都没有动机来改变自己所选择的策略。这样,各人的策略都已给定,不再发生变化,博弈的结果必将确定。从而,每一个局中人从中得到的支付也就确定了。每个局中人的最优决策也就可以确定了。

研究博弈的最终结局,这里引入占优策略均衡和纳什均衡两个概念。

1. 占优策略均衡

它是指由博弈中的所有参与者的占优策略组合所构成的均衡。即无论其他参与者采取什么策略,其参与者的惟一的最优策略就是它的占优策略。博弈均衡是指博弈中的所有参与者都不想改变自己策略的这样一种状态。如果所有参与者选择的都是自己的占优策略,该博弈均衡又被称为占优策略均衡。在一个博弈中,只要每个参与者都具有占优策略,那么,该博弈就一定存在占优策略均衡。

2. 纳什均衡

纳什均衡是指相互作用的经济主体在假定所有其他主体所选策略为既定的情况下选择自己最优策略的状态。如果其他参与者不改变策略,那么任何一个参与者都不会改变自己的策略。所谓纳什均衡是指这样一组策略组合:第一,在该策略组合中,每个局中人的策略都是给定其他局中人的策略情况下的最佳反应。有一个局中人的策略发生变化,原来的策略组合就不再是纳什均衡。第二,该策略具有自我实施的功能。在纳什均衡下,没有一个局中人可以通过单方面改变自己的策略而提高自己的支付。也就是说,没有人愿意偏离均衡。这一解概念是由美国数学家约翰·纳什提出的,故称为纳什均衡。

占优策略均衡是比纳什均衡等强的一个博弈均衡概念。占优策略均衡要求任何一个参与者对于其他参与者的任何策略选择来说,其最优策略都是唯一的。而纳什均衡只要求任何一个参与者在其他参与者的策略选择已知下,其选择的策略是最优的。所以占优策略均衡一定是纳什均衡,而纳什均衡不一定就是占优策略均衡。

在寡头市场上,厂商可以选择两种策略:第一种是合作,即所有厂商都努力使共同的利润极大化,如果将这些利润在厂商之间作一个合适的分配,能使所有厂商比采取不合作态度境况更好(至少不会更坏);第二种策略是不合作,即每个厂商努力使自己的利润极大化。如果一场博弈中,参与者采取合作态度可得到较高的总利润,我们就称之为非零和博弈(Nonzero sum game);如果一场博弈中一方的得益总是基于另一方的相应损失,我们称之为零和博弈(Zero sum game)。

(三)卡特尔与"囚徒困境"

从垄断市场理论中我们知道,垄断厂商能通过特定的产量—价格组合来使自己(也就是行业)的利润极大化,所以,如果所有的厂商都采取合作态度,即通过分配产量使总产量限定在垄断产量上,寡头厂商也能共享垄断利润。事实上,合作的结果就是组建卡特尔。但是,如果厂商之间的合作不能得到有效的监督或强制执行,厂商会有强烈的欺骗动机。欺骗是造成卡特尔崩溃的关键原因,在博弈论中,这就是"囚徒困境"问题。

我们试通过一个博弈论中的经典例子——"囚徒困境"来说明博弈情形。

囚徒困境是一个双人博弈,描述的是这样一种情况:两个人因涉嫌犯罪而被捕,但警察没有足够的证据指控他们确实犯了罪,除非他们两个人中至少有一个坦白交代。他们被隔离审查并被告知:如果两人都不坦白,因证据不足,每人都将坐 1 个月的牢;如果两人都坦白,每人都将坐 6 个月的牢;如果只有一个人坦白,那么坦白者将立即释放,不坦白者将坐 9 个月的牢。图 9-5 列出了这个博弈的支付矩阵。这里我们用坐牢时间的长短表示局中人的支付。

在这个博弈中,对囚徒 1 来说,如果对方选择坦白,那么他也将坦白,两个人都坐 6 个月牢(因为如果他不坦白的话,等待他的将是 9 个月的刑期);如果对方选择不坦白,他也会坦白,这样他会立即释放,而对方将坐 9 个月的牢。因此,无论对方是否坦白,他都会选择坦白。以囚徒 2 来说,情况也是一样。这里,"坦白"就是两个囚徒的占优策略。

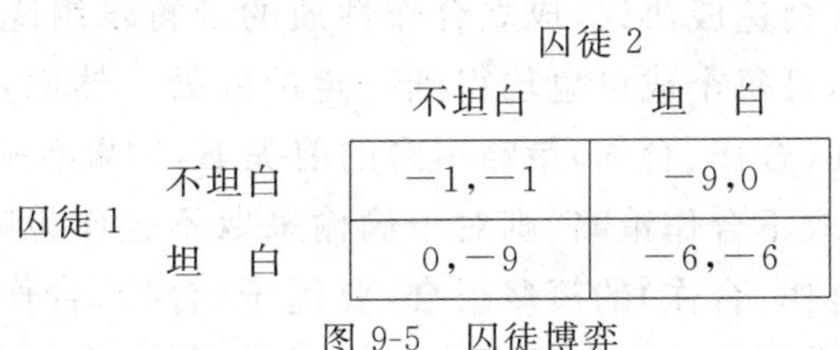

		囚徒 2 不坦白	囚徒 2 坦　白
囚徒 1	不坦白	−1,−1	−9,0
囚徒 1	坦　白	0,−9	−6,−6

图 9-5　囚徒博弈

由于理性的局中人不会选择下策,因此,在上述囚徒困境中,如果两个囚徒都是理性的,他们都将选择坦白。这样,博弈的结果将是(坦白,坦白),这是一个占优策略均衡。但是,这一均衡给双方带来的支付低于策略组合(不坦白,不坦白)带来的支付,这一结果被称为"囚徒困境"。囚徒困境带给我们的启发是,个人的理性选择有时不一定是集体的理性选择。换言之,个人的理性有时将导致集体的无理性。现实生活中有很多囚徒困境的例子,如国家间军备竞赛、厂商间的价格战、公共物品的搭便车问题等。

尽管寡头市场上的共谋现象是很普遍的，但是，寡头厂商们之间的共谋却是很脆弱的。当寡头厂商们之间为了各自的利益达成共谋协议之后，这种合作协议随时都有可能被破坏。

我们假设两个寡头厂商的支付矩阵如图 9-6 所示。

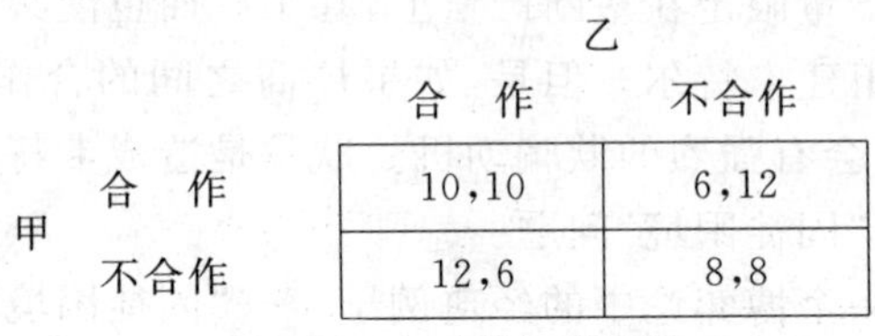

		乙 合作	乙 不合作
甲	合作	10,10	6,12
甲	不合作	12,6	8,8

图 9-6 厂商支付矩阵

如果甲、乙双方都选择合作的策略，则总报酬最大为 20，每个参与者均得 10；如果甲、乙两者中有一方选择合作，而另一方选择不合作，则选择不合作一方可得 12，而合作一方只得 6；如果甲、乙双方都选择不合作的策略，则总报酬最小为 16，每个参与者均得 8。那么，在图中所描述的四种可能的策略组合中，甲、乙双方博弈的最终结局是什么呢？

首先，很清楚(合作、合作)的策略组合要优于(不合作、不合作)的策略组合。这表明甲、乙两个寡头勾结起来，达成合作协议，共同谋求总报酬最大化(总报酬为 20，每人得 10)，就可以避免由于双方都采取不合作策略和相互竞争所造成的两败俱伤的局面(总报酬仅为 16，每人得 8)。正因为如此，实际上，在寡头市场上，厂商之间经常会达成协议，成立合作性质的卡特尔组织，共谋卡特尔组织的整体利益最大化，且每个成员也均得到一定的好处。然而，另一方面，我们又会进一步地发现，在(合作、合作)策略组合的前提下，如果有一方坚持合作策略，而另一方偷偷地采取不合作策略，则对于偷偷采取不合作策略的参与者来说，(合作、不合作)(不合作、合作)的策略组合，要优于(合作、合作)的策略组合。这意味着在寡头市场上厂商们在达成合作协议以后，每一个寡头都有强烈的利己动机去偷偷地背离协议，以获得自身的更大的利益。由于每一个达成协议的参与者都会这样想和这样行动，最后的结局将是(合作、合作)的策略组合让位于(不合作、不合作)的策略组合，即(不合作、不合作)的组合是均衡的，而且是占优策略均衡。也正因为如此，寡头们之间所达成的卡特尔协定往往是不稳定的。

更重要的是，从每个厂商的个人理性出发所达到的占优策略均衡(不合作、不合作)的结果(8,8)要差于他们团体共谋即策略组合(合作、合作)的结果(10,10)。在寡头市场上，寡头们陷入了类似“囚徒困境”的结局。

【案例 9-3】

咖啡卡特尔的解体

1991 年 10 月，哥伦比亚和巴西的 17 个最大咖啡生产商宣布达成一项协议，建立一个咖啡卡特尔。各国与非洲和中美洲的小生产商原则上同意从市场中减少几百万吨咖啡豆的投放量，以驱动批发价格的上升。巴西的生产商将从计划的 1800 万袋中减少 200 万袋，哥伦比亚生产商将减少 130 万袋。不过，这两个国家的生产商都反对带有安排生产上限、监控机制和惩罚违反者办法的一种正式配额系统。1989 年 7 月，原有的"国际咖啡协议"因成员拒绝接受已确定的配额而解体。

1992 年的咖啡收成比预期的还要好，咖啡豆价格暴跌，"囚犯两难"对合作来说不只是一场"博弈"，而且成了一个悖论。如果所有主要的咖啡豆生产商互相依赖减少产量，都将得到更高的利润。但是，每个卡特尔成员都通过以低于卡特尔官方价格的价格向世界市场提供超额的生产量，来使自身的利益最大化。因为大多数成员都这样想，所以均衡市场价格就会下降。当世界市场价格暴跌表明其他成员正在违反协议时，不会有哪个卡特尔成员还继续限制自身的产量。咖啡豆生产商发现 1992 年市场价格迅速下降，就会正确地得出结论：限制产量的卡特尔协议已经解体。

（资料来源："Non-zero-sum Strategic Game"，Financial Times，2 July 1995。在引用过程中有删改。）

第四节　不同市场结构经济效率的比较

前面我们研究了四种不同的市场结构：完全竞争、垄断竞争、寡头垄断、垄断。这四种市场结构具有不同的特点，不同市场结构中的厂商的价格决策、产量决策都不相同，其竞争策略和竞争程度也不一样，因而经济效率也就不同。下面仅对这四种市场结构做一简单比较。

一、经济效率

经济效率是指利用经济资源的有效性。高的经济效率表示对资源的充分利用或能以最有效的生产方式进行生产；低的经济效率表示对资源的利用不充分或没有以最有效的生产方式进行生产。不同市场组织下的经济效率是不同的，市场组织的类型直接影响经济效率的高低。西方经济学家通过对不同市场条件下厂商长期均衡状态的分析得出结论：完全竞争市场的经济效率最高，垄断竞争市场较高，寡头市场较低，垄断市场最低。可见，市场的竞争程度越高，则经济效率越高；反之，市场的垄断程度越高，则经济效率越低。

厂商的供给曲线和厂商所面临的需求曲线是厂商决策的基本依据，也是其市场的一个最基本的特征。完全竞争厂商只能被动地接受市场的价格，因而其需求曲线是水平的，也就是具有完全弹性，在不同的市场价格下，厂商决定自己的产量从而实现自己的利润最大化，因而其供给曲线也是可以推导的，其短期供给曲线和 *SMC* 曲线重合。而对不完全竞争厂商来讲，不仅可以通过调整产量来追求利润最大化，也可以通过调整价格来追求利润最大化，因而不完全竞争厂商无法推导出厂商的供给曲线。不完全竞争厂商都能够在一定程度上影响市场的价格（比如垄断厂商本身就是市场价格的制定者，而寡头厂商则能够操纵市场价格，是市场价格的搜寻者，而垄断竞争厂商则是市场价格的影响者），因而其需求曲线都是向右下方倾斜的，但斜率各不相同。一般来说，垄断程度越高，需求曲线的斜率（绝对值）就越大，以垄断厂商的需求曲线最为陡峭，寡头垄断厂商次之，垄断竞争厂商更为平缓。寡头垄断厂商由于厂商之间的相互制约与依赖关系，一般是不能推导出需求曲线的，但在特殊的假定前提下，比如厂商之间组成卡特尔、价格领先制或如斯威齐模型所假定的前提下，则可以导出其需求曲线。

一个经济社会，其资源是否实现了有效配置则要看它在现有资源条件的约束下能否以最小的成本实现其最大的收益，这实际就是经济效率的问题。那么，如何判断经济效率呢？一般来讲，可以有两个标准：一是看平均成本的高低；二是看价格是否等于长期边际成本。

（一）价格与平均成本

在完全竞争市场条件下，厂商的需求曲线是一条水平线，而且厂商的长期利润为零，所以，在完全竞争厂商实现长期均衡时，水平的需求曲线相切于 *LAC* 曲线的最低点；产品的均衡价格最低，且等于生产的最低平均成本；产品的均衡产量最高。在不完全竞争市场条件下，厂商的需求曲线是向右下方倾斜的。厂商的垄断程度越高，需求曲线越陡峭；垄断程度越低，需求曲线越平坦。在垄断竞争市场上，厂商的长期利润为零。在垄断竞争厂商实现长期均衡时，向右下方倾斜的、相对比较平坦的需求曲线相切于 *LAC* 曲线最低点的左边，因而产量更低，平均成本更高；在垄断市场上，厂商在长期内获得利润，在垄断厂商实现长期均衡时，向右下方倾斜的、相对比较陡峭的需求曲线与 LAC 曲线相交，产品的均衡价格最高，且大于生产的平均成本，产品的均衡数量最低；在寡头市场上，厂商的需求曲线不太确定，一般认为，寡头市场是与垄断市场比较接近的市场组织，在长期均衡时，寡头厂商的产品的均衡价格比较高，产品的均衡数量比较低。

所以垄断程度越高，厂商的产品价格更高，但产量却更低。平均成本高、产量低，说明厂商的生产是无效率的，价格高说明消费者要为此付出更高的代价。因而从全社会的角度看，垄断程度越高，效率越低。

(二)价格与长期边际成本

此外，一个行业在长期均衡时是否实现了价格等于长期边际成本即 $P=LMC$，也是判断该行业是否实现了有效的资源配置的一个条件。商品的市场价格 P 通常被看成是商品的边际社会价值，商品的长期边际成本 LMC 通常被看成是商品的边际社会成本。当 $P=LMC$ 时，商品的边际社会价值等于商品的边际社会成本，它表示资源在该行业得到了最有效的配置。在完全竞争市场，在厂商的长期均衡点上有 $P=LMC$，它表明资源在该行业得到了有效的配置。当 $P>LMC$ 时，意味着厂商如果增加产量，净社会价值将增加，说明此时社会资源没有得到有效配置，是无效率的。在不完全竞争市场，在不同类型的厂商的长期均衡点上都有 $P>LMC$，它表示资源在该行业生产中的配置是不足的。尤其在垄断市场，独家厂商所维持的低产高价，往往使得资源配置不足的现象更为突出。依据这个标准，完全竞争的效率最高，垄断的效率最低。

二、垄断与经济效率

既然微观经济学得出的一般结论是垄断无效率，那么是否垄断就一无是处呢？在经济学界，这是有争论的。主要表现在以下几个方面：

(一)关于垄断市场与技术进步

有的经济学家认为，垄断会阻碍技术进步。他们认为垄断厂商可以通过对市场的垄断而获取超额垄断利润，因而缺乏进行技术创新的动力；此外，垄断厂商为了防止潜在竞争对手的新技术和新产品对其垄断地位造成威胁，甚至可能通过各种方式去阻碍技术进步。这种看法有一定的事实依据，比如一些大的垄断企业看到有新技术威胁到自己时，会采用兼并、收购等公开的和非公开的手段，将新技术据为己有。

但也有不少经济学家认为，垄断是有利于技术进步的。因为，一方面垄断厂商通过获取超额垄断利润所形成的雄厚经济实力，有条件进行各种科学研究和重大的技术创新；另一方面，垄断厂商可以利用自己的垄断地位，在长期内保持由于技术进步而带来的更高的利润。事实上没有哪家企业能够依靠挤垮对手等手段来维持自己的地位,而只有靠不断的技术创新才有可能长期将潜在的竞争对手排斥在自己的市场之外。

(二)关于垄断与规模经济

一些经济学家认为,对不少行业的生产来说,只有大规模的生产,才能受到规模经济的好处,而这往往只有在寡头市场和垄断市场条件下才能做到。完全竞争和垄断竞争行业都是小的厂商,因而缺乏规模经济,成本较高。寡头垄断厂商和垄断厂商往往是一些大企业,可以进行大规模的生产,因而能够获得规模经济,因此可以大大地降低成本和价格。在很多行业如钢铁、冶金、汽车、石油化工等都是如此,而在有的行业,引入竞争机制反而会造成社会资源的浪费或损害消费者的利益,比如城市居民的取暖、邮政等。

(三)关于垄断与产品差别

一些经济学家认为,在完全竞争市场条件下,所有厂商的产品是完全相同的,它无法满足消费者的各种偏好。在垄断竞争和寡头垄断市场条件下,众多厂商之间的产品是有差别的,多样化的产品使消费者有更多的选择自由,可满足消费者的不同偏好。但是,产品的一些虚假的非真实性的差别,也会给消费者带来损失。因而有的经济学家认为,垄断竞争所带来的一点效率上的损失可以看作是经济社会为了产品的多样性所付出的必然的代价。

(四)关于垄断与广告支出

完全竞争市场由于产品是无差别的,因而也不需做广告;而垄断竞争市场和差别寡头市场的厂商则为了避免激烈的价格竞争,更多地采用非价格竞争的形式,广告竞争就是其中一种最常用的方式。马歇尔将广告分为两类:建设性广告和竞争性广告。建设性广告传播有用的信息,它提供了消费者选择时所必须知道的价格、质量以及产品特色等信息,也使企业的新产品为更多的消费者所知晓,因而能够扩大企业的市场规模,增加产品的总需求量,因而是有益的。另外广告也为新企业的产品进入市场提供了可能性,减少了进入的障碍,可能对产业结构产生有益的竞争性影响。竞争性广告是指一个固定的市场上不同厂家的产品为了市场份额而进行广告竞争。由于有的企业做了竞争性广告,其他企业也会被迫卷入这种竞争。这种竞争性广告仅仅是对消费者的视觉和听觉的“轰炸”,其作用不过是加深其产品在消费者头脑中的印象,自己的市场扩大就是别的厂商市场的缩小,所以如果所有企业都全面减少这种广告,对总需求不会有影响,但如果某一个企业从广告战中撤出,就会遭受损失。所以从全社会的角度看,这种广告只是提高了企业的运营成本,从而提高了价格,所以对消费者是不利的。如果减少这种广告,节省出来的资源可以被用于生产其他产品,从而提高全社会的经济效率。

【本章小结】

1. 寡头垄断是少数厂商控制着某行业大部分产品的市场结构,是同时包含垄断因素与竞争因素而又更接近于完全垄断的一种市场结构(垄断竞争市场则以竞争为主,兼有垄断因素)。其产品可能同质,也可能有差别。厂商之间相互依存,任何一个厂商的行动会产生的后果,与竞争对手做出的反应相关联着,而这种反应事先难以确定。因此,寡头垄断厂商可能彼此独立行动,也可能相互勾结;可能进行价格竞争,也可能进行非价格竞争。这些不确定因素都会使寡头垄断的均衡产量和价格,难以有一个确定的解。

2. 在寡头市场上,寡头厂商之间的行为是相互影响的。古诺模型说明了寡头市场上每个寡头都消极地以自己的行动来适应其他竞争对手行动时的均衡;或者说,该模型分析了寡头厂商们之间反应函数的相互作用及其结果。

3. 斯威齐模型利用折弯的需求曲线和间断的边际收益曲线解释了寡头市场上的价格刚性。斯威齐模型假定,寡头垄断厂商推测其他厂商对自己价格变动的态度是跟跌不跟涨,即认为自己降价时,竞争者也会降价,以免它们丧失自己的市场,而涨价时,竞争者不涨价,以便它们夺取市场。因此,每个厂商不肯轻易变动价格,宁肯通过非价格竞争来占领市场。根据这样假定,寡头厂商的产品需求曲线就是折弯的,拐点以上的需求曲线比拐点以下的需求曲线要平坦些。

4. 伯特兰德模型是一种价格竞争模型。斯塔克伯格模型是一种先动优势模型,即首先行动者在竞争中取得优势。

5. 当寡头垄断厂商相互勾结时,则容易形成卡特尔。卡特尔是生产同类产品的垄断厂商就产品的市场价格、产量分配和市场份额而达成的一种公开协议,其目的是限制产量、提高价格、控制市场。它是寡头垄断行业中各厂商用公开方式相互勾结,以达到协调行动的一种形式,其主要任务一是为各成员厂商的同质产品规定统一价格,二是在各成员厂商之间分配产量。关于规定统一价格,其原则或目的是使整个卡特尔的利润最大化,方法是用水平相加法从各厂商的个别边际成本曲线求得整个卡特尔的边际成本曲线,并使此曲线与行业边际收益曲线相交以确定卡特尔的均衡产量和价格。关于产量分配,卡特尔原则上是根据各厂商的边际成本与卡特尔的均衡产量水平上的边际成本相等的办法在各成员厂商之间分配产量。现实中卡特尔成员出于各自的利益,往往违背协议,使得协议的执行非常困难。因此,大多数卡特尔往往是不稳定的,难以长期存在。

6. 博弈论是分析寡头市场的重要理论和方法。博弈论的基本均衡概念是占优策略均衡和纳什均衡。在寡头市场上，寡头们出于对自身利益的考虑，会达成共谋即采取合作的策略。但是，同样是出于对自身利益的考虑，寡头们所达成的合作协议往往是很不稳定的，“囚徒困境”的博弈深刻地揭示了这一特征。

【复习与思考】

1. 折弯的需求曲线模型是如何解释寡头市场上的价格刚性现象的？

2. 为什么参加卡特尔的各厂商会按相同的价格出售产品，而不会要求生产相等的产量？

3. 可口可乐与百事可乐之间的竞争是垄断竞争者之间的竞争还是寡头垄断者之间的竞争？为什么？

4. 试述古诺模型、伯特兰德模型和斯塔克伯格模型的异同及其局限性。

5. 假设有两个寡头垄断厂商的行为遵循古诺模型，它们的成本函数分别为：

$TC_1 = 0.1q_1^2 + 20q_1 + 100000$

$TC_2 = 0.4q_2^2 + 32q_2 + 20000$

这两个厂商生产一同质产品，其市场需求函数为 $Q = 4000 - 10p$

根据古诺模型，试求：

(1)厂商 1 和厂商 2 的反应函数。

(2)均衡价格及厂商 1 和厂商 2 的均衡产量。

(3)厂商 1 和厂商 2 的利润。

6. 某公司面对以下两段需求曲线：

$P = 25 - 0.25Q$(当产量为 0—20 时)

$P = 35 - 0.75Q$(当产量超过 20 时)

公司总成本函数为：$TC_1 = 200 + 5Q + 0.25Q^2$

(1)说明该公司所属行业的市场结构是什么类型。

(2)公司的最优价格和产量是多少？这时利润(亏损)多大？

(3)如果成本函数改为 $TC_2 = 200 + 8Q + 0.25Q^2$，最优价格和产量是多少？

7. 如果可口可乐与百事可乐都对六罐包装的饮料保持高价格，各自在每个商店每周可赚 12000 美元；如果都进行折扣促销，各自赚 8000 美元；如果有一方成功地违约单独降价，每个商店每周可赚 17000 美元；当对方违约自己保持高价，那么每个商店每周只能赚 6000 美元。找出占优策略。可口可乐将选择什么定价行动，百事可乐呢？

第十章

要素市场

本章将对要素市场供求关系的一般原理进行论述。在生产要素市场上，要素的购买者是产品市场上产品的供应者，而要素的供应者却是产品市场上产品的购买者。尽管市场参与者的角色发生了变化，但我们将看到，产品市场的基本分析方法仍然没有改变。这是我们在学习这一章内容时所必须掌握的。

第一节　生产要素市场概述

生产要素是指生产最终产品所必需的各种资源。在经济学家看来，这些要素也是商品，也有供给和需求。同产品市场的分析类似，各种要素的价格也是由其市场上的供求关系决定。要素的供给者获得的报酬形成收入，要素的需求者获得要素进行生产以追求利润最大化。

一、要素价格

要素所有者提供生产就要得到相应的报酬，这一报酬就是其提供一定量生产要素的价格。只要各种要素的价格确定了，各种要素所有者的收入也就确定了。

一个社会的生产资源即要素主要可分为四类：劳动、资本、土地和企业家才能。这些要素的价格都有各自的名称：劳动的价格——工资（即工资率，通常称为工资，wage）；资本的价格——利息（即利息率或利率，interest）；土地的价格——地租(rent);企业家才能的价格——利润(profit)。

要素价格与商品价格相比有所不同。商品价格就是指这种商品每单位的售价。例如,钢笔的价格为10元/支,即钢笔所有者卖出这支钢笔可获得10元的收入。而要素价格则不是该要素本身的销售价格,而是指该要素在一定时间内所提供服务的价格。具体地说,劳动的价格,即工资,不是指劳动者本人的价格。现代社会中的人并不允许买卖。这里所说的工资是指劳动者在一个单位时间内提供劳动所获的报酬。例如,一位劳动者为某工厂工作一天所获的报酬为50元,我们说该劳动者的工资为50元/天(或者说该劳动者的日工资率为50元)。同样道理,资本的价格,即利息,并不是指机器、厂房或货币等本身的价格,而是它们在一个单位时间内提供给使用者所获得的报酬;土地的价格即地租是指土地的所有者在一个单位时间内提供土地给土地需求者使用获得的报酬;企业家才能的价格即利润是指企业家在一个单位时间内提供管理服务的报酬。

二、要素需求的特点

要素市场上的需求与产品市场上的需求有很大的不同。这主要表现在两个方面:一是厂商对要素的需求是引致需求;二是厂商对要素的需求是共同需求。

厂商对生产要素的需求目的不是为了消费,而是为了使用这些要素去生产产品,再把生产出来的产品拿到产品市场上出售以获得收益。这种需求称为引致需求。这种引致需求可以是直接的,也可以是间接的,迂回的。比如消费者的直接需求是面包,这种直接需求会引致面包厂商购买生产要素(比如面粉和劳动)去生产面包,从而面粉厂商会购买生产要素(比如小麦和劳动)去生产面粉。无论这种需求经历了一个怎样的过程,都是由于消费者对面包的需求引致的。厂商购买生产要素的目的只有一个,那就是通过购买生产要素生产出满足消费者需要的产品,从而实现自己的利润最大化。

厂商对生产要素的需求也可以叫做联合需求或共同需求,即对生产要素的需求是共同的、相互依赖的需求。这个特点是由生产的技术上的原因造成的。因为厂商要进行生产活动,必须同时购买所有的生产要素才能够生产,通常只拥有一种或两种生产要素是无法进行生产的。对生产要素需求的这种共同性特点带来了一个重要后果,即对某种生产要素的需求,不仅取决于该生产要素本身的价格,而且也取决于其他生产要素的价格。因此严格地说,生产要素理论应该是关于各种生产要素共同使用的理论。

三、生产要素市场上的利润最大化原则

要素的需求来自厂商，他们购买生产要素是用来生产商品和劳务，其最终目的是为了谋求最大利润。因此，厂商对生产要素的使用量，也是根据利润最大化原则决定的。与产品市场相似，厂商在要素市场上的利润最大化原则是要素的边际收益与边际成本相等，前者称为边际收益产品，后者称为边际要素成本。

（一）边际收益产品

边际收益产品(marginal revenue product，MRP)是指由于厂商增加一单位生产要素所引起的总收益的增加量。例如，一个厂商雇佣5个劳动力，一天生产60件产品，产品的价格为10元/件，则可以获得60元的总收益；当这个厂商的其他要素的使用量不变，而雇佣了六个劳动力时，一天生产70件产品，总收益增加到700元，那么，这第六个劳动力的边际收益产品为100元。由于边际产量被定义为增加一个单位要素所增加的产量，边际收益被定义为增加一个单位产量所增加的收益，所以边际收益产品就可以表示为边际收益与边际产量的乘积。即

$$MRP = MR \times MP \tag{10.1}$$

在上例中，第六个劳动力的边际产量为10件(70－60)，因为价格没有发生变化，边际收益为10元，因此边际收益产品为100元(10×10)。

（二）边际要素成本

边际要素成本(marginal factor cost，MFC)是指由于厂商增加一单位生产要素所引起的总成本的增加量。例如，一个厂商雇佣5个劳动力，一天生产60件产品，支付的日工资额为400元；当这个厂商的其他要素使用量不变，而雇佣了6个劳动力时，一天生产70件产品，支付的日工资额为450元，那么，这第6个劳动力的边际要素成本为50元。由于边际产量被定义为增加一个单位要素所增加的产量，边际成本被定义为增加一个单位产量所增加的成本，所以边际要素成本就可以表示为边际成本与边际产量的乘积。即

$$MFC = MC \times MP \tag{10.2}$$

在上例中，第六个劳动力的边际产量为10件，增加了10件产品使总成本增加了50元(450－400)，所以此时边际成本即每件产品的成本为5元(50÷10)，因此边际要素成本为50元(5×10)。

（三）从要素市场看厂商的利润最大化

厂商要在产品市场获取最大利润，必须遵循边际收益等于边际成本原则，即$MR=MC$。比较边际收益产品MRP与边际要素成本MFC的计算公式，当MR

$=MC$ 时,有

$$MRP=MFC \tag{10.3}$$

由此可见,产品市场上的利润最大化原则同样适用于要素市场。

当一个厂商购买一定量的某种生产要素所获得的边际收益产品与付出的边际要素成本不相等时,就不可能达到利润最大化。例如,当 $MRP>MFC$ 时,厂商会发现如果继续增加对该种要素的购买,从中获得的收益是大于付出的成本的,也就是使利润增加了,所以当前的利润就不是最大的;当 $MRP<MFC$ 时,厂商会发现如果继续减少对该种要素的购买,与从该单位要素中减少的收益相比,成本的下降幅度要更大,所以要素使用量的减少使亏损降低了或利润增加了;只有当 $MRP=MFC$ 时,厂商从最后一单位要素中获得的收益与付出成本相等,就没有必要对要素的使用量再做出调整,利润达到了最大化。

第二节　生产要素价格决定的需求方面

一、完全竞争市场上厂商对要素的使用原则

边际产品价值(value of marginal product,VMP)是指由于增加一单位生产要素所引起的销售值的增加量。增加一单位要素后获得的产量为边际产量 MP,而此时从每一产量中获得的销售值即为产品的价格 P。所以增加一单位要素所引起的销售值的增加量,即为边际产品价值,等于边际产量与产品价格的乘积。即

$$VMP=MP\times P \tag{10.4}$$

在完全竞争产品市场上,商品的价格是不变的,边际收益始终等于商品的价格,即 $MR=P$。因此边际收益与边际产量的乘积就等于产品价格与边际产量的乘积,即 $MR\times MP=P\times MP$。所以,在产品市场是完全竞争市场的条件下,有

$$VMP=MRP \tag{10.5}$$

也就是说,要素的边际收益产品曲线 MRP 与边际产品价值曲线 VMP 是重合的。

在完全竞争的要素市场上,无论厂商购买多少该种要素都不会影响它的价格,所以每增加一个单位要素的购买所增加的成本即边际要素成本 MFC 就始

终等于要素的价格 ω，即

$$MFC=\omega$$

因此，在产品市场和要素市场均是完全竞争市场的条件下，厂商获得利润最大化时对要素的使用原则是

$$VMP=\omega=MFC \tag{10.6}$$

二、完全竞争厂商对生产要素的需求曲线

完全竞争市场条件下的厂商使用要素的原则是边际产品价值等于要素价格，这样我们就可以建立一个要素的需求函数，来表示其他条件不变时厂商对要素的需求量与要素价格之间的关系。由于边际产量 MP 本身是要素使用量的函数，所以厂商的要素使用原则也就表明了要素价格与要素需求量之间的函数关系，同时也就确定了要素的需求函数。

（一）单个要素可变时厂商对要素的需求

一个厂商对某种要素的需求曲线表示在该种要素每一种可能的价格下厂商对它的需求量。这里我们假定其他要素固定不变，只考察单个厂商对一种可变要素（以劳动 L 为例）的需求曲线。

假定劳动的边际产量 MP_L 曲线如图 10-1 所示，劳动的边际产量随着劳动投入量的增加而递减。因为 $VMP_L=MP_L\times P$，而在产品市场完全竞争的条件下，单个厂商的产品价格 P 是既定不变的，因此在图 10-1(a)中，劳动的边际产品价值曲线 VMP_L 曲线也是向右下方倾斜的。VMP_L 曲线的形状表明，由于每增加一单位劳动投入所带来的边际产品是递减的，所以，每增加一单位劳动投入所带来的产品的价值增量——边际产品价值也是递减的。

在要素市场完全竞争的条件下，厂商对要素价格没有任何影响。在上述只考虑劳动市场的例子中，厂商根据边际产品 MRP 等于边际要素成本 MFC 的原则（也就是劳动边际产品价值 VMP_L 与既定的劳动价格 ω 相等的原则）来调整对劳动的需求。显然，劳动的边际产品价值曲线恰好反映了劳动价格的变动与厂商对劳动需求量变动之间的关系。也就是说，由于要素使用原则是 $VMP=\omega$，所以把图 10-1(a)的纵轴坐标换成要素价格，就可以得到完全竞争条件下单个厂商的要素需求曲线，如图 10-1(b)中 l_d 曲线所示。例如，当劳动价格是 ω_0 时，厂商根据劳动的边际产品价值 VMP_L 等于劳动价格 ω 的原则，对劳动的需求量为 l_0。

可以看到，如果将要素需求曲线与要素的边际产品收益曲线（即这里的边际产品价值曲线）绘制在同一图形中，两者是重合在一起的，同样向右下方倾斜。

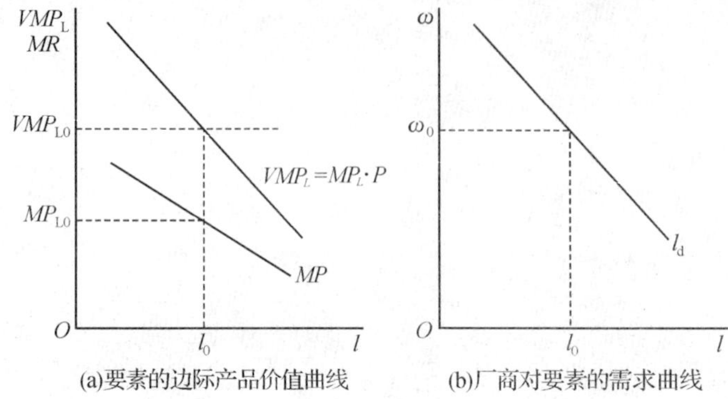

图 10-1　要素的边际产品价值曲线与厂商对要素的需求曲线

这里需要注意的是，要素需求曲线和边际产品价值曲线在图形上完全重合，但是两者的含义却并不相同。作为边际产品价值曲线来看，横轴所代表的是厂商的要素使用量，这条曲线表示不同的要素使用量带来的不同的边际产品价值；而作为要素需求曲线，横轴表示的是厂商进行生产时，根据要素市场的要素价格和产品市场上的产品价格选择的最优的要素使用量。

前面曾指出，厂商对任何一种生产要素的需求量都要根据利润最大化的原则，使该要素的边际收益产品等于其边际要素成本，因此，对任何生产要素来说，其边际收益产品曲线(完全竞争要素市场上，就是边际产品价值曲线)就是厂商对该要素的需求曲线。上述以劳动为例的分析，同样适用于对其他生产要素需求曲线的分析。

(二)多要素可变时厂商对要素的需求

前面考察了只有一种可变要素投入时，厂商对该要素的需求曲线就是要素的边际产品价值曲线 VMP。如果有多种要素可变(在长期内，所有要素都是可变的)，厂商对某种生产要素的需求曲线就不能再简单地看作是该要素的边际产品价值曲线。

假定厂商使用劳动和资本这两种可变生产要素组织生产，劳动和资本可以相互替代。当资本的投入量不断增加而劳动投入量不变时，在资本的边际产量递减的同时，劳动的边际产量会增加；当劳动的投入不断增加而资本的投入量不变时，劳动的边际产量递减而资本的边际产量递增。但是，当这两种要素同时增加时，就必须考虑它们之间的相互影响。

如图 10-2 所示，假定最初资本投入不变为 k_0，劳动的短期需求曲线就是劳动的边际产品价值曲线 VMP_{L0}。当劳动的价格为 ω_0 时，厂商将雇佣 l_0 数量的劳动，在劳动的价格下降到 ω_1 时，厂商会把劳动的雇佣量增加到 l_0'。但在长期内考虑到资本的投入量也会增加，在劳动的价格为 ω_1 时的雇佣量就不再是 l_0'。因为劳动投入量由 l_0 增加到 l_0'时，资本的边际产量会增加，从而促使厂家将资本的投入量由 k_0 增加到 k_1，以此保持利润最大化时的生产要素组合条件：$\frac{MP_L}{\omega}=\frac{MP_K}{r}$。而资本投入量的增加又会使劳动的边际生产力提高，从而增加劳动的边际产品价值，这意味着劳动的边际产品价值曲线将由 VMP_{L0} 移动到 VMP_{L1}。因此在劳动价格由 ω_0 下降到 ω_1 以后，由于资本投入量也会增加，厂商实际的劳动需求量将不是 l_0'，而是 l_1。这样，劳动的需求曲线就不能简单地看作是 VMP_{L0} 或者 VMP_{L1}，而是通过 A、B 两点的 l_d 曲线。

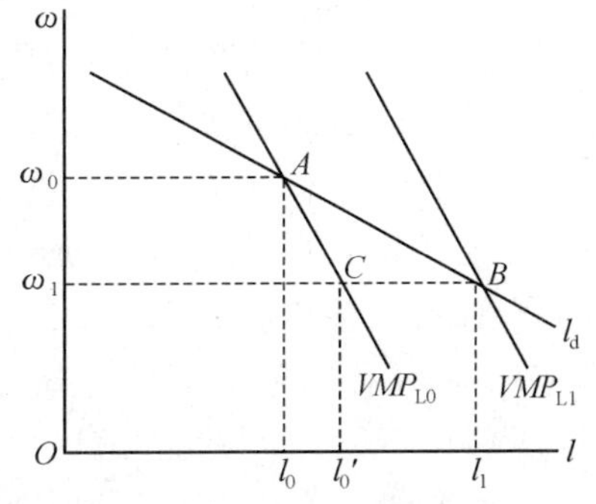

图 10-2　多要素时厂商对要素的需求

只要有两种以上的要素是可变的，上述情况就会发生。这时任何一种可变要素的需求曲线，都是该要素的水平的价格曲线与发生相应变动后的该要素边际产品价值曲线之交点的轨迹。

三、从厂商的需求曲线到市场的需求曲线

与产品的市场需求曲线不同，生产要素的市场需求曲线不能简单地通过对各个厂商的要素需求曲线的水平加总而得到。例如，当一种生产要素的价格下降时，会导致使用该要素的所有厂商的生产成本下降，此时该要素的投入量增加，从而使整个行业的产量有所扩大，这意味着各厂商的供给曲线向右下方移动，从而造成厂商所生产的商品价格 P 下降。而产品价格 P 与该要素的边际产量 MP 的乘积等于边际产品价值 VMP，边际产品价值曲线就是厂商对该要素的需求曲线。因此，当某种生产要素的价格下降时，由此而引起的产品价格 P 的下降会使边际产品价值 VMP 下降。由于 VMP 的这种下降不是直接由要素价格的下降造成的，而是直接与产品价格 P 的下降有关，所以当某种生产要素价格下降时，会引起边际产品价值曲线的左移，这样，在分析某种生产要素的市场需求曲线时，就不能不考虑单个厂商的需求曲线会随要素价格下降向左移动的情况。

以劳动市场为例。如图 10-3(a)表示单个厂商对劳动的需求曲线，图 10-3

(b)表示劳动的市场需求曲线。在10-3(a)中,劳动价格水平为ω_0时,单个厂商对劳动的需求为l_0,将此时所有厂商对劳动的需求量加在一起则得到劳动价格水平为ω_0时市场对劳动的总需求量,如图10-3(b)的L_0所示。假定劳动价格下降到ω_1,单个厂商会沿着其劳动的边际产品价值曲线VMP_{L0}将劳动的投入量增加到l_0'的水平。但是,劳动价格的下降引起劳动投入的增加会导致最终产品的产量增加,并相应地使产品价格P下降,从而使劳动的边际产品价值曲线由VMP_{L0}向左移动到VMP_{L1}。这样,在ω_1的劳动价格水平下,厂商对劳动的需求量是l_1而不是l_0',与此相应的市场需求曲线则为L_1。这样,A、B就成为劳动的市场需求曲线上的两个点。用同样的方法我们可以得到该市场需求曲线上的其他各点,劳动的市场需求曲线就是L_D。

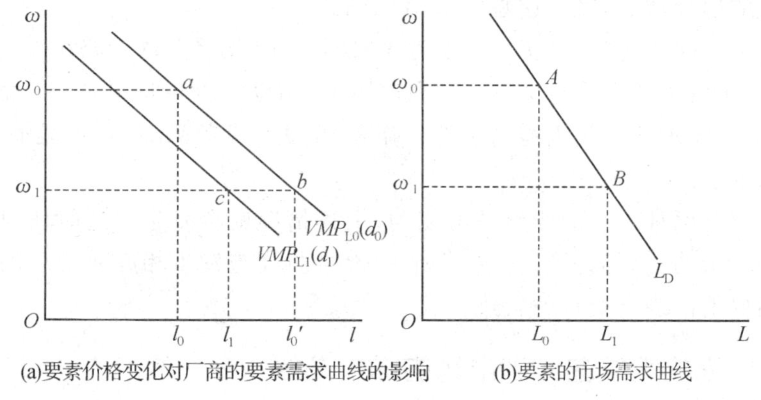

(a)要素价格变化对厂商的要素需求曲线的影响　　(b)要素的市场需求曲线

图10-3　从单个厂商的要素需求曲线到要素的市场需求曲线

第三节　生产要素价格决定的供给方面

一般来讲,无论是单个要素所有者对于要素的供给还是要素的市场供给,要素供给量都是随着要素价格的提高而增加,长期而言更是如此。因此,可以说一般生产要素的市场供给曲线也是向右上方倾斜的。

一、完全竞争条件下生产要素供给特征和原则

(一)生产要素的供给特征

在完全竞争条件下要素的供给对单个厂商来说是完全弹性的,但整个行业

所面临的要素供给曲线通常不是这样的。对于大多数作为生产要素的中间产品来说，除非要素的价格上升，否则，整个市场供给的要素总量是不会增加的。这与完全竞争的厂商和行业在产品市场所面临的情况是类似的。

而在一些特殊情况下，整个行业所面临的要素供给曲线是完全无弹性的。当然，即使是存量给定的一国资源如土地，其市场供给也并非是完全无弹性的，因为问题的关键并不在于土地的存量，而在于土地的使用量。一般而言，价格大幅度的提高会增加这些资源的使用量。因为较高的价格会导致更多地开垦荒地（甚至围海造田）、重新开发成本高的矿产资源和农场以及灌溉和改良比较贫瘠的土地。

一般来说，要素的供给曲线是向右上方倾斜的，因为随着要素价格的上升，个人愿意供给的要素数量是增加的。推广到整个市场的要素供给曲线可以通过把所有人的要素供给曲线水平相加得到，这里不做详述。但对于不同种类的生产要素来说，其供给曲线的形状却是不尽相同的。具体说，如果某种生产要素是由某些厂商生产出来的，如机器、设备、原料、厂房等资本品，其供给价格和供给量主要与生产和再生产该种生产要素的成本有关；如果生产要素不是由厂商生产出来的，如土地、劳动、货币资本等，其供给价格和供给量则主要由该种生产要素在某一时期的存量、供给者的偏好、该要素的机会成本等因素决定。

（二）生产要素的供给原则

厂商生产机器设备等生产要素，出售给其他厂商，本身也追求利润最大化。厂商生产的要素本身就是他们的产品，因为这些要素的供给可以按照产品市场的供给进行分析，其供给原则也和产品市场上的产品供给原则一致。

个人提供要素的目的在于换回收入以购买其他商品进行消费。个人为了实现自身效用最大化，需要选择自己把多少的要素提供给要素市场，多少要素自己留用。在消费者行为理论中，消费者在 X、Y 两种商品之间进行选择，效用最大化的条件是两种商品的边际替代率等于两种商品的价格比，即

$$MRS_{XY}=\frac{MU_X}{MU_Y}=\frac{P_X}{P_Y} \tag{10.7}$$

个人在对要素的两种用途进行选择时，仍然需要满足这一条件，也就是说个人要使得该要素在两种用途上的边际效用之比等于其价格之比。由于要素本身只有一个价格，因此两者的价格比是 1。这就意味着：为了实现效用的最大化，个人要使该要素在两种用途上的边际效用之比相等，也就是说，要素供给的边际效用等于要素留用的边际效用。

二、劳动供给曲线和工资的决定

劳动供给的主要决定因素有劳动的价格(即工资)、劳动者的偏好(即劳动者对闲暇时间和工作时间的权衡与选择)、人口的规模、劳动力的受教育程度、职业及地理分布等。劳动的供给曲线反映着劳动供给量变动与工资率变动之间的关系,其他变量的变化只作为影响劳动供给曲线移动的因素来考虑。现在假定影响劳动供给的其他因素不变,来研究劳动供给量与工资率的关系。

(一)个人的劳动供给曲线

劳动的市场供给是单个劳动者的劳动供给总和。因此,必须先从个人的劳动供给开始分析。个人劳动供给曲线可通过对个人最佳选择的分析来推导。如图 10-4(a)中横轴 T 表示个人的日工作和闲暇时间,纵轴表示劳动的日货币收入。从 Z 点向纵轴引三条斜线(称为劳动者预算线),其斜率表示不同的小时工资率,如 $\omega_1=\dfrac{I_1}{Z}$。无差异曲线 U_1、U_2、U_3 表示劳动者个人对工作和闲暇的偏好,劳动者个人最大效用由其预算线可能达到的最高无差异曲线表示。

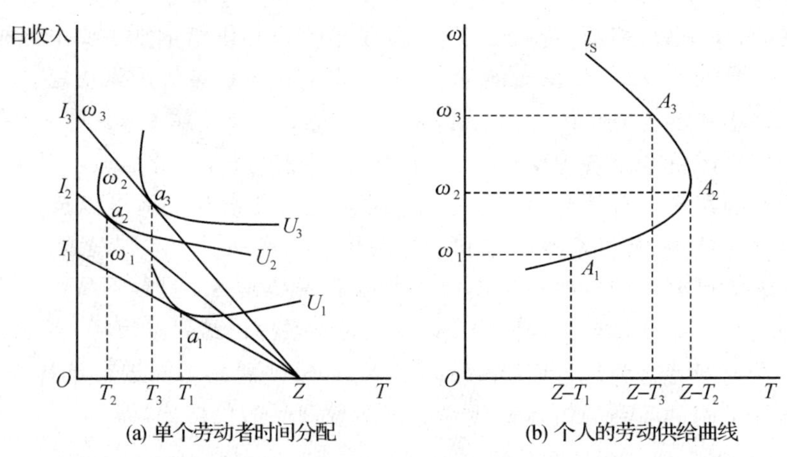

图 10-4 劳动者的个人劳动供给曲线的推导

图 10-4(a)中,当劳动工资为 ω_1 时,劳动者预算线为 I_1Z,它和无差异曲线 U_1 相切于 a_1 点,此时劳动者留给自己的闲暇时间为 T_1,而把 $Z-T_1$ 的时间用于劳动的供给,对应于图 10-4(b)中的 A_1 点。工资上升到 ω_2 时,个人面对的劳动者预算线为 I_2Z,它和无差异曲线 U_2 相切于 a_2 点,此时劳动者留给自己的闲暇时间为 T_2,而把 $Z-T_2$ 的时间用于劳动的供给,对应于图 10-4(b)中的 A_2 点。随着要素价格的继续上升,如价格为 ω_3 时,面对新的劳动者预算线 I_3Z,劳

动者留给自己的闲暇时间为 T_3，却多于较低工资水平 ω_2 时留给自己的闲暇时间 T_2，劳动者的工作时间反而由 $Z-T_2$ 降低到了 $Z-T_3$，对应于图 10-4(b)中的 A_3 点，少于 A_2 点的劳动供给量。于是，通过工资率的变化能够得到一条过 A_1、A_2、A_3 三点的劳动供给曲线 l_S。从图 10-4(b)中可以看出，这条劳动的个人供给曲线是"向后弯曲"的。

个人劳动供给曲线向后弯曲的原因是由于工资率增加的替代效应和收入效应。不同工资率下劳动者个人愿意提供的劳动时间决定于他对工资和闲暇的评价。工资(收入)带来效用，闲暇也带来效用。而劳动带来负效用，收入与闲暇存在替代关系。一方面，当工资率上升时，闲暇的成本上升，每一小时的闲暇变得更昂贵，于是劳动者愿意少休息，多工作，即愿意以劳动替代闲暇，这是工资率上升的替代效应。另一方面，工资率的上升增加了个人收入，劳动者个人将需求更多商品和服务，当然包括享有更多的闲暇时间，这是工资增加的收入效应。工资率提高的替代效应和收入效应在个人劳动供给曲线的各个部分都起作用。当替代效应大于收入效应时，个人劳动供给曲线斜率为正；当替代效应小于收入效应时，个人劳动供给曲线斜率为负。如图 10-4(b)中的 A_2 点以下的所有工资水平，劳动供给量随着工资率的上升而增加：替代效应大于收入效应；在 A_2 点以上，劳动供给量随着工资率的上升而减少：收入效应大于替代效应。例如，工资为 8 元/小时，个人工作 8 小时，个人收入为 64 元；当工资上升到 12 元/小时，个人可以考虑仅工作 6 小时，收入为 72 元。收入提高了而个人的工作时间却减少了。

(二)劳动的市场供给曲线

工资率的增加会刺激劳动的市场供给增加，但当工资率增加超过一定水平时，便会导致劳动的市场供给下降。这就是个人的劳动供给曲线向后弯曲的原因。由于每个人偏好不同，个人劳动供给曲线在多少工资率时开始弯曲也不同。劳动的市场供给曲线是所有单个劳动者供给曲线的平行加总，所以最终也会弯曲，如图 10-5 所示。

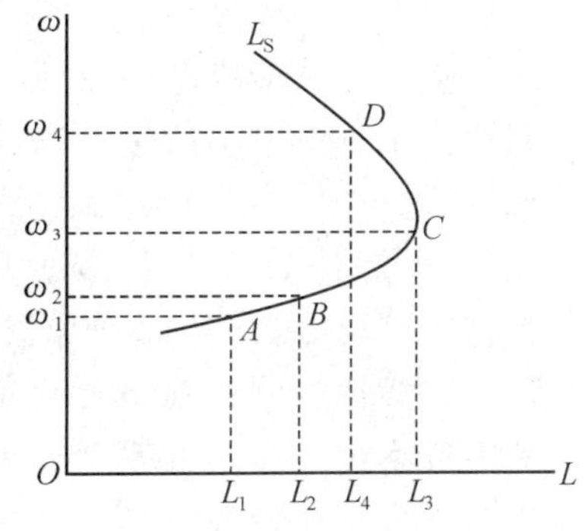

图 10-5　劳动的市场供给曲线

三、土地的供给曲线和地租的决定

作为一种特殊的自然资源，土地的供给量不但有限，而且基本上是不变的。因为土地这一生产要素具有稀缺性、不能移动、不能再生产等特点，只有在特殊情况下才会增加或减少供给量。例如围海造田可增加土地供给量，耕地沙漠化会减少土地供给量。地租是土地所有者提供土地获得的报酬。对于个别土地所有者来说，他可以根据地租的高低考虑将土地出租给谁，却不能因地租的提高而提供更多的土地。

这样，把土地的供给量看作地租的函数，土地的供给曲线就是这样一条曲线：最初曲线向右上方倾斜，达到既定数量后成为价格弹性为零的垂线。如图 10-6 所示，纵轴表示地租 r，横轴表示土地的数量 LD。在土地尚未完全利用之前，土地的供给量随着地租的提高而增加，土地的供给曲线向右上方倾斜，见图中曲线的 OA 段；在达到土地的数量极限 LD_0 以后，土地的供给量不再随着地租的提高而增加，土地的供给曲线变成垂线，见图中曲线的 A 点以上部分。

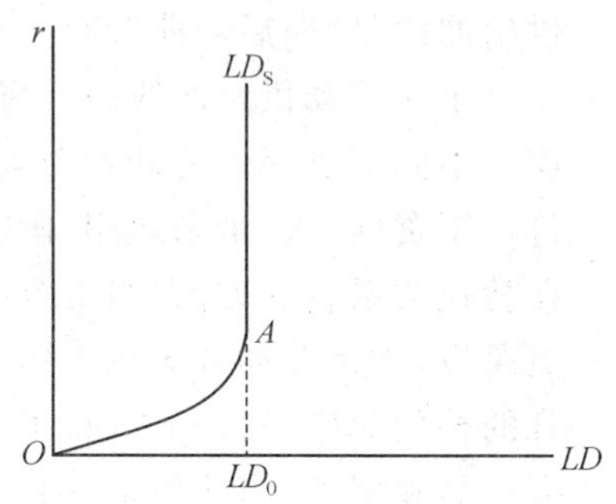

图 10-6　土地的供给曲线

四、资本的供给曲线和利息的决定

资本分为资本财货(或称资本物)和货币资本。资本财货一般都是生产出来的，包括机器、设备、原材料等。厂商利用资本财货生产商品和劳务。为适应市场竞争和科学技术进步，各行各业都不断增加资本，投资增加了社会资本总量。资本财货有别于土地，因为资本财货是人们生产出来的生产物，而土地是自然界赋予我们的生产要素。

资本财货的供给曲线与一般最终商品的供给曲线一样，是向右上方倾斜的，它取决于资本财货的生产成本。在短期内，经济社会的资本(资本财货)总量(指机器、设备、厂房等)基本上是不变的，因此资本的短期供给曲线缺乏弹性；在长期内，经济社会的资本总量可以调整，新的资本财货可以添置，从而增加资本的总量。如果资本财货在相同价格下尽可能多地生产供给，那么资本供给曲线几乎完全富于弹性；如果资本财货只有在较高价格下才能增加，那么资本供给曲线缺乏弹性。

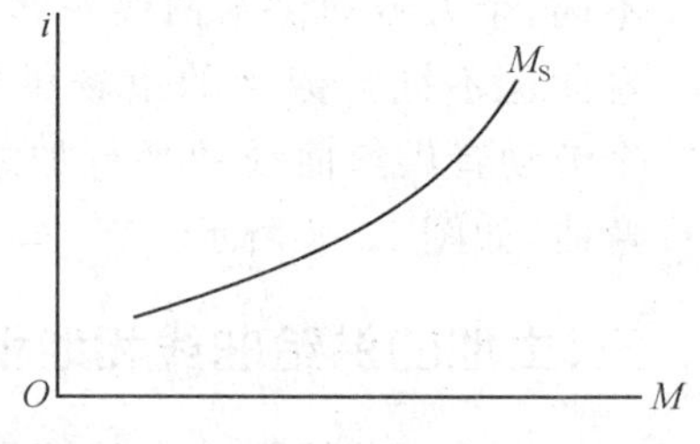

图 10-7　货币资本的供给曲线

货币资本不是生产出来的，其供给主要取决于借贷资本的供给，也就是取决于与一定利息率相关的储蓄率的大小。在利息率一定时，收入越高，储蓄就越多；在收入一定时，利息率越高，一定收入中用于储蓄的部分也就越多，人们愿意提供的货币资本也就越多。把货币资本的供给看作利息率的函数，利息率越高，就意味着持有货币的机会成本越高，使用货币资本就必须支付更高的报酬。因此，货币的供给曲线与资本财货的供给曲线一样，是向右上方倾斜的，如图 10-7 所示，纵轴为利息率水平 i，横轴为货币资本的供给量 M，不同的是，影响资本财货供给的是其生产成本，而影响货币资本供给的是机会成本。

【案例 10-1】

小老板该给工人付多少工资——工资的决定

梁晓声的《中国社会各阶层分析》非常畅销，也引起了不少争议。梁晓声在这本书中痛斥了“新富”们的种种丑行。他绘声绘色地讲到，有一家生产出口花被的私人企业，每条花被出口价 150 美元，而小老板付给工人的工资每月仅 150 元人民币。看了他的这段描述，我也挺动情，产生了对小老板的恨和对工人的同情。但小老板付的这种工资合理不合理呢？这就不能以感情代替理性。经济学中关于工资决定的理论才是我们分析这个问题的出发点。

按经济学家的说法，工资是劳动的价格。它也和任何一种物品与劳务的价格一样取决于供求关系。劳动市场上，工人提供劳动，这就是劳动的供给，企业雇佣劳动，这就是劳动的需求。当劳动的供给与需求相等时，就决定了市场的工资水平，称为均衡工资。因此，工资水平的高低取决于劳动的供给。

小老板支付每月 150 元工资是高是低，不取决于工资的多少，而取决于供求的状况。在小老板所在的地方，农村有大量剩余劳动力，农村的收入也远远低于 150 元的水平，因此会有大量农村少女想来此找份工作。做花被（即把碎花布拼成皮面）是一种极为简单的工作，任何人都可以担任。当农村存在大量剩余劳动力时，想从事这种简单劳动的人是很多的，这就是说，劳动的供给是很大的。但当地工业并不发达，像这样生产花被的企业也不多，对这种简单劳动的需求并不大。根据供求规律，供给多而需求少，工资水平低就是正常的。小老板能以每月 150 元的工资雇到他所需要的工人，说明从供求关系来看，这种工资水平还是合理的。

工资低而产品价格高，小老板当然利润丰厚。但既然允许私人企业存在与发展，这种丰厚的利润也无可非议。作为企业家，小老板不是慈善家，他办企业的目的是实现利润最大化。在产品价格既定时，增加利润只有压低成本，所以，小老板只要能雇到工人就尽量压低工资成本是一种理性行为，无可非议。美国经济学家刘易斯曾指出，在发展中国家里，当劳动供给无限时，以低工资雇佣劳动是利润的主要来源，这种利润可用于投资，对经济发展是有利的。应该说，从整个社会的角度看，小老板赚了钱或用于投资扩大生产，或用于消费刺激需求，都对社会是有利的。

当不熟练劳动供给大于需求时，工资水平低是一个必然的经济规律。许多国家为了保护这些工人的利益，制定了最低工资法。这时，无论劳动的供求状况如何，企业所支付的工资必然等于或高于最低工资水平。在最低工资之下，劳动的供求对工资没影响，无论供给多大，工资也能低于法定水平。只有在最低工资之上，劳动的供求才决定工资。书中所写的那个地方，如果有最低工资法，而且，如果小老板支付的每月 150 元低于最低工资，当然就违法了。但从书中看，当地似乎并无这一立法，小老板在不违法的情况，有权决定自己支付的工资。

每月 150 元的工资的确低了一点，但提高工资不能靠老板发善心。除了由政府制定最低工资法之外还有两种办法。一是在法律允许的范围内工人组成工会。工会的目的就是提高工资水平和改善工作条件。当工会足够有力时，小老板就不能自己决定工资，而要与工会谈判共同决定工资。这时工人的工资会有提高。二是从很本上说还在于发展经济。当经济发展需要更多的劳动力时，随着对劳动需求的增加，工资水平必然上升。当然就个别工人而言，也可以在工作之余努力学习，找到更好的工作，提高自己的工资水平。

（资料来源：梁小民著：《微观经济学纵横谈》，生活・读书・新知三联书店 2002 年第二版。在引用过程中作了适当删改）

【本章小结】

1. 生产要素是指生产最终产品所必需的各种资源。主要分为劳动、资本、土地和企业家才能四类，相应的要素价格就有工资、利息、地租和利润。

2. 厂商对要素的需求分引致需求和共同需求，这是产品需求与要素需求的不同之处。厂商在要素市场上利润最大化原则是要素的边际收益产品等于边际要素成本。边际收益产品是指由于厂商增加一单位生产要素所引起的总收益的增加量，等于边际收益与边际产量的乘积；边际要素成本是指由于厂商增加一单位生产要素所引起的总成本的增加量，等于边际成本与边际产量的乘积。厂商实现利润最大化的条件是边际收益产品等于边际要素成本。

3. 边际产品价值是指由于增加一单位生产要素所引起的销售值的增加量等于边际收益与产品价格的乘积。由于在完全竞争的市场条件下，边际收益产品等于边际产品价值，在完全竞争的要素市场上，边际要素成本等于要素价格，所以在产品市场和要素市场均是完全竞争的条件下，厂商取得利润最大化时对要素的使用原则为边际产品价值等于要素价格。

4. 在完全竞争条件下，单要素可变时，单个厂商的要素需求曲线即是要素的边际产品价值曲线；多要素可变时，任何一种可变要素的需求曲线，都是该要素水平的价格曲线与发生相应变动后的该要素边际产品价值曲线之交点的轨迹。一种生产要素的市场需求曲线由单个厂商对该要素的需求曲线水平加总时必须考虑产品价格下降的因素。

5. 要素的供给曲线一般来说是向右上方倾斜的。要素供给者为了实现自身效用最大化必须使要素提供的边际效用等于要素留用的边际效用。由于工资率增加的替代效应和收入效应，个人的劳动供给曲线是向后弯曲的。劳动的市场供给曲线是左右单个劳动供给者供给曲线的水平加总，所以也会向后弯曲。

6. 土地的供给曲线向右上方倾斜，达到既定数量后成为价格弹性为零的垂线。资本分为资本财货和货币资本。资本的供给曲线是向右上方倾斜的，不同的是，影响资本财货供给的是其生产成本，而影响货币资本供给的是机会成本。

7. 要素市场的均衡价格和均衡产量是由要素的需求曲线和供给曲线结合起来决定的。这也就决定了厂商最优的要素使用量。

【复习与思考】

1. 解释下列概念：生产要素、引致需求、共同需求、要素价格、工资、利息、地租、利润、边际收益产品、边际要素成本、边际产品价值。

2. 解释在产品和要素市场均是完全竞争条件下，厂商对劳动的需求如何决定？

3. 如何从厂商的要素需求曲线推导出市场的要素需求曲线？

4. 一行业对劳动的需求曲线方程为 $L=1200-10W$，其中 L 是每天的劳动需求，W 是工资率，劳动供给曲线方程为 $L=20W$，试求均衡工资率和雇用劳动数量。

第十一章

一般均衡和福利经济学

前面几章中对商品市场和要素市场的分析，是考察单个市场的均衡状态，因此是局部均衡的分析方法。本章将生产的均衡过程与消费的均衡过程联系在一起，分析所有市场共同均衡的过程及这一过程中所有价格的共同决定问题，即一般均衡理论的分析。

一般均衡研究整个经济系统如何运行以及为什么会这样运行等问题，所讨论的内容基本上属于实证经济学部分，回答“是什么”的问题，对所实现的均衡是否为最好的均衡并没有回答。福利经济学在一定价值判断基础上对经济系统运行进行评价，研究主题是社会福利最大化问题，涉及主观价值判断，回答“应该是什么”的问题，具有规范经济学的性质。一般均衡与福利经济学之间存在着内在联系，本章首先研究一般均衡理论，然后在此基础上研究福利经济学。

第一节　一般均衡的引入和消费者均衡的实现

一、一般均衡分析的引入

(一)局部均衡分析和一般均衡分析

在前面大部分的章节里，我们孤立地研究了各个市场，在决定一个市场的均衡价格和数量时，我们假定该市场的活动对其他市场很少或者没有影响，这种均衡分析称为局部均衡分析。这种分析方法简单明了，应用广泛，可以研究许多实际问题。但是这一假设与现实世界存在着严重的偏差。整个经济是一个整体，其各个组成部分之间总是相互联系在一起的，任何局部的变化总会影响其他各个方面，相关市场的价格和数量调整导致其他某个市场的价格和数量的调整。例如，由于受中东战乱的影响，会使石油供给曲线向左移动，并提高石油价格。但是这种影响不仅限于此。较高的石油价格会提高对天然气的需求并使其价格上涨。而较高的石油价格反过来又会导致对石油的需求提高(石油需求曲线向右移动)，并使石油价格进一步上涨。石油市场和天然气市场会一直相互作用，直到最后实现两个市场的需求数量和供给数量都相等地均衡。这种在分析中考虑到不同价格间的相互关系和相互影响的分析，即为一般均衡分析。

在实际中，完全的一般均衡分析，即估计一个市场的变动对所有其他市场的影响，是不可行的。为此，我们一般只考虑2—3个紧密相关的市场。

(二)两个相互依赖的商品市场的一般均衡分析

为了更好地理解一般均衡分析方法，让我们来考察玉米和土豆这两个竞争性市场。这两个市场有紧密的联系，因为这两种食物具有较高的替代关系。影响某一个市场的价格的变化也会影响另一个市场，而该市场的变化反过来又会影响第一个市场的价格的变化。

图 11-1(a)和(b)显示了玉米和土豆的供求曲线。在(a)中，玉米的价格一开始是 P_C^0，市场在 S_C 和 D_C 的相交处 E 点达到均衡。在(b)中，土豆市场在价格 P_P^0 达到均衡。

现在假定政府对每一单位的玉米征收 t 美元的税，这一税收的局部均衡效应就是使对玉米的需求曲线向上提高 t 美元。在图 11-1(a)中就是从 S_C 移动到 S_C^*。一开始，这使玉米的价格上升到 P_C^1，并使数量下降到 Q_C^1。局部均衡的分析就到此为止。但是我们可以用一般均衡的分析来进一步考察：(1)玉米征税对土豆市场的影响；(2)土豆市场反过来对玉米市场的影响。

对玉米征税会影响土豆市场，因为玉米和土豆是替代品。玉米价格的提高使得图 11-1(b)中对土豆的需求从 D_P 提高到 D_P^*。这就导致土豆的市场价格从 P_P^0 上升到 P_P^1。那么原来对玉米的需求曲线是假定土豆价格不变，为 P_P^0，而现在价格已经是 P_P^1，因此对玉米的需求就会上移，在图 11-1(a)中就是从 D_C 提高到 D_C^1。新的均衡玉米价格现在是 P_C^2 而不是 P_C^1。出售的玉米数量也从 Q_C^1 上升到 Q_C^2。这一分析还没完成。同样的，玉米市场价格变化又会对土豆的价格产生影响，而土豆价格变化又会影响到玉米市场价格。这一相互变动，直到两个市场同时达到均衡价格和均衡数量为止。在图 11-1(a)中，玉米的均衡价格为 P_C^* 是在玉米的均衡供给曲线和需求曲线的相交处给定的，而图 11-1(b)中土豆

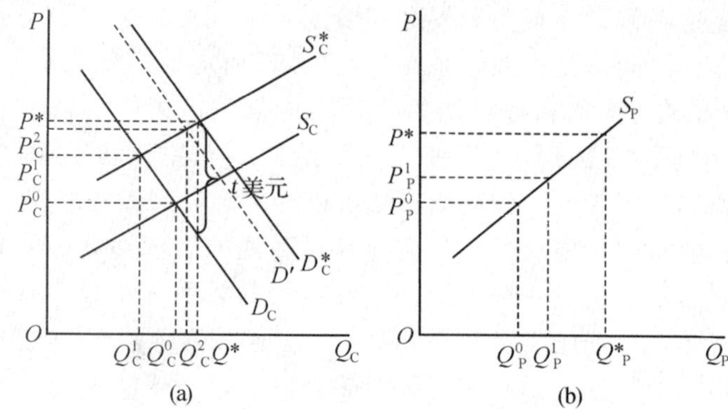

图 11-1　玉米和土豆市场的一般均衡分析

的均衡价格 P_P^* 则由土豆的均衡供给曲线和需求曲线的相交处给定。这两个是同时均衡的价格,因为土豆市场的供给曲线和需求曲线是在玉米价格为 P_C^* 的假定下得出的,而玉米的曲线则是在土豆价格为 P_P^* 的假定下得到的。也就是说,两个市场同时达到了均衡,我们没有理由期望任何一个市场的供给和需求曲线会进一步移动。

上述分析的是对两种替代商品的一般均衡分析,当然现实生活的情况可能更为复杂,它还会影响到这两种商品的生产要素市场。我们在这里不做详述。

【案例 11-1】

国际市场的相互依赖

由于在世界大豆市场上巴西是与美国竞争的,因此巴西对其国内大豆市场的管制会显著地影响到美国的大豆市场,而这反过来又会对巴西市场产生反馈效应。当巴西采取旨在提高其短期国内供给和长期大豆出口的管制政策时,这导致预料不到的结果。

在 60 年代末和 70 年代初,巴西政府限制大豆的出口,导致巴西的价格下降。它希望巴西大豆价格的下降会鼓励国内大豆的销售,并刺激对大豆产品的国内需求。最终出口控制将会取消,巴西的出口也会上升。

这一预期是建立在对巴西大豆市场的局部均衡分析上的。事实上,巴西出口的减少使美国的出口增加,并使美国的大豆价格上升,生产扩大。这使得巴西即使在取消控制之后也更难以出口大豆了。

图 11-2 显示了这一计划的后果。下面两条线显示了巴西的大豆

出口，上面两条线是指美国。在每个国家的情况中，实际出口都用黑线表示，而如果在巴西政府没有实施管制的假设下，对美国和巴西出口水平所作的估计，则分别用虚线表示。（两国的线都在大约1970年以后分开，因为这是主要的出口控制实施的时候。）该图显示，如果没有管制计划，巴西的大豆出口会更多些，而美国的会更少些。例如，在1977年，巴西大豆的出口比没有政府干预情况下可能出口的要低73%。而美国在1973—1978年间的大豆出口则比巴西不管制情况下要高30%。

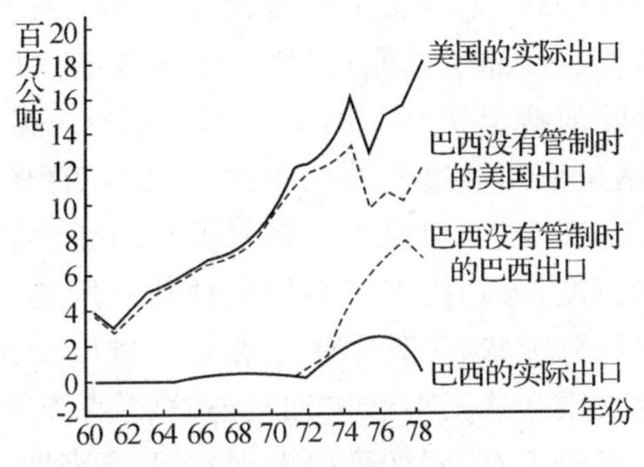

图 11-2 巴西和美国的大豆出口

大豆市场的世界性竞争使得巴西和美国的出口市场高度地相互影响。作为这些市场一般均衡性质的结果，旨在刺激巴西市场的管制长期来看是反生产性的。巴西大豆的实际出口有政府管制时比没有管制时可能出口的少（而美国的出口则比较多）.

因而，巴西的大豆政策是误导的，并从长期来看使巴西受损。决策者没有考虑这一政策对美国大豆生产和出口的影响。

（资料来源：《国际市场的相互依赖》，载于平狄克、鲁宾费尔德著《微观经济学》，2006年第四版。在引用过程中作了适当删改。）

二、消费者均衡

市场经济首先表现为一种商品交换的经济，没有商品交换就谈不上市场经济。因此，人们的商品交换行为，是分析市场运行机制时所需分析的第一个因素。在一个“纯交换经济”的理论模型中，唯一的经济行为主体便是消费者，他们为了消费的目的而进行商品交换。在这一小节中，我们从一个交换经济开始，分析两个消费者的行为。他们可以用两种商品中的任何一种在他们之间进行贸易,他们之间的互利交换将达到这样一种状态:没有人能够在不使别人受损的情况下使自己受益,此时就达到了消费者均衡。

(一)埃奇沃斯方框图

埃奇沃斯方框图的简便图示法可用于分析两个人之间两种商品的交换。它可使我们在一张简单的图形上描述出两个人各自的商品拥有量及对商品的偏好,因而它可用于研究这种商品交换过程所产生的各种各样的结果。

图 11-3 是埃奇沃斯交换方框图,其中横线表示粮食数量,竖线表示衣服数量。横线长度为 10,表示总共有 10 袋粮食;竖线高度为 6,表示总共有 6 件衣服。因而,埃奇沃斯方框图首先定义了两种商品总量。如果以左下方和右上方分别代表张三和李四拥有商品量的原点,那么埃奇沃斯方框图内任意一点,还代表了资源在两人间分配的特定状态。因为对框内任意一点,都能够以它为中心点,画出分别平行于横边框和竖边框的两条线,它们把框图分割成四个小方框。左下方小方框的长度和高度,分别代表了张三占有的粮食和衣服初始分配量;右上方小方框的长度和高度,分别代表李四的粮食和衣服初始分配量。图中 A 点就表示了一种特定财物分配状态:其中张三拥有 7 袋粮食和 1 件衣服,李四拥有其余 3 袋粮食和 5 件衣服。从图上看李四持有产品的情况,则是沿上面横线从右向左看和沿右面竖线向下看,同样可以发现在 A 点李四持有 3 袋粮食和 5 件衣服。

我们还可以看到张三和李四之间交换的结果。张三放弃 1 袋粮食获得 1 件衣服,结果从 A 点移动到 B 点;李四放弃 1 件衣服换取 1 袋粮食,结果,也从 A 点移动到 B 点。这样,B 点便代表张三和李四进行了互利交换之后的两人的产品市场组合。

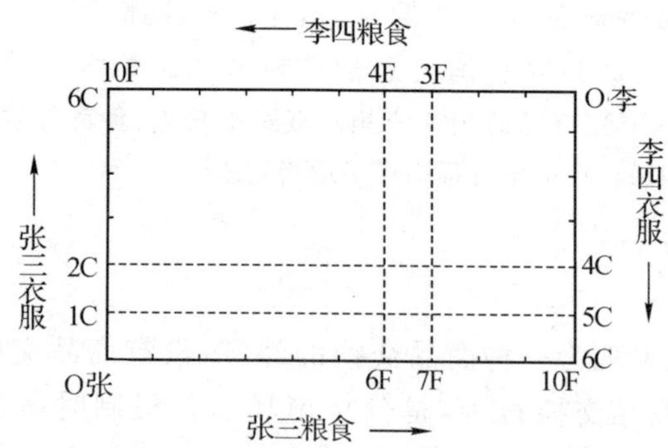

图 11-3 埃奇沃斯交换方框

(二)消费与交换的均衡

从 A 点到 B 点的交换使张三和李四的境况都有所改善,但 B 点是一个有效率的产品组合吗?显然问题取决于张三和李四的边际替代率是否相等。如果不相等,就存在通过进一步交换获得利益的可能性。这一问题的答案在图 11-4 中一目了然地显示出来。该图基本框架仍是埃奇沃斯方框图,不同的是增加了张三和李四的 3 条无差异曲线。要注意的是,凸向框图左下方原点的无差异曲线是张三的无差异曲线,因为依据前面说明,左下角代表张三拥有的商品量原点;凸向框图右上方原点的无差异曲线是李四的无差异曲线,因为右上角代表李四拥有的商品量原点。由于表示李四拥有商品量的原点位于右上角,而凸向右上角的无差异曲线与通常表达方式不同,我们可能感到有点不大习惯。我们可以把图形翻转 180 度,李四的原点就移到左下方正常位置了。

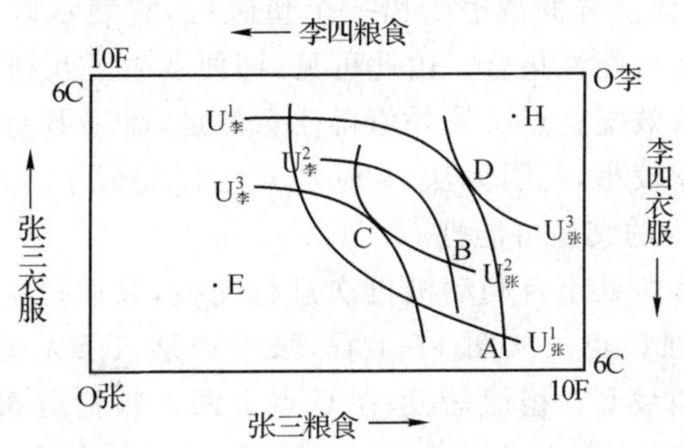

图 11-4 交换的埃奇沃斯盒状图

现在我们考察标示为 $U^1_张$ 和 $U^1_李$ 的两条无差异曲线,它们分别代表张三和李四的无差异曲线,并且相交于描述最初资源分配状态的 A 点。它们在 A 点相交,说明两条无差异曲线在 A 点斜率不同,也就说在初始分配状态下,两人的粮食对衣服边际替代率不同。这两条无差异曲线在 A 点左上角有另一个交点,两处交点界定了一个鱼眼形区域,显示张三和李四可能通过互惠贸易改变配置状态的所有可能性集合,鱼眼区以外的位置则是不可能通过自愿交换达到的。现在我们看到了用埃奇沃斯交换方框图形作为分析工具的好处:它不仅显示了 A 点存在交换可能性,而且直观地表现出互利互惠交换的可能性有多大。

在考察 B 点是否存在进一步互利互惠交换可能性问题之前,考虑一下上述鱼眼区的界定含义。为什么鱼眼区以外的表示资源配置的点——如 E 点或 H 点不在自愿交换可能性范围内?道理很简单,E 代表的资源配置点,高于李四所有三条无差异曲线,因而李四乐意前往;但是它低于张三通过最初配置 A 点的无差异曲线,表示对于张三而言 E 点与 A 点相比利益受损。依据行为理性决定了不能通过自愿交换从 A 点移动到 H 点,因为 H 点位置低于表示李四最初配置状态的通过 A 点的无差异曲线,表示从 A 点移动到 H 点会使李四利益受到损失,因而李四不会自愿接受导致这一分配结局的交换。推而广之,通过交换行为移动到鱼眼区以外的资源配置点,虽然会使交换一方受益,但是会使另外一方受损,因而不符合一个基本前提——是互利互惠的交换,是自愿进行的交换。

现在讨论在 B 点是否存在进一步交换可能性的问题。从图 11-3 中很容易读到肯定答案。B 点与 A 点有两点类似:一是也有两条无差异曲线即 $U^2_{张}$ 和 $U^2_{李}$。二是这两条无差异曲线在 B 点相交。无差异曲线在 B 点相交,表示在 B 点表示的物品配置状态下,张三与李四粮食对衣服的边际替代率仍然不同,因而存在进一步发生互利互惠交换的可能性。从图 11-4 还可以看到,通过 B 点的 $U^2_{张}$ 和 $U^2_{李}$ 这两条无差异曲线也给出一个鱼眼区,它表示以 B 点为前提进行互利互惠交换的所有可能性集合。由此可见,即便发生了互利互惠交换,新的资源配置点不一定是有效配置点。另外值得注意的是,通过 B 点的新鱼眼区比 A 点对应的鱼眼区面积较小,是因为从 A 到 B 点已经完成了一部分交换可能性,因而 B 点代表了较少的交换可能性。

假设张三和李四处于自利动机再次进行交换,又假设交换结果使资源分配状态从 B 点移动到 C 点。从图 11-4 看,张三的第二条无差异曲线 $U^2_{张}$ 和李四的第三条无差异曲线 $U^3_{李}$ 相切,表示在 C 点上两人粮食对衣服的边际替代率相等。对于 C 点而言,不对其中一方造成利益损失的交换可能性已经不复存在,因而,C 点是资源配置有效点。

C 点成为有效配置点,关键在于该点对应的资源配置状态下,交换双方的边际替代率正好相等,表现为两人无差异曲线在该点相切而不是相交。显然 C 点不是唯一的有效配置点,其他满足两人无差异曲线相切的点例如 D 点也是有效配置点。比较 C 点和 D 点,其中张三和李四各自实现的利益很不相同。C 点位于李四的最高的无差异曲线($U^3_{李}$)上,因而代表了对李四而言较好的交换结果;相反,D 点位于张三最高无差异曲线($U^3_{张}$)上,交换结果对于张三最为有利。张三和李四都想使自己的利益最大化,最终结果取决于双方讨价还价能力。这是有关交换的经济学分析的又一重要结论:交换可能给交换主体带来利益,但是利益增量不一定会均匀分配,实际分配结果取决于双方交换过程中的讨价还价能力。

我们已经看到,离开最初的产品配置,可以有许多经过互利交换而实现的有效率的产品配置。为了发现张三和李四之间的粮食和衣服的一切可能的有效率配置，我们要观察他们各自的无差异曲线的所有可能的相切点。图 11-5 描绘了一条通过所有这些有效率产品配置点的曲线，该曲线被称为契约曲线。

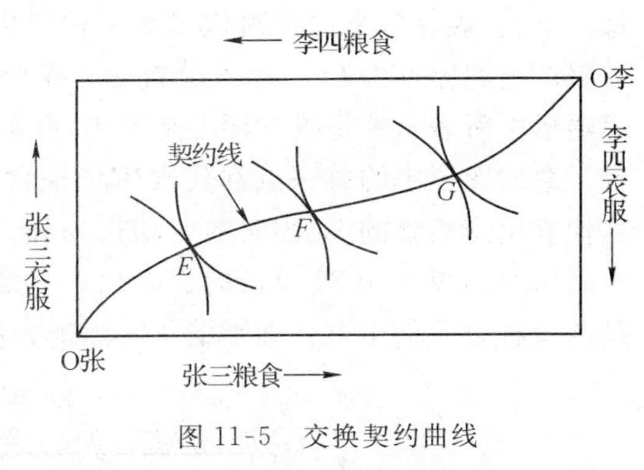

图 11-5　交换契约曲线

契约曲线显示所有的有效率配置，离开这些有效率配置，便不可能进行互利交换。这些配置有时被称为帕累托效率配置。所谓帕累托效率配置是指资源配置达到这样一种状态：只有使另外一个人境况变坏的情况下，才能增加另一个人的效用，也就是说已经没有互利的交换了。在图 11-5 中 E、F、G 的产品配置是帕累托效率。

第二节　生产者均衡、生产与交换的一般均衡

前面一节阐述的是两种产品交换获得有效率的产品配置的问题。本节则要讨论在生产过程中有效率地应用投入品的问题。假定两种投入——“资本”和“劳动”的总供给是固定的，生产同样的两种产品——粮食和衣服。但不只是两个人，现在假定许多消费者拥有生产投入品（包括劳动）并出售这些投入品。所获得的收入又在两种产品之间分配。

本节把经济中各种各样的供给和需求因素联系在一起。人们供给生产投入品，而后将它带来的收入用于对消费品和劳务的需求。当一种投入品价格提高的时候，个人便提供大量投入品以赚取较多的收入，从而消费更多的某种产品。这又增加为生产该产品所必需的投入品的需求，并对那些投入品价格发生一种反馈效应。一般均衡分析可以发现每个市场价格和需求均衡的价格。

一、生产者均衡

（一）生产的埃奇沃斯方框图分析

我们将继续利用埃奇沃斯方框图，但在这盒式图形中每个轴所测量的不再是产品，而是用于生产产品的投入品。图 11-6 是一个测量投入品的盒式图形。图中，以横轴表示劳动，以纵轴表示资本。在前面的交换分析中，每个原点代表

每一个人,现在每个原点则代表某一种产出。代表粮食产出的原点为O_F,代表衣服产出的原点为O_C。生产分析和交换分析之间的差别仅在于,我们现在在盒式图形中所表示的是投入而不是产出,我们关注的是两种投入而不是两个消费者。盒式图形中的每一点都代表生产粮食和衣服的劳动和资本投入。例如,A点代表生产粮食的35小时的劳动投入和5单位的资本投入,和生产衣服的15小时的劳动投入和25单位的资本投入。把资本和劳动组合起来以生产两种产品的每种方式都由盒式图形的每一点来表示。

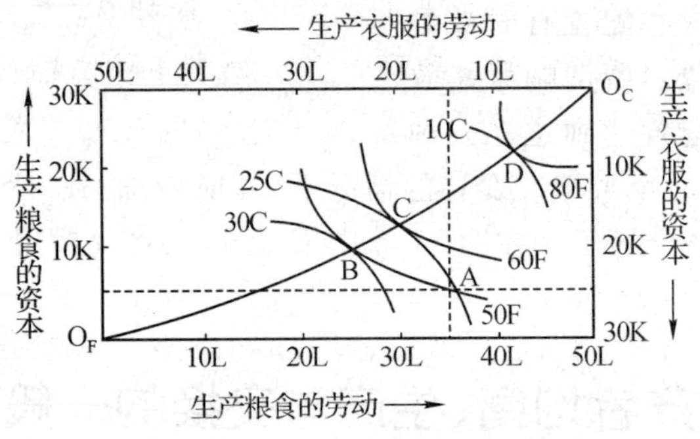

图 11-6 生产的埃奇沃斯盒状

一系列生产的等产量曲线则表明由不同投入品组合所生产的产出水平。每条等产量曲线表示可以获得的产品总产量,不区分企业或生产该产出量的企业。图中的各条粮食等产量曲线分别为50、60、80袋粮食;图中表示为$30C$、$25C$和$10C$的等产量曲线则分别为衣服的等产量曲线。现在,读者可以看到,A点同时代表50袋粮食和25件衣服,每种产品量都是以不同的生产投入组合生产的。

(二)生产的均衡

为理解如何有效率地将投入品组合起来,我们必须找到可以用来生产每种产品的投入品组合。进入生产过程的投入品的特殊配置,如果不减少一种产品的产出量,另一种产品的产出量便不能增加,从技术上看就是有效率的。生产效率的概念,前文已经做了初步的分析,在那里,我们假定其他投入品固定,考察只改变一种投入品对某种产品产出的影响,以此阐述了一种可变投入的生产函数。在这里,我们要把生产效率的概念加以扩展,考察两种产品的生产而不是一种产品的生产。

图11-6表明,如果重新配置投入品使一种或两种产品的产出量增加,那么,它们原来的配置便是缺乏效率的。由于A点为等产量曲线$50F$和等产量曲线$25C$的交点,从此点沿两条等产量曲线向契约曲线逼近,将使某种产品(粮食或

衣服)产出量增加,显然此点的投入品配置是缺乏效率的。例如,通过把某些劳动从粮食生产转向衣服生产,把某些资本从衣服的生产转向粮食生产,可以从 A 点移动到 B 点,结果粮食的产出量不变,但衣服的产出量却增加了(从 25 件增加到 30 件)。

在图 11-6 中,B 点和 C 点都是有效率的配置,像所有处于联结 O_F 和 O_C 的契约线上的点一样,这些点都是两条等产量曲线的切点,正如交换契约曲线上的每一点都是两条无差异曲线的切点一样。不处于生产契约曲线上的每一点则是缺乏效率的,因为这些点不是等产量曲线的切点,而是交点。当两条等产量曲线相交时,例如在 A 点相交,重新配置资本和劳动至少使两种产品之一的产出量增加。所以,A 点的配置是缺乏效率的。

二、生产可能性边界和最优产品组合

(一)生产可能性边界

第一章已对生产可能性边界做了论述,这里再从一般均衡分析的角度重新阐述生产可能性边界。

图 11-7 的生产可能性边界是从图 11-6 的生产契约曲线推导出来的。处于契约曲线和生产可能性边界上的每一点都表述粮食和衣服的有效率的产出水平。

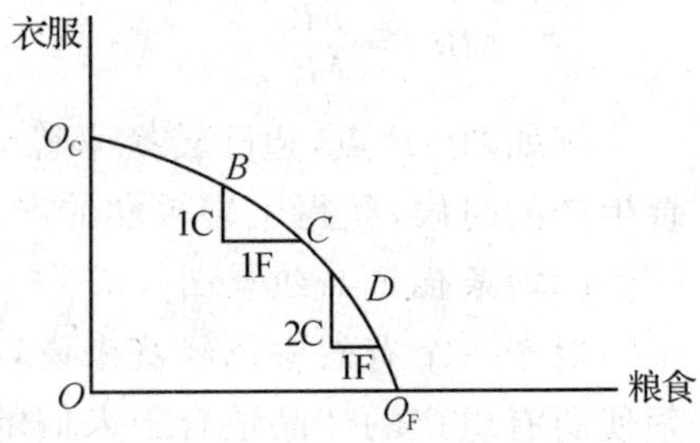

图 11-7 生产可能性边界

我们可以对应于生产契约曲线各点标出生产可能性边界的各点。O_F 代表一个端点,在该点仅生产粮食;O_C 代表另一个端点,在该点仅生产衣服。B、C、D 三点则是从生产契约曲线引过来的其他三点。

生产可能性边界是成凸形曲线,其效率随着粮食产出量的增加而提高。为此,我们可以把粮食对衣服的边际替代率定义为每个点上的生产可能性边界的斜率。边际替代率测量为增加一单位粮食必须放弃多少衣服的生产。例如,在生产可能性边界的 B 点,边际替代率为 1,因为增加 1 袋粮食必须放弃 1 件衣服。但是,在 D 点边际替代率便为 2,因为增加一袋粮食必须放弃 2 件衣服。

需要指出的是,沿生产可能性边界不断增加粮食生产,替代掉的衣服的产量不断增加。之所以如此,是因为劳动和资本的生产力的差别取决于把投入品用于生产较多的粮食还是较多的衣服。假定我们从 O_C 点开始,在此点仅仅生产衣服。现在,从衣服的生产(边际产品相对较低)中取走某些资本和劳动,投入于粮食的生产(边际产品相对较高)。这样,获得第一袋粮食仅损失很少的衣服(边际转换率远小于1)。但当我们沿生产的可能性边界移动,减少衣服的生产,衣服生产中的资本和劳动的生产力提高,粮食生产中的资本和劳动的生产力下降。在B点,资本和劳动在两种产品生产中的生产力相等,因而边际转换率MRT等于1。继续沿生产可能性边界移动,我们注意到,资本和劳动在衣服的生产中进一步提高,其在粮食生产中的生产力则进一步下降。由此,边际转换率变成小于1。

我们还可以按照生产成本说明生产可能性边界的形状。O_C点,增加粮食生产仅损失少量的衣服,生产粮食的边际成本非常低(以少量的投入生产大量的产出),而生产衣服的边际成本则非常高(增加1件衣服的生产,便应用大量的资本和劳动)。这样,当边际转换率很低的时候,生产粮食的边际成本MC_F同生产衣服的边际成本的比率也很低。事实上,生产可能性边界的效率相当于用其他产品边际成本测量一种产品的边际成本。生产可能性边界直接遵循这样的事实,即相对于生产衣服的边际成本来说,生产粮食的边际成本递增。生产可能性边界上的每一点都满足这样的条件:

$$MRT=\frac{MC_F}{MC_C} \tag{11.1}$$

例如,在B点,边际转换率等于1。在这里,当投入品从衣服的生产转向粮食生产的时候,获得1袋粮食的产出相当于损失1件衣服的产出。

(二)最优产品组合

对于一个有效率的经济来说,不仅要按照最小化成本来生产产品,而且还必须使所有生产的产品适合于人们的需求,亦即人们对产品支付的意愿。可以应用前文关于边际替代率的分析来加深对此点的认识。如前所述,衣服对粮食的边际替代率是以减少的衣服的消费来测量消费者对增加1袋粮食消费所愿支付的数额。但边际转换率则是以减少的衣服的生产来测量增加1袋粮食的成本。对每个消费者来说,只要满足下式的要求,这个经济便是有效率的:

$$MRS=MRT \tag{11.2}$$

为什么这是经济有效率的必要条件呢?假定边际转换率等于1,但边际替代率等于2,那么,消费者就将放弃2件衣服以换取1袋粮食,但多获得1袋粮食的成本却仅仅是一件衣服的损失。显然,这是由于所生产的粮食太少的缘故。为实现效率,必须增加粮食生产,也就是说,使边际替代率下降,使边际转换率提高,直到二者相等为止。只有当每对产品都达到$MRS=MRT$的时候,经济才是有效率的,这时的两种产品就为最优组合。

图 11-8 表明这个重要的效率条件。这里，我们把消费者的无差异曲线置于图 11-7 的生产可能性边界上。需要指出，B 点仅仅处于使消费者满足最大化的生产可能性边界上。虽然生产可能性边界上所有的点都是有效率的，但它们并不包含所有的从消费者眼光看的最有效率的产品生产。在无差异曲线同生产可能性边界相切的切点，边际替代率（MRS，无差异曲线的效率）等于边际转换率（MRT，生产可能性边界的效率）。这时，这个经济才是有效率的。

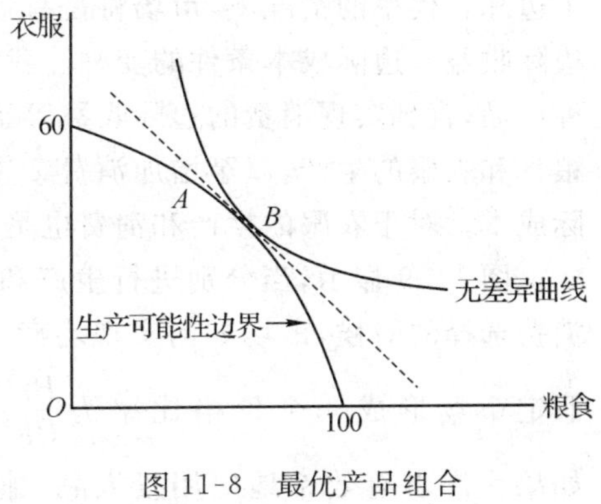

图 11-8 最优产品组合

如果某官员是一个可以确定经济边界的计划者，他将面临一个难题：为了获得效率，他必须使边际转换率等于消费者的边际替代率。但是，如果不同的消费者对于商品和劳务有不同的偏好，他将如何决定粮食和衣服的生产水平，给每个消费者多少的衣服和粮食，从而使每个消费者都有相同的边际替代率呢？做这件事情的信息成本和计算成本是巨大的（这是像前苏联那样的中央计划经济绩效差的一个重要原因）。充分发挥作用的竞争市场制度可以在相对低的成本下面实现同样有效率的结果。

三、生产与交换的一般均衡

在产品市场为完全竞争市场的时候，一切消费者将如此分配其预算，以至其两种产品间的边际替代率等于两种产品的价格比率。就粮食（F）和衣服（C）这两种产品而言，便有：

$$MRS=\frac{P_F}{P_C} \tag{11.3}$$

同时，每个追求利润最大化的企业都将把其产出水平扩展到价格等于边际成本的一点。对于衣服（C）和粮食（F）而言，则还有：

$$P_F=MC_F \text{ 和 } P_C=MC_C \tag{11.4}$$

由于边际转换率等于两种产品的生产的边际成本比率，因此，必然是：

$$MRT=\frac{MC_F}{MC_C}=\frac{P_F}{P_C}=MRS \tag{11.5}$$

当产品市场和投入品或资源市场是完全竞争市场的时候，在边际转换率等于边际替代率的情况下,市场将是有效率的。这个条件恰恰就是前文讨论过的边际收益-边际成本条件的变种。我们曾经说过,消费者将持续地增加购买某种产品,直到实现消费的边际收益等于边际成本为止。在这里,人们将如此选择粮食和衣服的生产,以至增加消费1袋粮食的边际收益等于生产1件衣服的边际成本。对于衣服的生产和消费也是如此。

图11-9显示,当分别进行生产和消费选择的时候,市场如何实现均衡。假定市场形成一个价格比率为$\frac{P_F^1}{P_C^1}$。如果生产者有效率地应用投入品,他们将在A点生产粮食和衣服,在该点,价格比率等于边际转换率,即等于生产可能性边界的效率。但是,当面临预算约束的时候,消费者将在B点消费,在该点将使他们的满足达到最大化(处于无差异曲线U_2上)。由于生产者想要生产F_1单位粮食,而消费者想要购买F_2单位粮食,因而将出现对粮食的过度需求。相应地,由于消费者希望购买C_2单位的衣服,而生产者想要生产C_1单位的衣服,势必存在衣服的供给过剩。两个市场的价格便将受到调整,粮食价格将提高,而衣服的价格将下降。随着价格比率($\frac{P_F}{P_C}$)的提高,价格线沿生产可能性边界变动。

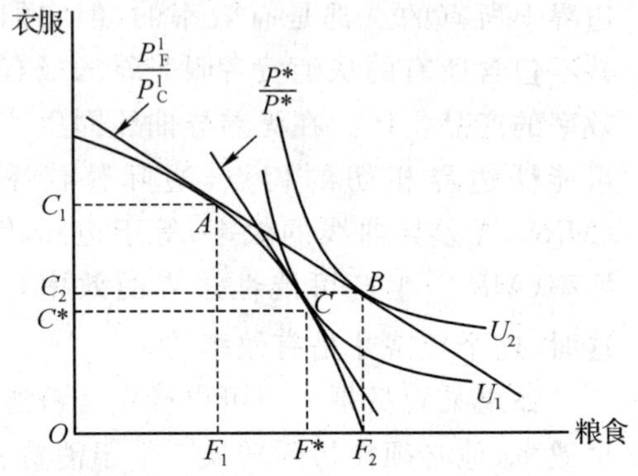

图11-9 生产与交换的一般均衡

当价格比率为C点$\frac{P_F^*}{P_C^*}$的时候,便实现一个均衡。在这里,生产者愿意销售F^*单位粮食和C^*单位衣服,消费者也愿意购买相同数量的粮食和衣服。在这个均衡状态,边际转换率等于边际替代率,市场达到均衡。

第三节 福利经济学

一、福利经济学的产生和发展

 西方福利经济学的思想有着较悠久的历史渊源。早在18世纪中叶,德国人尤斯蒂在他所著的《国家权力和福利的基础》一书中，就将封建君主所实行的经济政策标榜为是为了普通臣民的利益，从而为封建贵族统治提供依据。18 世纪 70 年代，亚当·斯密提出"看不见的手"的观点，认为人们在利己心的驱使下和自由竞争的市场机制诱导与调节下，将会自动实现社会经济福利的最大化。从某种意义上说，尤斯蒂和斯密的主张是福利经济学思想的萌芽。19 世纪 70 年代，边际学派经济学家们把经济福利归结为"从消费获得的效用的满足感"，认为社会最大经济福利等于个人最大经济福利的总和，而个人经济福利最大化条件是使生产和消费达到边际成本等于边际效用的状态。

福利经济学理论体系的创始人是英国"新剑桥学派"的主要代表人物之一庇古(A. C. Pigou)。他在 1912 年和 1920 年分别出版了《财富与福利》和《福利经济学》两部书，从而建立起较完整的社会经济福利学的理论和政策体系，使福利经济学形成一门分支科学。

庇古之后，福利经济学得到了较大的发展，西方经济学界通常把庇古的福利经济学称为旧福利经济学，而把庇古之后的福利经济学称为新福利经济学。本节将重点论述新福利经济学即现代福利经济学。

20 世纪 30 年代后出现了以意大利经济学家帕累托(Pareto，1848—1923)为代表人物的新福利经济学。新福利经济学摒弃了旧福利经济学的基数效用论，采用序数效用论研究在一定收入和价格水平条件下如何实现最大限度的社会福利问题。

二、帕累托最优

(一)帕累托标准与帕累托最优的含义

福利经济学的主要目标是评价一个经济体系的运行，并考虑如何改善社会的福利。因此就需要有一个评价社会福利改善的标准。帕累托认为，如果某种经济变化的结果(包括政治、经济、法律等各种因素造成的结果)可以在不使其他人的情况变得更坏的情况下，使一些人或至少一个人的情况变得更好时，社会的福利就会得到改善. 这一衡量社会福利改善与否的标准被称为"帕累托标准"(Pareto Criterion)。如果某个经济达到了这样一种状态，以至于一个人的境况不可能再变得更好，除非使其他至少一个人的境况变得更坏时，社会福利就不再有改善的可能，它就达到了一种最佳状态。这种状态被称为"帕累托最优"。达到帕累托最优状态的条件为"帕累托条件"。

(二)帕累托最优条件

帕累托最优状态意味着社会经济福利达到最大化，为达到帕累托最优状态所必须满足的条件称为帕累托最优条件或帕累托条件。帕累托最优条件研究在一定收入和价格水平下,为达到最大限度的社会福利所需要的生产和交换条件。具备了帕累托最优条件就意味着处于帕累托最优状态。帕累托最优状态包括交换的帕累托最优、生产的帕累托最优、交换和生产的帕累托最优三方面的内容。

前面我们已经了解了有关交换的一般均衡、生产的一般均衡以及交换和生产的一般均衡等一般均衡条件,如果从福利经济学角度讲,即是帕累托最优的必要条件。根据帕累托最优条件,要使社会得到最大限度的经济福利,必须同时满足以下三个边际条件:

第一,$MRS_{XY}^{A}=MRS_{XY}^{B}$。表明两个消费者 A、B 交换两种商品 X、Y 时,当这两种商品的边际替代率都相等时,商品在两个消费者之间的分配就达到了帕累托最优,此时不可能再通过改变商品的分配使一个人福利增加的同时不损害另一个人的社会福利。如果把交换的最优条件扩大到所有商品、所有消费者,那么,要使社会福利最大化,所有消费者购买的任何两种商品的边际替代率都应相等。

第二,$MRTS_{LK}^{A}=MRTS_{LK}^{B}$。表明两个生产者 A、B 使用两种生产要素 L、K 生产两种产品时,当资源配置达到两种生产要素的边际技术替代率都相等的状态时,生产要素在两个生产者之间的分配就达到了帕累托最优,此时不可能再通过生产要素重新分配使一个生产者产量增加的同时不减少另一个生产者的产量。如果把生产的最优条件扩大到所有的生产者、产品和生产要素,那么,要使社会福利最大化,所有生产者使用的任何两种生产要素的边际技术替代率都应相等。

第三,$MRS_{XY}=MRPT_{XY}$。表明当消费者对两种商品的边际替代率与生产者对两种产品的边际转换率相等时,即达到生产和交换的帕累托最优,此时不可能再通过生产要素和产品的重新分配使一个人福利增加的同时不损害另一人的福利。如果将交换和生产的最优条件扩大到所有人,那么,要使社会福利最大化,对于每一个人来说,商品的边际替代率与产品的转换率相等。

【案例 11-2】

发生在空中的帕累托改进

航空公司总是希望航班上座率越高越好,然而他们也知道总有一小部分订了机票的旅客临时取消旅行计划。这就使他们开始尝试超额售票术,就是在一个合理估计的基础上,让售票数量稍大于航班实际座位数。不过,有时确实可能出现所有旅客都不打算改变行程,要按期出发的情形,航空公司必须决定究竟取消谁的座位才好。这里列举几种可能的决定方法。

在60年代,航空公司只是简单取消最后到达机场的乘客的座位,安排他们换乘后面的航班,而那些倒霉的乘客也不会因行程被迫改变而获得任何额外补偿。结果确认座位的过程演变成让人血压骤升的紧张时刻。

为了避免这种情况,第二种选择可能是由政府出面明令禁止超额售票术。但是这样一来,飞机可能被迫带着空座位飞行,而外面其实还有急于出发的旅客愿意购买这些机票。结果航空公司和买不到票的旅客都受到损失。

1968年,美国经济学家尤利安·西蒙提出了第三种方案。西蒙这样写道:"办法非常简单,超额售票术需要改进之处就是航空公司在售票的同时交给顾客一个信封和一份投标书,让顾客填写他们可以接受的延期飞行的最低赔偿金额。一旦飞机出现超载,公司可以选择其中数目最低者按数给予现金补偿,并优先售给下一班飞机的机票。各方受益,没有任何人受到损害。"

实际上,目前航空公司采用的超额售票术同西蒙的方案非常接近,区别在于通常干脆以免费机票现金补偿(有时提供相当数量的机票折扣)。人们远比估计的更加愿意接受这种安排。航空公司从中受益,因为他们可以继续超额售票,有助于实现航班满员飞行。事实上,免费机票本身可能属于根本卖不出去的部分,航空公司提供免费机票的边际成本接近于零。这是一个发生在真实世界的帕累托改进。其中牵涉的各方均受益,至少不会受到损失。

(资料来源:(美国)斯蒂格利茨著:《经济学小品和案例》,中国人民大学出版社1998年版。在引用过程中作了适当的删改)

(三)完全竞争与帕累托最优

在完全竞争市场中,存在着一般均衡,即存在一组价格,使得所有商品的需求和供给恰好相等。在完全竞争条件下,每个消费者和生产者都是这一组价格的接受者,它们将在既定的价格下实现自己的效用和利润最大化。

首先我们来看消费者。在效用理论中我们已经学习过,任意一个消费者在完全竞争市场中追求效用最大化时,都要使任意两种商品的边际替代率等于这两种商品的价格比率。设P_X、P_Y分别为商品X和Y的均衡价格,则对于消费商

品 X 和 Y 的消费者 A 来说，$MRS_{XY}^{A}=\frac{P_X}{P_Y}$；同样，对于消费商品 X 和 Y 的消费者 B 来说，$MRS_{XY}^{B}=\frac{P_X}{P_Y}$，容易得出，$MRS_{XY}^{A}=MRS_{XY}^{B}$，也就是经济体中所有消费者的边际替代率相等。这就是我们上面提到的交换的帕累托最优条件。因此，在完全竞争市场中，产品的均衡价格实现了交换的帕累托最优状态。

其次我们来看生产者。在生产理论中我们学习过，任意一个厂商在完全竞争市场中追求利润最大化时，都要使任意两种生产要素的边际技术替代率等于这两种要素的价格比率。设 P_L、P_K 分别为生产要素 L 和 K 的均衡价格，则对于使用生产要素 L 和 K 进行生产的厂商 A 来说，$MRTS_{LK}^{A}=\frac{P_L}{P_K}$；同样，对于使用生产要素 L 和 K 进行生产的厂商 B 来说，$MRTS_{LK}^{B}=\frac{P_L}{P_K}$，容易得出，$MRTS_{LK}^{A}=MRTS_{LK}^{B}$，也就是经济体中所有厂商的边际技术替代率相等。这是我们上面得出的生产的帕累托最优条件。因此，在完全竞争市场中，要素的均衡价格实现了生产的帕累托最优状态。

最后我们把生产者和消费者综合在一起看。从生产的角度看，完全竞争市场中厂商利润最大化的条件是生产 X 和 Y 两种产品的价格分别等于它们的边际成本，即 $P_X=MC_X$、$P_Y=MC_Y$。而我们已经知道 $MRTS_{XY}=\frac{MC_X}{MC_Y}=\frac{P_X}{P_Y}$。因此，再由消费者效用最大化的条件 $MRS_{XY}=\frac{P_X}{P_Y}$，可以得到 $MRS_{XY}=MRPT_{XY}$。这是我们上面得出的交换和生产的帕累托最优条件。因此，在完全竞争市场中，商品的均衡价格实现了交换和生产的帕累托最优状态。

【本章小结】

一般均衡分析方法把整个经济社会当成是一个相互联系、相互影响的体系来研究。应用一般均衡的分析方法，我们可以讨论资源的有效配置问题，资源达到最有效的配置的状态称为帕累托最优。在两个消费者和两种产品的一般均衡模型中，交换的一般均衡要求消费者的边际替代率相等；在生产中，达到帕累托最优的条件是任何两种产品生产中所使用的两种生产要素的边际技术替代率相等；而交换与生产的一般均衡要求产品的边际替代率等于边际转换率，这也是帕累托最优的三个条件。按照帕累托最优标准，完全竞争经济是有效率的，而不完全竞争经济通常是低效的。

【复习与思考】

1. 什么是局部均衡与一般均衡，两者有什么区别与联系？

2. 什么是帕累托最优状态，实现帕累托最优状态的条件是什么？

3. 整个经济原来处于一般均衡状态，如果某种原因使商品 X 的市场供给增加，试问：(1) X 商品的替代品市场和互补品市场有什么变化？

(2)生产要素市场会有什么变化？

(3)收入的分配会有什么变化？

4. 效用可能性边界是如何与契约曲线相联系的？

5. 效用可能性边界和生产可能性边界是如何得出来的，它们各有哪些特点？

6. 生产可能性边界是如何与契约曲线相联系的？

7. 为什么两个国家的自由贸易使两国消费者的境况都得到改善？

8. 什么是边际转换率(MRT)，为什么一种商品对另一种商品的边际转换率等于生产这两种商品的边际成本之比？

第十二章

市场失灵与微观经济政策

上一章指出，在完善的市场经济制度下，市场作用的充分发挥能达到最高的经济效率。不过，在现实社会中，由于存在一些限制，即使市场可以充分发挥作用，也不能圆满实现帕累托有效，我们把这种情况称为“市场失灵”。在本章中，我们首先讨论影响市场机制发挥的一些限制，并提出相应的克服市场失灵的对策。

第一节　市场失灵的基本原因

市场失灵是指市场机制由于其不完全性而导致其在某些领域不能起作用的情况。导致市场失灵的主要有以下几个因素：市场势力、不完全信息、外部性和公共物品。

一、市场势力

如前所述，当一个生产者或一个生产资源的销售者具有市场力量（垄断）的时候，便将出现无效率。假定，在埃奇沃斯方框图中的粮食生产者具有垄断力量。因此，他会选择边际收益等于边际成本的产出量，并按高于竞争市场的价格卖出较少的产出量。较低的产出意味着粮食生产的较低的边际成本。同时，其余的生产资源被配置到衣服生产，而衣服生产的边际成本必将提高，结果，边际转换率下降（因为 $MRT=\frac{MC_F}{MC_C}$）。经济可能结束于图 12-1 的生产可能性边界上的 A 点，生产的粮食过少，而生产的衣服过多，这样的产出是缺乏效率的，因为具有市场（垄断）力量的企业在其决策中应用了不同于消费者在其决策中所应用的价格。

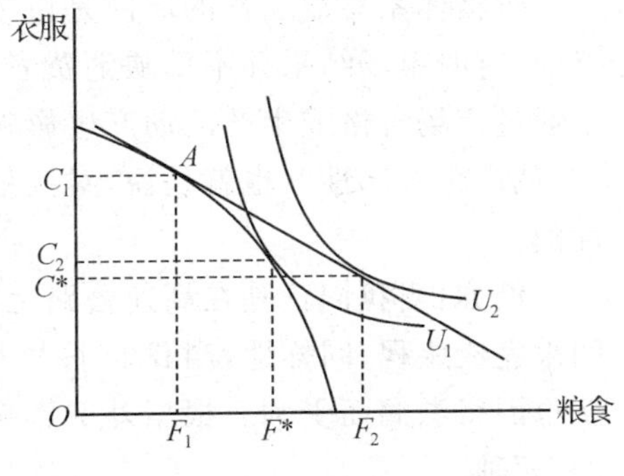

图 12-1　生产与产出效率

这种论点适用于要素或资源市场的垄断力量。假定，工会具有垄断向粮食产业提供劳动的市场力量，结果，按过高的工资（W_F）向粮食产业提供过少的劳动，而按过低的工资（W_C）向衣服产业提供过多的劳动。在衣服产业投入的效率条件被满足了，因为衣服产业的资本对劳动的边际技术替代率等于该产业的资本租金同工资率的比率，即 $MRTS_{CLK}=\frac{W_C}{r}$。但在粮食产业支付的工资大于衣服产业支付的工资。因此 $MRTS_{FLK}=\frac{W_F}{r}>\frac{W_C}{r}=MRTS_{CLK}$。结果是投入缺乏效率，因为效率要求在所有产品生产中边际技术替代率相等。

二、不完全信息

通常把市场上买卖双方一方掌握产品或服务的信息多一些，另一方所掌握的信息少一些的情况称为不完全信息或信息不对称。在实际的市场活动中，存在大量的信息非对称现象。比如，某种汽车的卖者比买者更了解该汽车的性能和质量；一些药品的卖者比买者更了解药品的疗效；医疗保险的买者比保险公司更了解自己的健康状况。一旦供求双方所掌握的信息出现不对称，市场的运行将会出现新的特点，例如某些经济活动出现“逆向选择”、“道德风险”，在此情况下所导致的均衡结果将是一种无效率的状况，同时还会影响到市场机制运行的结果，影响帕累托最优和经济效率的实现。我们将在第二节来讨论这一问题并探讨政府是否能消除它。

三、外部性

价格体系有效运作的原因是市场价格向消费者和生产者双方传递了信息。然而,有时市场结果并不反映消费者和生产者的活动。当一种消费或生产活动不通过市场价格或生产活动产生影响,即这种影响没有通过市场价格反映出来时,就产生外部性。也就是说,对其他消费或生产活动的影响就市场来说是外部性的。

例如:当我们行驶在高速公路上时,若遇到高峰阶段,往往需花费更多的时间来完成旅程;同样地,当我们下大力为花草喷水时,若遇到大风使得邻居的花草也因得滋润而受利。根据外部影响的"好与坏",外部效应可分为"正的"和"负的"两种。

四、公共品

公共物品是这样一种物品,它能够便宜地向一部分消费者提供,但是,一旦该商品向一部分消费者提供,就很难阻止其他人也来消费它。这时,单纯依靠市场的力量,该物品可能会出现供给不足的局面。例如,一家厂商正在考虑是否要对一项没有专利保护的技术进行开发,可一旦公之于众,其他厂商就可能模仿和复制,使得该厂商获利很小甚至无利可图。这样,就需要政府通过自己生产或改变对私人厂商的激励来解决这一问题。

第二节　信息不对称问题

一、信息不对称

前面的分析基本上都是立足于完全信息的假定。所谓完全信息,就是指市场交易双方对于交易对象具有所需要的一切信息。因而消费者知道选择什么样的商品组合可以获得最大效用,生产者了解相关的技术信息,可以找到能实现最大利润的产量和价格。但是,在现实生活中,情况往往并非如此。信息不对称是许多商业活动的特点。通常,消费者对其购买的东西并不了解,经理也不知道员工是否在努力工作,风险投资者并不知道他所投资的项目的风险,等等。如果消费者对市场价格或产品质量没有准确的信息,市场体系就不会有效运作。这种信息的不完全可能会给生产者一种激励，使他们把某些东西生产得太多，而把另外的东西生产得太少。另外，在信息不完全的情况下，即使购买会使消费者得益，某些消费者也不会购买，而有时一些消费者却购买了那些使他们受损的东西。最后，信息的缺乏可能阻止某些市场的发展，如一些保险品种可能会缺乏。每一种这样的信息都可以导致竞争性市场的无效率。在本节，我们主要关注商品市场上的信息不对称问题。

二、逆向选择与市场信号

几乎所有关于不对称信息问题的讨论都要提到旧车市场。旧车市场的分析是诺贝尔经济学奖获得者阿克洛夫(Akerlof)于 1970 年在《柠檬市场：质量不确定与市场机制》一文中首先提出的。阿克洛夫发现，一辆刚买的新车，即使没有任何质量问题，但如果转卖，其价值也会大打折扣。为什么会出现这种情况呢？原因在于，虽然卖主知道这辆车的质量非常好，但买主不知道。下面我们用模型来分析这种情况，并推广到其他类似的市场中去。

假定市场上有两种旧车，一种是高质量的车，一种是低质量的车。如果卖方和买方均知道哪一种车是高质量的，哪一种是低质量的，那么就会出现如图 12-2所示的两个分离市场。在(a)图中，S_H 是高质量车的供给曲线，D_H 是需求曲线。同样，(b)图中的 S_L 和 D_L 分别是低质量车的供给曲线和需求曲线。注意 S_H 高于 S_L，因为高质量车的卖主必须得到较高的价钱才会出让他的车。同样 D_H 高于 D_L，这是因为买主愿意为得到一辆高质量的车支付更多的钱。如图所示，高质量车的市场价格是 10000 元，低质量车是 5000 元，每种车出售的数量是 50000 辆。

但在现实生活中，旧车的卖主对车的质量比买主要知道得多得多。那么如果卖主知道车的质量而买主不知道，会发生什么？起初，买主可能会想，他们买的旧车高质量的可能性为 50%，因为如果卖主和买主都知道质量，每种车会出售 50000 辆。因此，在购买时，买主会把所有的车都看作是“中等”质量的。我们用 D_M 表示对这类车的需求，它低于 D_H 但高于 D_L。如图 12-2 所示，结果将有较少的高质量车(25000)和较多低质量车(75000)出售。

一段时间以后，消费者发现，市场上高质量车的比重下降了(如 1/4)，低质量车的比重上升了(如 3/4)。如图 12-2 所示，新的需求曲线可能是 D_{LM}，它意味着，平均来说，汽车是中低质量的。结果，需求曲线进一步向左移动，使汽车的组合进一步移向低质量。这一移动会继续下去，直到低质量的旧车全部卖完。这时由于价格过低，任何高质量的车都不会进入市场销售，因此消费者又会进一

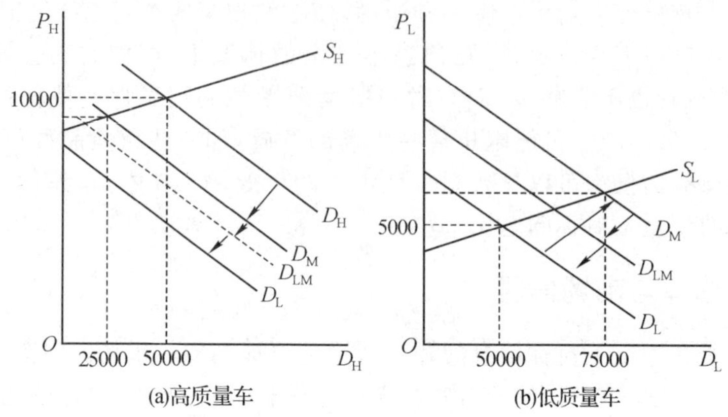

图 12-2 旧车市场模型

步假定他们所购买的任何车都是低质量的,从而需求曲线将是 D_L。

图 12-2 中的情况是极端的。高质量的车或许不会在市场上绝迹,因为总有一些人可能迫于无奈而以低价格出售高质量的车。这种由于卖者具有较多信息而买者具有较少信息,引起高质量车退出市场的现象,在经济学中被称为逆向选择。逆向选择显然不是一种有效的状态,因为本来应该发生的交换由于消费者缺乏信息而没有发生,资源由此出现错误的配置。逆向选择现象也存在于保险业中,因为购买保险的人并不是在样本总体中随机形成的,他们对自己的身体状况最为了解,因此,只有在保险的收益高于平均水平时才会考虑购买。例如,医疗保险就是这样,而在医疗保险中又以产孕险最为典型。这个险种的潜在买主仅限于那些有生孕愿望的婚后妇女,但家庭生育计划完全是私人信息,保险公司是无从获得的。保险公司是根据总人口中已婚妇女产孕的概率及医疗费用来收取保险费用的,因此,当采用自愿投保规则时,投保者往往是那些产孕"高风险"的群体。因此,若按这种规则运作,则任何一家保险公司都将难以长期为继。

以上的例子说明,不对称信息将出现逆向选择,从而导致市场失灵。在校正由信息不对称带来的问题时,政府就可以起到作用,比如为所有的妇女提供产孕险,这样就不存在逆向选择的问题,在旧车市场上,政府可以通过组织中介机构对汽车的质量作出评价,并向市场公布,这样消费者对汽车的质量就清楚了,从而信息不对称就不存在或大大改善了。

现在我们来考察一个重要的机制:信号发送。通过它,卖方和买方可以对付不对称信息问题。所谓信号发送是指拥有较多信息的一方,率先通过实际行动向对方发出一个或一组信息,以令对方了解自己真实状况的一个行为过程。在产品市场上，厂商向消费者传递产品质量过硬最常用的信号显示方式，是向消费者提供保修或保险。例如，前面已经提到，在西方国家，汽车厂商一般都为消费者提供一个出厂保修的承诺。如果汽车的质量不过硬，则产品出厂后必然会有大量的返修品，这些返修品会大大地提高厂商的生产成本。因此，厂商通过"保修"这个行动来传递产品质量过硬的信息。要弄明白信号发送是如何起作用的，让我们来看一下劳动市场，它是一个不对称信息市场的好例子。斯宾塞(Michael Spence)于 1973 年在这方面进行了开创性的、系统性的研究。

假设一家厂商正在考虑雇用一些新人，新的工人(劳动的卖方)对他们能够提供的劳动质量比厂商(劳动的买方)要知道得多。例如，他们知道他们会多么努力地工作，他们会多么负责任，他们的技术如何，等等。厂商只有在工人被雇用并工作了一段时间之后才会了解这些。在他们被雇用之时，厂商对他们以后的生产能力到底如何是几乎不了解的。

厂商在雇人之前能够考察哪些特征来获得这些人的生产率信息呢？潜在的雇员能不能传递他们的生产率信息呢？在就业面试时穿着体面或许能传递某些信息，但是即使是无生产能力的人有时也会为了得到一份工作而穿得体面。因而穿着体面是一个弱信号，因为它对区别高生产率和低生产率的人并没起什么作用。一个信号要强烈，就必须使高生产率的人比低生产率的人更容易突出，从而高生产率的人更愿意给出这个信号。例如，教育是劳动市场的一个强信号。一个人的教育水平能够通过几个方面来衡量——受教育年数，获得的学位，授予学位的大学或学院的声誉，这个人的平均成绩，等等。当然，教育能够通过提供对工作有益的信息、技艺和一般知识，来直接或间接提高一个人的生产率。但是，即使教育并不提高一个人的生产率，它仍旧能够成为生产率的有用信号，因为受到高水平的人会提供较高的生产率(假定生产率高的人一般较聪明、动力较强、精力较旺盛——这些特征在学校也有用)。因此得到高教育的人就会向厂商发出他们拥有高生产率的信号，并由此获得工资较高的工作；而厂商把教育看作生产率的信号也是正确的。

【案例 12-1】

樱桃是"柠檬"吗？

美国西北角的华盛顿州盛产樱桃，产品销售全美各州。樱桃有大有小，大的漂亮可口，价格比较高。因此，樱桃可以依大小先拣选，然后按规格等级出售，各领风骚。当然，樱桃可以拣也可以不拣，拣过的樱桃就按大小"分级出售"；没有拣过的就大小参差地"混合出售"。但是，拣樱桃要耗用人力物力，而且生手和熟手筛选的功力大不相同。所以，樱桃商自己会决定要不要费事拣樱桃。经过一段时间的发展摸索，产地的樱桃商人变成两类：第一类完全不拣樱桃，樱桃全部“混合出售”；第二类商人一方面拣樱桃，一方面也会任某几批樱桃混合不拣。

分好等级的樱桃固然可以依等级在价格上有高下之分，可是那些“混合”的呢？既然卖樱桃的人知道这些樱桃的品质如何，而买樱桃的商人可能身在数千里之外的纽约或波士顿，所以买卖之间也有资讯上的不对称。这些樱桃会不会就像阿卡洛夫的“柠檬”一样，因为都是“混合”不分，所以被一视同仁，而只有“一种”价格呢？

可是，仔细想想，由第二类商人所卖的“混合”型樱桃事实上有点不同。既然这些商人可以拣而不拣，很可能就是因为他们看到这几批樱桃成色不佳，不值得拣。所以，同是“混合”型樱桃，第二类商人卖的“平均品质”很可能比第一类商人卖的“平均品质”来得差。如果这个推论成立的话，同是“混合出售”的樱桃，第二类商人卖的价格应该会比第一类商人卖的价格低。

两位美国经济学者针对 1983 年里一千多次交易资料加以分析，他们发现：同是“混合出售”的樱桃，第二类商人的价格“确实”比第一类商人的低。也就是说，在资讯不对等的情形下，只要根据这些“混合出售”的樱桃是来自于第一类或第二类商人的这个“讯号”，市场已经发展出一种机能来分辨樱桃的品质。因此，经过这么一番探讨，两位学者的结论是“樱桃不是柠檬”！乍听之下，这句话似乎有点荒谬，但是，如果了解背后的曲折，恐怕也会微笑颔首吧。

对经济学者而言，“樱桃不是柠檬”的结论再一次地证明，市场机能可以经由供需交会时各擅所长、各取所需而区分出高下的威力。对一般消费者而言，这段典故的启示是，只要市场发挥作用，就可以从“价格”上来粗略地判断商品品质的好坏。而且，更深一层的意义是，每一个人事实上都可以试着成为一个(小)市场，培养自己的判断力，然后再斟酌取舍、自求多福。想一想，为什么你“总是”会去固定的水果摊、杂货店、医院、餐馆呢？是不是你也找到了一些“讯号”，也发展出一些判断力呢？

(资料来源：《樱桃是“柠檬”吗？》，选自熊秉元著《灯塔的故事》，社会科学文献出版社 2002 年版。在引用过程中作了适当删改。)

三、道德风险与激励机制

道德风险是指在交易或合约关系形成后，由于甲（乙）方的行为难以被乙（甲）方所察知，甲（乙）方有可能做出损害乙（甲）方而从中渔利的选择，这是一个事后信息不对称问题。就保险市场来说，投保的一方往往在签约后就有私人行动，当这种行动能够影响导致赔偿事件的可能性时，对承保方来说，道德风险就发生了。

这里我们不妨以家庭财产（比如自行车）保险为例来阐述这一问题。为简化起见，假设所有的居民区自行车失窃概率相同，因而不存在逆向选择问题。但是，自行车所有者采取的行动，却对失窃的概率发生影响。假如自行车所有者因嫌麻烦而未给车装锁，或仅配置了易损坏的轻便锁，那么，同使用安全锁相比，自行车被盗的可能性更大。我们把影响某种事件发生概率的行动，称做提防行动。如果消费者不能买到保险，全体骑自行车的人就会大量使用昂贵的车锁。在这种情况下，个人就要承担其行动的全部费用，因此，他需要对提防进行“投资”，直到谨慎的措施所产生的边际收益等于边际成本为止。然而，如果消费者能够买到自行车保险的话，那么车被盗造成的个人费用负担就会变得很小。因为失窃后，他只须向保险公司提出报告，然后就能拿到重置一辆新车的保险金。如果保险公司全部赔偿时，消费者显然就没有动力采取提防行动，而保险公司又无法监督或观察消费者的行动。这就出现了道德风险。

道德风险不仅会导致保险公司遭受损失，而且也妨碍市场的有效配置。这一理论分析对我国有很大的警示意义。例如，我国的公费医疗的状况正是存在着大量的道德风险现象。在公费医疗制度下，政府充当了医疗保险公司的角色，对每一个享受公费医疗的人实行全额的医疗保险，享受公费医疗者的道德风险，一方面造成医疗的大量浪费，另一方面使得对于医疗服务的需求大大超过供给。

对于道德风险的消除，固然需要一定的监督技术条件，但主要是对契约的设计提出一个特别的要求：激励相容。对于委托人而言，激励机制要解决这样一个问题：如何让代理人努力工作，就像为他自己工作一样？为此我们可以构造一个模型：令 x 为代理人付出的“努力”，y 为产值，y 并不是唯一由 x 决定，但二者之间存在高度正相关，其函数关系为：$y=f(x)$，委托人付给代理人的报酬为 s，为了鼓励代理人的劳动积极性，s 应与 y 有关，两者的函数关系为：

$$s=s(y)=s(f(x))$$

对委托人来说，目标是实现自己的利润最大化，但代理人不一定付出真正的最优努力，这说明必须从代理人角度考虑激励机制可能面临的约束。我们假定代理人的劳动是有成本的，并把劳动 x 的成本记作 $c(x)$。我们假设这种成本函数的形状与通常的成本函数一样，总成本和边际成本都随着劳动的增加而增加。选择 x 劳动水平的代理人的效用于是就等于 $s(y)-c(x)=s(f(x))-c(x)$。代理人可以有其他使他得到效用 $\bar{u}$ 的各种选择。这种选择可以是从事别的工作，也可以是完全不做工作。设计激励机制，最重要的事情是必须使工人从事某项工作而获得的效用至少等于他在别的选择中可能获得的效用。这使我们得到参与约束：

$$s(f(x))-c(x)\geqslant\bar{u}$$

给定这个约束，我们就可以确定代理人将提供多少产量了。通常，我们希望代理人选择的 x 刚好满足约束条件，所以我们有 $s(f(x))-c(x)=\bar{u}$。那么委托人的最优选择问题为：

$$max\, f(x)-s(f(x))$$

$$S.T.\ s(f(x))-c(x)=\bar{u}$$

将 $s(f(x))-c(x)=\bar{u}$ 代入目标函数，我们有无约束的最大化问题：

$$max f(x)-c(x)-u$$

只要所选的 x^* 使得边际产量等于边际成本：

$$MP(x^*)=MC(x^*)$$

就能使利润实现最大化。不能使边际收益和边际成本相等的任何选择 x^*，都不可能使利润实现最大化。

我们由此获知委托人想要得到的劳动水平。现在我们要问，为了得到这个劳动水平，他必须支付给代理人多少报酬。换言之，为了诱使代理人选择 x^*，函数 $s(y)$ 必须是什么样子？很显然，我们必须将激励计划 $s(y)$ 设计成能使代理人由选择劳动量 x^* 而获得的效用大于他由选择任何其他劳动量 x 而获得的效用。这使我们得到约束 $s(f(x^*))-c(x^*)\geqslant s(f(x))-c(x)$ 对于所有的 x 均满足。

这个约束叫做激励相容约束。它表示，代理人的自选择 x^* 的效用一定大于他由选择任何其他劳动量而获得的效用。

因此，我们有了激励机制必须满足的两个约束条件：第一个是，激励机制必须使工人得到总效用 $\bar{u}$；第二个是，激励机制必须使劳动水平 x^* 处的边际劳动产品等于边际劳动成本。

第三节　外部经济效应

一、外部经济的含义及后果

在现实社会中，有许多的经验告诉我们，当我们在从事经济活动时，往往有许多的外溢效果发生。实际上，我们还可以给外部性下一个通俗的定义：外部性是指人们的经济行为有一部分的利益不能归自己享受，或有部分成本不必自己负担。外部性可以是负的——当一方的行动使另一方付出代价时；或者是正的——当一方的行动使另一方受益时。

例如，在河的下游，渔民们每天靠河中捕鱼为生，当一家钢厂向河中倾倒废物时，负的外部性就产生了。然而，厂商在作出生产决策时并没有动力来补偿它使渔民付出的外在成本。当一个房主重新油漆他的房子并种植一个惹人喜爱的花园时，就产生正的外部性。下面我们来分析这两种外部性的经济运行后果的影响。

1.负的外部性和无效率

在上述炼钢厂排出废水的例子中，炼钢厂由于可以不对排出的废水负责任，因而在炼钢时就不会考虑这种成本，而是根据炼钢的私人边际成本与私人边际收益相等的原则决定产量，这就使钢产量与社会资源最优配置所要求的钢产量不相符合。我们可以用图12-3来说明这种情况。

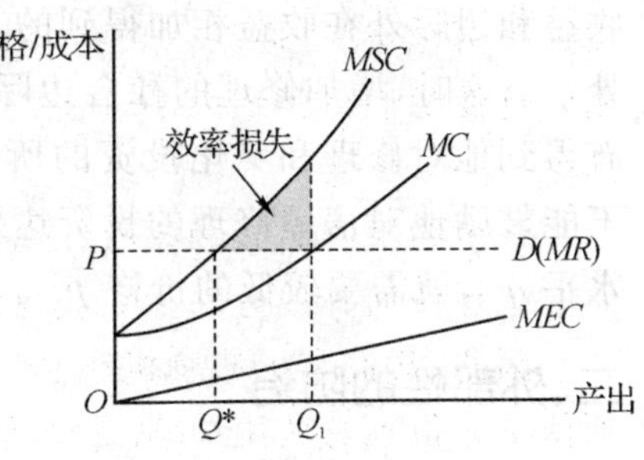

图12-3　负的外部性

在图12-3中，纵轴代表生产者的价格和成本，横轴代表产量。P代表完全竞争条件下企业的需求曲线和边际收益线（二者重合）；MC代表企业的边际成本曲线；MSC代表企业生产的社会边际成本线。在这里，MSC大于MC，二者的差额就是企业在生产时产生的负外部性，即企业没有负责任的那部分成本。在炼钢厂的例子中，MSC和MC的差额就是企业炼钢时排出的废水对下游渔民所造成的损害。在完全竞争条件下，企业根据边际成本等于边际收益的原则确定产量，得到产出水平为Q_1，价格为P。但是，对社会来说,生产的边际成本实际上是 MSC,因此根据边际成本等于边际收益的原则,社会的最优产出应为 Q^*。这意味着企业根据私人边际成本等于边际收益而确定的产出量大于社会的最优产出量。因此,产生的负外部性使生产者生产了太多的产量。

无效率的来源在于产品的不正确定价,并产生了社会成本,如图 12-3 中阴影部分所示。这部分面积是产出的边际成本和边际收益之间的差额的总和。如果私人对其产生的成本负责的话,那么,企业的产量就将与社会的最优产量相等,帕累托最优状态也就能够达到了。

2. 正的外部性与无效率

正的外部性又称外部经济。我们以一个修理房屋美化家园的事情为例。在图 12-4 中,纵轴表示修理房屋和美化家园带来的收益,房屋修理的边际成本曲线是水平的,表示成本不受修理量的影响;横轴表示房屋修理量。需求曲线 D 衡量修理对房主的私人边际收益。房主将选择在他的需求曲线与边际成本曲线相交处决定 q' 的量。但是,就如边际外在收益曲线 MEB 所示,修理给邻居带来了外部收益。在这个例子中,这一曲线是向下倾斜的,因为在修理量小的时候边际收益大,但随着修理工作量的扩大,边际收益下降。

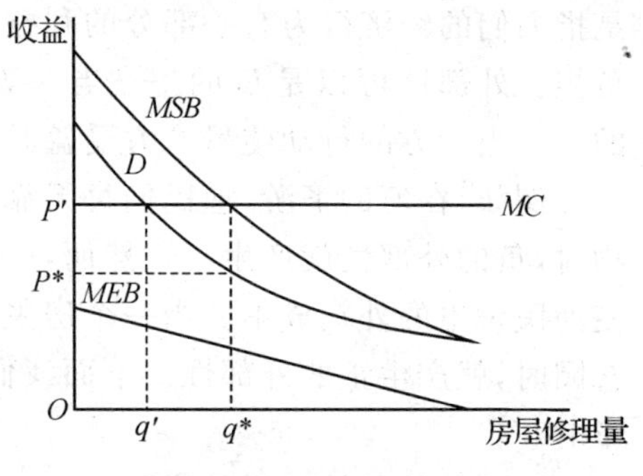

图 12-4 正的外部性

边际社会收益曲线 $MSB=D+MEB$,是通过把每个产出水平上的私人边际收益和边际外在收益相加得到的。有效产出水平处于 MSB 和 MC 曲线的相交处 q^*,这时,增加修理的社会边际收益等于这些修理的边际成本。由于房主没有得到他对修理和美化投资的所有收益,就出现了无效率。结果价格 p' 太高,不能鼓励他对房屋修理的投资达到社会理想的水平。要鼓励达到有效率的供给水平 q^*,就需要较低的价格 p^*。

二、外部性的防治

上面的分析实际上表明,外部性在经济生活中无处不在,并且总是会造成资源的浪费。当然,外部性的影响有大有小,当外部性足够大的时候,社会必须找到相应的解决办法,才能使资源利用达到最优。

1. 私人解决外部性的办法

美国学者科斯认为,在一个完全竞争的经济社会里,如果人们对财产权有明确的规定,在发生重大的外部效应时,人们可以用较低的成本或不费成本地进行谈判协调,那么有关方面将会适当地考虑自己的行为给他人带来的影响,资源的有效配置是可能的。例如在我们前面分析的钢厂排废水的例子中,如果河流下游的渔民对河水拥有明确的财产权,下游的人们有权要求企业赔偿因水质污染而带来的损失,而企业也不得不向这些渔民提供赔偿。这样,企业在安排它的生产时,就会考虑它对下游渔民所造成的损失,这便可以解决外部效应问题。如果交易成本为零,那么无论初始的产权如何界定(就是产权无论界定给谁),最终的结果将是有效率的。上述结论称作科斯定理。

但是产权方法的有效性依赖于交易费用很低的前提是否能够成立。只有在涉及外部效应的当事人数很少,并能以较低的费用进行有效的协商(即财产权的转让)时,产权方法才具有实际意义。而事实上,谈判费用不会极低,所以市场机制在解决这类外部问题上的作用常常是较为有限的。

2.针对外部性的政府政策

为纠正因外部效应所产生的消极影响,市场经济国家的政府会制定相应的政策措施。政府干预与私人协商的不同之处在于,政府干预具有强制性。

(1)管制

政府可以通过出台一些规定或禁止某些行为来解决外部性问题,例如,政府可以规定把有毒的化学物质倒入供水区是一种违法行为,这样就可以有效地遏制人们的这种做法。政府还可以规定不准随地吐痰,以改善环境卫生并防止疾病的传播。在中国,政府规定所有的适龄儿童都必须接受九年义务教育,以改善国民素质。所有的这些政府管制都是为了解决某种外部性。

(2)税收和补贴

除了管制以外,政府还可能直接采取税收或补贴等经济手段,向私人提供相应的经济制裁或激励,以达到解决外部性问题的目的。具体来说,政府可能通过征税来抑制具有负的外部性的活动,通过补贴来激励具有正外部性的活动。这种解决办法是福利经济学的奠基人庇古教授最先提出来的,因而相关的税收被称为庇古税。例如,政府可以对基础研究进行专项拨款,以促进基础研究。在环境污染的问题上,政府可以通过征税的办法来限制企业的排污行为,以减少污染。

【案例 12-2】

高速公路上的外部不经济

每日早晨,成千上万的车辆从美国费城的西郊沿公路开向人们所工作的城市中心商业区。例如车辆通行的完全成本(包括耗油和轮胎磨损等方面的货币成本,也包括通行者所耗用时间的价值)如图 12-5 的纵轴表示,每日早 7 至 8 时在这条公路上通过的车辆数由横轴表示。每辆车沿此线路行驶的完全成本与通行的车辆数之间的关系用 CC' 曲线表示。需求曲线 D 表明的是在每一通行价格(包括货币成本和时间成本)上,将要通过这条线路的车辆数。

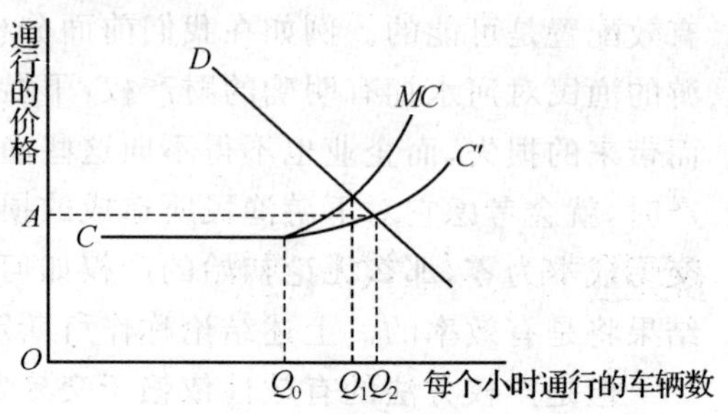

图 12-5　公路上的外部性

问题:

(1)如果多于 Q_0 车辆通过这条线路,那么随着每小时通行的车辆的增多,通行成本将会上升,这是否由于负外部性的原因?

(2)每小时将通行这条路线的车辆数是多少?

(3)这一数量是否为社会最优数量?

(4)应采取什么措施来促使实际数量接近社会最优数量?

答案与分析:(1)如果多于 Q_0 的车辆通行这条线路,就会出现拥挤和堵塞,耗费的时间要增多,包括时间价值在内的完全成本将会上升。通行这条线路的车辆越多,堵塞会更严重。每增加一辆车都会由于延长其他车辆通行的时间,因而产生负外部性。

(2)在这种情况下,每小时将会通行 Q_2 的车辆。如果小于 Q_2,由 CC' 曲线表示的完全成本低于由需求曲线表示的通行价值,因而会有更多的车辆愿意通行这条线路。如果多于 Q_2 的车辆通行,其完全成本大于通行的价值,因而会有较少的车辆愿意通行这条线路。

(3)社会最优通过数量是 Q_1 而不是 Q_2。如果每小时多于 Q_0 的车辆通行这条线路,每增加一辆车通行的社会边际成本 MC 大于由通行者本人负担的成本,因为他还给其他车辆带来负外部效应。直到达到 Q_1 之前,每增加一辆车通行的社会边际成本低于由需求曲线表示的边际收益，这里增加车辆通行对社会是得大于失的。但过了 Q_1 之后，这将不再成立。

(4)有些经济学家建议对这条拥挤线路行驶者征税，这样会使私人成本向真实成本接近。可以说，至少在有些情况下，征通行税是可行的。

第四节　公共物品

在前面我们所讨论的产品基本上都属于私人产品，在这节中我们主要讨论的是公共物品的问题。公共物品不同于私人产品，因为它具有私人产品所没有的消费的非竞争性和非排他性。公共产品的这种特征使得公共产品的消费和生产具有自己的特点，同时给市场机制带来一个严重的问题——搭便车，即消费者享受了公共物品的好处，却不愿分担公共物品的生产成本。搭便车问题往往导致市场失灵，使市场经济的运行无法达到帕累托最优。

一、公共物品的含义

私人物品有两个基本特征，排他性和竞争性。排他性是指个人被排除在消费某种产品之外。消费者为了私人物品付钱后，别人就不能享用这种商品或服务所带来的全部效用。竞争性是指消费者的增加会引起生产成本的增加。而公共物品却与此相反，它具有非排他性和非竞争性。

第一，非排他性。所谓非排他性是指任何人都可以无偿享用的物品，或者说，不能阻止任何人享用这种物品。能否阻止人们随意享用该种物品，是区别一种物品是不是公共用品的一个标准。对于市场上的大多数物品来说，一个人能否享用通常取决于他是否为此支付了费用。支付费用者可以享用，不支付者不能享用。但在现实中，有些物品是无法实现排他性使用的；有些物品虽然可以实现排他性使用，但实现排他性使用的成本太高，因而是得不偿失的。

第二，非竞争性。所谓非竞争性物品，是指当使用这种物品的消费者人数增加时，不会影响原来的消费者对该物品的消费，也不必增加社会成本，即其新增消费者使用该物品的边际成本为零。市场上的绝大多数物品是竞争性物品。

具有上述两种属性的物品，就是公共物品。或者说，所谓公共物品是具有非排他性和非竞争性的物品。公共物品的一个例子，就是国防。一个国家的国防开支并非由全体国民平均分担,有的人为此支付的费用较多,有的人为此支付的费用较少,还有一些人根本没有支付费用。但是,执行对外防御职能的军队一旦建立起来,并配备了武器装备,一国中的所有国民无论其是否为此支付了费用,都可以从军队所提供的保护中受益。

但这两种属性并不是统一的,有些物品只具有上述两种属性的一种,而不具有另一种。例如,可能无法禁止某些渔船出海捕鱼,或者这样做的成本过高,但捕鱼船的增加却会使鱼类资源趋于枯竭从而增加社会成本。表 12-1 表示用排他性和竞争性两种属性对各种物品所作的分类。

表 12-1

		是否具有排他性	
		是	否
是否具有竞争性	是	私人物品(食品、衣服等)	自然垄断(电视信号、新鲜空气等)
	否	公共资源(公海的鱼、公园等)	公共物品(国防、灯塔等)

二、公共物品与经济效率

单纯依靠市场机制的调节,由私人部门生产公共物品通常不能使其产量达到合理的水平,这将会导致市场失效。公共物品之所以会造成市场失效的原因就在于公共物品所具有的上述两种特殊属性。

由于公共物品具有非排他性,因而难免会产生搭便车的问题。所谓搭便车,就是指某些个人虽然参与了公共物品的消费,却不愿意支付公共物品的生产成本,而完全依赖于他人对公共物品生产成本的支付。例如,一个地区建造一个堤坝需要总成本为 10 万元,该地区住有 100 户居民。假设每一个家庭的财产为 2 万元,如果遭受洪水,则一切财产化为乌有,因此堤坝的潜在收益为 2 万元。若遭受洪水概率为 1/10,则建造堤坝给每户居民带来的利益为 2000 元,给这一地区带来的总收益为 20 万元,是建造堤坝总成本的 2 倍。如果 100 户居民每家出资 1000 元来建造这样一个堤坝,大家的境况都会改善。但是,如果没有强有力的组织和协调者,这样的好事就不会在自由市场中发生。因为每户居民都在想:如果有人出资建起了这个堤坝,即使我不出任何钱,也照样享受堤坝的好处。也就是说,每个人都想不支付任何成本或支付很低的成本来享受公共物品,如果有很多免费搭便车者,那么堤坝就无法建造起来。

由于搭便车问题的存在,公共物品通常无法由私人来充分提供,公共物品的生产必须依靠一种集中计划的过程，以达到资源的有效配置。因此，由政府集中计划生产并根据社会福利原则来分配公共物品就成为解决搭便车问题的唯一选择了。

【案例 12-3】

关于灯塔的经济学

经济学家早就把灯塔作为公共物品的例子。灯塔用来标示特殊的地方，以便过往船只可以避开有暗礁的水域。灯塔为船长提供的收益既无排他性又无竞争性，因此，每个船长都有"搭便车"的激励，即利用灯塔航行而不必为这种服务付费。由于存在搭便车问题，私人市场通常不能提供船长所需要的灯塔。结果，现在的大多数灯塔都是由政府经营的。

但是，在一些情况下，灯塔也可以接近于私人物品。19 世纪英国海岸上有一些灯塔是由私人拥有并经营的，灯塔的经营者在码头上与船主结账。因为一般而言，在特定时间内，只会有一只船航行在灯塔的照射区域内，所以如果某只船没有付费（由其旗帜来识别），那么灯塔就不会为其提供指示服务。另外，有些灯塔的所有者不向路经的船只收费，而是向附近港口的所有者收费。如果港口的所有者不付费，灯塔的所有者就关闭灯塔，那么船只也就无法到这个港口停泊。

这个例子说明，公共物品的划定不是一成不变的。虽然现在的绝大多数灯塔都是公共物品，并由政府来提供，但在本例中的某些灯塔则是纯粹的私人物品。从中我们也可以看出，排他性和竞争性在界定和区分公共物品和私人物品上的关键性意义。

（资料来源：熊秉元著：《灯塔的故事》，社会科学文献出版社 2002 年版。在引用过程中作了适当删改。）

第五节　公共政策与政府失灵

前面我们分析了市场不能存在或无效率的一些原因，比如信息不对称、外部性以及公共物品等。私人市场经济运行过程中可能产生的另一些无效率的情况是：(1)竞争往往导致垄断，垄断一方面导致效率的损失，另一方面导致分配不公。(2)在信息不完全、预期不准确的条件下展开的市场竞争往往导致经济发展的不稳定,出现周期性的经济危机;而竞争中优胜劣汰的过程,往往导致社会生产力的损失。克服市场机制这两方面的缺陷,是政府干预,制定公共政策的一个重要理由。

固然,在理论上,政府可以修正许多市场的缺点,但在实际执行上,却存在许多障碍,以至于政府干预的结果未必能真正解决问题,或是虽然解决了部分问题,但也引进了新的困扰。相对于市场失灵,我们把政府干预所引发的不良副作用以及能力的限制,称之为政府失灵。引发政府失灵的障碍,主要包括下列几个方面:

第一,政府要实施对经济活动的正确干预,必须具备的一个前提条件就是能够获得和掌握有关经济运行和市场交易情况的全面、准确和完全的信息。然而,政府要得到充分有效的信息是很难做到的,在不完全信息状态下进行决策,政府失灵也就在所难免了。

第二,政府官员与民意代表一样,也具有私心,只要有可能的话,他便会选择能为自己带来更大满足的决策,即使该决策可能不大符合公众利益。不仅如此,公共选择理论认为,由于在私营企业部门和公共行政部门中的个人行为在本质上都是一样的,但又由于在不同部门中个人追求自身利益的行为法则和制度约束是不同的,并且这些约束在私营企业部门要比在公共行政部门更为严格。在这种理论的分析基础上,公共选择理论揭示了公共行政部门官僚主义的根源和政府干预社会经济生活的代价。他们认为在其他条件不变时,政府的干预必然使资源配置的效率低于市场方式的配置效率,其主要的原因有:(1)政府部门不可能以盈利为目的,政府官员因而也不可能把他们所提供的公共劳务的成本能力压缩到最低限度,结果是使得社会为此支付的服务费用超出了本应支付的费用限度;(2)政府部门往往倾向于扩大自身的功能和提供超额的服务,而政府的这种倾向往往被公众的那种一味享受公共产品是得了便宜的“免费搭车”心理所加强,由此导致了公共服务的过剩和资源的浪费;(3)政府部门的工作具有垄断性,在缺乏竞争机制的条件下,对政府官员行为的监督往往是无效的。

第三,政府的干预是有成本的,为了获得信息,使决策能够实行,就要成立各种专门的机构,维持这些机构也要耗费人力和物力,在许多情况下,政府干预的成本是昂贵的。

因此,在现实社会中,政府虽有必要采用公共权力,对市场的缺陷进行弥补,但我们对其效果不能抱太大的期望。它与市场的调节一样,也是存在缺陷和局限性的,如果过分依赖政府的干预,那只会产生与人们的初衷相反的结果。但即便如此,也不能完全否定政府干预在经济中的作用,它提醒人们在用政府干预解决市场失灵时也应该考虑政府干预的代价,这对于我们正确处理政府干预与市场调节的关系是很有意义的。

【案例 12-4】

医改失败谁之过:是市场失灵,还是政府监管失灵

自从 2005 年 7 月底国务院发展研究中心向社会公布医疗改革报告摘要之后,关于医疗改革基本不成功是否由市场化导致的争论已经持续了一个多月。近日,卫生部官员表示,一份医疗改革新方案已经上报国务院,等待批复。从有关人士透露的情况来看,新方案将坚持医疗服务以政府主导的公益性质不变,不会照搬某一国家的医疗体制模式。在转变政府职能、实行管办分离的同时,作为对公益性的补充,会鼓励社会资本投资办医院。

一个月的时间里,从批评医改市场化,到冷静客观地分析市场化利弊、探讨新型医改之路,可以说,社会各界对中国医疗改革的现状和未来发展已经有了较为统一的看法。

公共卫生医疗体制改革走过的 20 年,也是中国经济体制改革深刻变化的 20 年。医改报告得出“医疗改革基本不成功”的结论,恰恰也应该放到改革巨变的这一大背景下去看。从 1985 年开始至今,医疗改革一直是在缺乏明确的改革目标之下进行的。改革伊始,无论是政府主管部门还是医疗体制内的各方人士,都是抱着“先改改看”的心态。财政投入上的捉襟见肘和摸着石头过河的思路,主导了上世纪 90 年代中期以前的医疗改革进程。政策上的放权和实际操作中的财务包干促成了当时医疗体制的两大特征,并为日后的医疗公益性下降和以药养医的医疗经营模式埋下了伏笔。

进入上世纪 90 年代后期,随着国有企业改革的深入,城镇居民的医疗费用由企业负担形式逐步转变为社会保障形式。这期间产生了不少下岗职工、低收入人群和城市流动人员失去医疗保障的情况。与此同时,随着经济社会结构的巨大改变,农村医疗服务体系亦日趋瓦解。与之对应的是医疗主管部门在公共医疗服务领域的责任缺失和日益商业化、营利化的医疗市场。这一持续至今的过程导致了医改报告中指出的个人医疗费用负担过重,政府投入不足和公共医疗服务公益性缺失等不良现象。

回顾医疗体制改革的历史，我们发现，所谓的医改市场化之过，确切地说应该是缺乏有效管理的市场化之过。由于相关部门一直缺乏对医疗体制改革目标的明确规划，导致了原本因投入不足而采取的医疗机构完全市场化生存模式变为常态。因此，有不少人把穷人看不起病归结为市场失灵。但我们认为，在这样的改革过程中，市场失灵应该视为是监管失灵的外化表现。

然而，不成功的医疗改革并非一无是处。在城镇中成功地建立起统筹医疗保险的基本框架，在农村中试行合作医疗模式，都是过去20年医疗改革的成功之处。即便是在遭到批评最多的医疗机构民营化方面，多方资本的进入对缓解政府财政投入压力、提高医疗设备水平和服务质量，也起到了相当明显的作用。在这种情况下，更应该仔细辨析失败原因的细节，笼统地否定一切并不可取。

过去20年医疗改革的致命伤，一是医疗保险的覆盖率过低、强制性不够、预防功能不强，二是医疗服务价格混乱导致医疗费用持续攀升，三是政府投入比例过低，对医疗市场管理力度较弱。而这三点都与相关部门责任的缺失有关。最近爆出的山东菏泽医改出现的问题，便是如此。如果对比江苏宿迁的同类改革就会发现，菏泽的问题正是因为医疗机构改革过程中政府缺乏相应的监管控制造成的，而宿迁的改革，虽然激烈程度上开一时先河，但改革的每一个步骤都有当地卫生管理部门的责任介入。可以说，正是在政府责任这一点上，决定了改革的成败。

我们欣喜地看到，经过社会各界一个多月的广泛讨论，卫生主管部门已经逐步认清了医疗改革失败的症结所在，没有盲目地否定市场化的成果和优势，也没有逃避过去政府责任介入不足的问题。在明确了医疗卫生服务公益性第一的目标之下，推行覆盖面广泛的公共医疗改革措施，引入市场化方式、提供差别化的医疗服务已经成为社会各界的共识。我们期待着不久之后出台的医疗改革新方案，能够成为建设现代化医疗卫生保障体系强有力的奠基石。

（资料来源：《中国经济怎样才能持续稳定地发展》，载于吴敬琏，http://cem.nwsuaf.edu.cn/jjx/case/case_micro/32.html）

【本章小结】

1.导致市场失灵主要有四个原因：市场势力、信息不对称、外部性和公共物品。当交易双方中的一方比另一方对交易对象具有更多的信息时，信息不对称的问题就出现了。信息不对称在市场中导致了逆向选择和效率的损失。与信息不对称有关的另一个问题是道德风险。当一方的收益取决于另一方的行为，而受到影响的另一方又无法监督另一方或监督成本很高时，道德风险就产生了。道德风险的解决办法是设计激励机制，对具有道德风险的一方进行激励，以降低代理成本。

2.外部性可以分为正的外部性和负的外部性，但无论哪种情况发生，市场经济的运行都将偏离帕累托最优的轨道。解决外部性有两个途径，一是市场的作用，按照科斯定理，只要产权界定是明确的，就不会有外部问题的存在，因为外部成本会转化为内部成本，外部收益会转化为内部收益；二是政府的干预，政府干预的手段很多，包括管制、税收和补贴。

3.公共物品是指那些在消费上具有非排他性和非竞争性的产品，这些特点使公共物品的生产中存在着严重的搭便车问题。这一性质决定了公共物品一般由政府提供。

4.市场失灵需要政府对之进行调节和干预，发挥“看得见的手”的功能。但由于市场经济运行的复杂性以及政府机制本身的缺陷，政府这只“看得见的手”也往往会出现失灵的情况。

【复习与思考】

1.什么是市场失灵？它是由哪些因素造成的？

2.什么是信息不对称？信息不对称为何会导致资源配置的无效率？

3 什么叫逆向选择？什么是道德风险？二者之间有什么区别？

4.什么是外部性？它是如何造成市场失灵的？有哪些措施可以解决外部性问题？

5.什么是公共物品？它有哪两个特性？它是如何导致市场失灵的？

6.什么叫政府失灵？是什么因素导致政府失灵？政府失灵与市场失灵有何联系？

参考文献

1. 厉以宁. 西方经济学. 北京:高等教育出版社,2002.

2. 高鸿业. 西方经济学. 北京:中国人民大学出版社,2007.

3. 尹伯成. 现代西方经济学. 上海:复旦大学出版社,2004.

4. 尹伯成. 现代西方经济学习题指南(微观经济学). 上海:复旦大学出版社,2006.

5. (美)平狄克,鲁宾费尔德. 微观经济学. 北京:中国人民大学出版社,2000.

6. (美)保罗. 萨缪尔森,威廉. 诺德豪斯. 经济学(第十八版). 北京:人民邮电出版社,2008.

7. (美)詹姆斯. *R*. 麦圭根等. 管理经济学——应用、战略与策略(第九版). 北京:机械工业出版社,2003.

8. 梁小民. 微观经济学纵横谈. 北京:生活. 读书. 新知三联书店,2002.

9. (美)曼昆. 经济学原理:微观经济学分册. 北京:北京大学出版社,2006.